# 资源高效利用技术进展

韩　琳　曾胜兰　孙文慧　编著

气象出版社
China Meteorological Press

## 内容简介

本书全面梳理了农业资源的种类、特点及其在农业生产中的关键作用，深入剖析了如何利用现代科技手段提高农业资源的利用效率，实现农业的可持续发展。书中详细介绍了水资源、土地资源、生物资源以及气候资源等的开发利用现状，系统阐述了农业资源可持续利用的原则、策略和方法。通过丰富的实例和案例分析，读者能够直观地了解各种资源利用技术的实际应用效果和潜在价值。

本书重点关注了现代农业资源利用技术的创新与发展，包括节水灌溉技术、土壤改良技术、作物农业生产潜力定量评估技术以及应对气候变化的农业适宜性技术等。这些新技术的推广和应用，不仅有助于提高农业生产效率，还能有效减轻农业活动对环境的压力，实现农业与生态环境的和谐共生。

本书以其专业的视角、实用的内容和前沿的技术理念，为广大农业从业者、科研人员以及政策制定者提供了宝贵的参考和借鉴。

**图书在版编目（CIP）数据**

资源高效利用技术进展 / 韩琳，曾胜兰，孙文慧编著. -- 北京 : 气象出版社，2024.3
ISBN 978-7-5029-8167-9

Ⅰ. ①资… Ⅱ. ①韩… ②曾… ③孙… Ⅲ. ①资源利用一技术发展 Ⅳ. ①F205

中国国家版本馆CIP数据核字(2024)第052164号

**资源高效利用技术进展**
Ziyuan Gaoxiao Liyong Jishu Jinzhan

**出版发行**：气象出版社
**地　　址**：北京市海淀区中关村南大街 46 号　　**邮政编码**：100081
**电　　话**：010-68407112(总编室)　010-68408042(发行部)
**网　　址**：http://www.qxcbs.com　　**E-mail**：qxcbs@cma.gov.cn
**责任编辑**：张　媛　　**终　　审**：吴晓鹏
**责任校对**：张硕杰　　**责任技编**：赵相宁
**封面设计**：艺点设计
**印　　刷**：北京中石油彩色印刷有限责任公司
**开　　本**：710 mm×1000 mm　1/16　　**印　　张**：13
**字　　数**：259 千字
**版　　次**：2024 年 3 月第 1 版　　**印　　次**：2024 年 3 月第 1 次印刷
**定　　价**：80.00 元

# 前　言

随着人口的迅速增长，资源、环境、人口之间的矛盾日益突出，人类对自然资源的巨大需求和大规模的开采、消耗已导致自然资源基础的退化和枯竭。在气候变化、大气污染物浓度激增的大背景下，如何以最低的环境成本确保自然资源的可持续利用，成为当代所有国家在经济、社会发展过程中所面临的一大难题。对中国这样的人口大国，研究与开发以资源高效利用为目标的现代自然资源利用与管理技术具有十分重大的意义。

自然资源是一个相互联系、彼此依存的耦合系统。只有调节好资源系统内部的土-水-肥-气与植物生长的关系，使之处于最佳状态，才能最大限度地挖掘资源系统内在的潜力，充分发挥资源效益，减少外部资源的投入，获得少投入、高产出的效果，从微观上实现优质、高产、低耗、高效的目标。资源的分布具有严格的区域性，不同的资源结构适合于不同的生物生产，选择最适宜地区发展的农业生产，才能发挥资源的区域优势，实现资源的区域优化配置，达到宏观上资源高效利用的目的。因此，我们必须从宏观与微观两方面研究我国自然资源的高效利用问题。本书以案例为重点进行系统诊断-优化配方-技术体系-科学管理的综合研究，以期探索出一系列不同类型的自然资源高效利用优化模式与工程实施的技术方案。

本书在内容的编写上主要进行了以下三个方面的有益尝试。第一，从资源科学和气象科学相结合的角度，系统概述了自然资源高效利用的基本原理和总体技术方法，对资源开发利用所涉及的生态学、经济学和社会学问题进行了系统的研究，提出了可持续发展农业的评价指标体系和评价模型。第二，本书注重总结我国自然资源利用技术的实践经验，又引入劳动力、科技成果转化以及管理信息熵等社会资源，使资源的概念得到进一步的完善。第三，以气候变化大背景下的农业生产潜力与资源利用耦合机制为基础，通过可持续发展的战略措施，研究气象科技成果转化为资源高效利用能力的有效方法，使自然资源的利用理论得到进一步的升华。本书可供气象科技工作者以及农业资源利用人才系统培训参考使用。

由于水平有限，本书编写难免存在不足之处，敬请读者批评指正。

作者<br>2023 年 9 月

# 目　录

# 第 1 章　资源高效利用概述

## 1.1　资源概述

### 1.1.1　资源及其类型划分

资源是指环境中能被人类直接利用，并带来物质财富的各种要素的总和，是人类赖以生存的基础。农业资源是农业生产的必要条件，农业的持续发展依赖于对农业资源的持续和高效开发利用。我国人口众多，资源相对不足，环境污染严重；合理利用资源，保持良好的生态环境，对我国人民生存现状和经济发展具有极为重要的意义。

资源的定义主要包括以下三点：一是人与自然是一个统一体，即“人地合一”观；二是农业是自然再生产过程和经济再生产过程的统一体；三是坚持资源分为自然资源和社会经济资源的“两分法”观点。因此，资源可分为农业自然资源和社会经济资源。本书将人类赖以生存的农业资源作为资源高效利用的主要内容加以介绍。农业资源（agricultural resources）是指农业在自然再生产和经济再生产过程中所涉及的自然资源和社会资源的总称。农业自然资源（agricultural natural resources）是指存在于地球表层自然系统中的参与农业生产过程的物质和能量。我们把农业自然资源分为土地资源、水资源、气候资源、生物资源和矿物资源五大类。关于社会经济资源，目前国内学术界在其名称上尚存在分歧，对它的分类更显得混乱。如资源经济学者称其为社会资源（social resources），把社会资源定义为人类自身通过劳动提供的资源，认为农业社会资源主要包括人口、劳动力、科学技术与技术装备、信息与管理等。而生态经济学者把社会经济资源称为生态经济资源，所含内容也是从生态经济学的角度命名或列举的。《现代地理学辞典》将社会经济资源定义为国土资源的组成部分，国土范围内除自然资源以外的所有其他资源的总称，把社会经济资源划分为经济资源、人力资源、智力资源、信息资源、文化资源及旅游资源等类型。综合各种观点，尽管术语或类型划分不同，但是概念含义的解释是相近的或趋于一致的。由此，农业社会经济资源可定义为社会、经济和技术条件中参与农业生产过程的各种因素，概括为物化劳动（资本）、劳动力（体力、智力）、科学技术、信息和管理五个类别（徐勇，1999）。

回顾历史，带有“农业资源”含义色彩的提法最早可追溯到公元前亚里士多德(Aristotle)时代的哲学著作。到17世纪中叶，以魁奈(Quesnay)为代表的重农主义者才将具有“农业资源”具体含义的“土地”最大限度地引入经济学；在我国，含有农业资源“顺天”“适地”利用经验的记载更可上溯到几千年以前的古代。新中国成立后，大规模的农业自然资源综合考察、专项考察以及自然区划和农业区划等工作的开展才开始带动我国与农业资源研究有关的学科的兴起，如资源经济学、资源地理学及土地经济学等。“农业资源”一词在我国的出现是20世纪80年代后期才开始的，以前多用“农业自然资源”“农业生物资源”“农业生产自然条件”和“农业社会经济条件”等术语。“农业资源”是一个新词，这可以从各种版本的《辞海》和新近出版的与农业、资源有关的各种“辞海”“字典”均未将其作为词条收录得到反映。“农业资源”一词最早见于《农业资源信息系统的研究》一文(寇有观，1987)，其含义倾向于农业自然资源。刘书楷(1987)在“农业资源经济学几个基本问题的探讨”中明确提出了“农业资源”的概念，并较为系统地论述了其含义、范围。至此，农业资源才有了较完整的定义，真正成为一个广义的概念。

### 1.1.2 我国农业自然资源总体特点

#### 1.1.2.1 自然资源种类繁多、总量较为丰富

由地形、地貌、大气、水、土壤、生物等构成的我国自然环境，不仅为我们提供了丰富多彩的生存空间，它辽阔的疆域、海陆兼备的地貌、多样的气候、复杂的地质条件等，也为我国自然资源的形成创造了多姿多彩的环境。

我国的自然资源种类繁多。例如，我国的土地资源有耕地、森林、草地、河湖、沙漠、戈壁等类型；能源资源中，不仅常规能源的品种齐全，而且新能源的类型也应有尽有；矿产资源中，我国已经探明的具有一定储量的矿藏达148种，品种之多世界罕见；我国生物资源异常丰富，仅种子植物就达2.45万种，仅次于马来西亚和巴西，居世界第3位，经济植物多达24111种，水产资源中的鱼类有2400多种。总之，资源环境的优势为我国的社会经济发展提供了有力的物质基础。

我国自然资源总量巨大。国土面积达960万$km^2$，居世界第3位；全国共有耕地面积12758.0万$hm^2$、园地面积2011.3万$hm^2$、林地面积28354.6万$hm^2$、草地面积26428.5万$hm^2$、湿地面积2356.9万$hm^2$、城镇村及工矿用地面积3596.8万$hm^2$、交通运输用地面积1018.6万$hm^2$、水域及水利设施用地面积3629.6万$hm^2$。截至2022年，全国已发现矿产资源173种，其中能源矿产13种，金属矿产59种，非金属矿产95种，水气矿产6种。2022年，中国近4成矿产储量均有上升。其中，储量大幅增长的有铜、铅、锌、镍、萤石、晶质石墨等。《2023年中国自然资源公报》指出，2022年全国国土变更调查成果显示，全国共有林地面积28354.6万$hm^2$。其中，乔

木林地面积 19680.8 万 $hm^2$，竹林地面积 699.2 万 $hm^2$，灌木林地面积 5835.8 万 $hm^2$，其他林地面积 2138.8 万 $hm^2$。

1.1.2.2　主要资源地区分布不平衡

我国自然资源的地区分布很不平衡，尤以水、能源和矿产资源突出。例如，中国水资源分布是南方多而北方少，长江流域水量最大，占全国总水量的 37.7%，其次为珠江和广东、广西沿海的各江河流域，占全国总水量的 17.2%，而淮河以北很少，黄河水量仅占全国总径流量的 2%，海河和滦河水量占全国总径流量的 1%。但黄河下游及海河、滦河流域的豫、鲁、冀三省耕地面积占全国总面积的 21.25%，水土资源分布的失衡非常严重。

能源方面，煤炭探明储量的 80%分布在我国北部(其中 64%集中在华北)，而江南八省只占 2%；石油探明储量的 98%分布在北方；水力资源总量的 90%分布在西南、西北、中南三大地区，其他地区仅占 10%。

自然资源分布的不平衡，对我国资源开发、经济发展、人民生活水平的提高以及交通运输业的发展均有重大影响(陈念平 等，1998)。

1.1.2.3　劳动力资源是我国最具优势的农业资源

综合各类资源，我国真正最具优势的农业资源应该是劳动力资源。在 21 世纪上半叶，中国将保持 6 亿～8 亿的劳动人口，这是世界上最大的劳动力资源。因此，我国劳动力经过系统的教育培训，完全能够满足现阶段农业发展和经济发展对劳动力数量和质量的需求。

### 1.1.3　新时期农业资源利用存在的问题

当前，我国农业发展正处于转型时期，在农业资源的利用方面出现诸多问题。尤其是资源利用率低，并伴随大量的资源污染，已成为农业资源可持续发展与利用的瓶颈。

1.1.3.1　水资源污染严重，存在较大的浪费

我国地域辽阔，但降水资源分布存在明显的地域差异，呈现出南北降水量不均衡的情形；其中 55%的重要农业产区其可利用的水资源不到总需求量的 14.4%，同时，在工农业迅猛扩大生产规模的大背景下，农业水资源污染严重，尤其是大面积江河湖泊出现不同程度的富营养化，不仅影响农业水资源的利用，更造成水资源利用过程中进一步出现的短缺及随之而来的环境问题。

1.1.3.2　耕地较少，土壤污染日益严重

我国人口基数大，但人均耕地面积不到世界平均水平的 1/3。耕地在不断减少，而人口在不断增加，造成人口数量与耕地不足的紧张关系。同时，耕地在利用的过程中，伴随有大量的污染问题：农药污染、重金属污染等，都对土壤造成了持久性影响，

特别是土壤肥力下降及酸化的形势十分严峻。所以,在确保农业生产安全的过程中,科学保护好土地资源是高效利用土地资源的基础。

1.1.3.3 农村人力资源相对过剩,整体素质较低

当代农业资源利用出现问题的主要原因是人口过剩,用公式表示为:

农业资源短缺=人口数量×人均农业资源消费×单位资源利用带来的影响

农业资源利用问题和人口过剩是密不可分的。我国农村人口数量占总人口数量的一半,但整体素质相对较低,存在较大的人力资源浪费。当人口对农业资源利用压力过大时,将导致资源基础退化或耗损,并污染水、空气、土地等,严重损害人们生存环境,结果就会产生人口过剩问题。人口过剩有两大类型,一种是人口数量过剩,主要指一个国家或地区人口增长速度超过了经济发展速度,国家或地区不能满足人类生存所需,一般为发展中国家;另一种是人口消费过剩,主要是指一个国家或地区人均资源消费过高以至带来显著环境污染、资源短缺等问题,一般是发达国家。很多研究者认为:只有有效控制人口增长、改变资源利用模式和资源管理方式,才能使已经损害了的可更新资源得以恢复,否则这种困境会愈演愈烈。

此外,公式中的人均农业资源消费包括直接消费和间接消费;单位资源利用带来的环境后果与农业资源利用模式有关,如农业资源退化、资源存量锐减和农业环境污染等。在我国新型城镇化建设进程中,耕地日益减少,人力资源出现不同程度的过剩。由于农业人口素质偏低,造成农业发展长期处于滞后的状态,并且人力资源的相对过剩,也致使农业人力资源发生流失,大量务农人员选择外出务工,耕地出现荒废等问题,进而造成耕地利用率进一步降低。

### 1.1.4 我国农业自然资源利用模式

农业资源利用是指从人类生产和生活需求出发,将各种农业资源运用于人类社会经济生活并为人类带来效益的开发使用过程。在农业资源开发利用过程中,人们不仅需要农业自然资源和农业环境资源,还需要投入资本、劳动力和管理等,诸多因素结合在一起的农业资源利用,形成了不同目的的农业资源利用模式(李伟,2021)。

1.1.4.1 原型利用

原型利用就是在利用资源时,自然资源并没有经过改造和加工,如将挖掘出的煤炭直接用于取暖。这种利用对技术要求低,但这种利用往往是低效率和消耗性的,不仅会产生大量的无效运输,还会导致资源环境的恶化。

1.1.4.2 空间利用

这种利用不直接消耗资源实体本身,而只是利用其提供的物理空间,如在土地上开发房地产、发展工商业等。这种利用方式可以保证资源的恒久存在,但利用不当可能会给资源的质量带来危害(张芳,2008)。

1.1.4.3　环境条件利用

这种利用不消耗资源实体，而是利用资源提供的各种生态功能和服务，如利用森林景观发展"天然氧吧"旅游。从某种程度上来讲，种植业也属于对土地资源所提供的环境功能的利用。这种利用不会导致资源枯竭，但利用不当会引起资源质量下降。

1.1.4.4　副产品利用

这种利用基本不消耗资源主体，而只是利用其副产品。如在森林中采摘中草药、收集野生动植物等。这种利用不会导致资源枯竭，但利用不当会引起资源质量的降低，也可能造成副产品的枯竭。

1.1.4.5　深加工利用

这种利用与原型利用正好相对，它是先对资源进行改造和加工，然后再予以利用，如先将煤气化、脱硫，然后再利用。这种利用往往是高效率和环保的。

1.1.4.6　综合利用

综合利用是若干种利用方式的综合，如利用森林的多种功能发展养殖、旅游、房地产等产业。综合利用往往是高效率的。通过综合利用不仅可以提高资源的利用程度，扩大原材料来源，而且还可以降低产品生产成本、保护环境（如"三废"资源的综合利用），并有利于促进部门内部和部门间的联系，最终取得经济、社会和生态三大效益的统一。

按综合利用的特点和形式，可以将其分为两类：(1)资源直接开发过程中的综合利用。如河流综合利用往往涉及灌溉、防洪、发电、航运、供水和水产养殖等，海洋运输及海洋旅游等。(2)资源加工过程中的综合利用。如米面加工后，可产生面粉、麸皮等多种产品，对这些产品可以进行综合利用。

## 1.2　资源利用的可持续性

### 1.2.1　资源高效利用的基本涵义

农业自然资源主要包括土地、水、生物、气候等自然资源，它是人类赖以生存的物质基础。这些农业自然资源具有一个共同特点，即都是可更新的自然资源。

如果采用纯经济学意义上的解释，资源高效利用是指在同等的条件下投入资源少而获得同样的产出，或者在同等条件下投入同样的资源而获得更多的产出（邹礼红等，2005）。

上述关于资源高效利用的定义，不能在没有任何前提条件下直接移植到农业自然资源的开发利用上来，原因在于农业自然资源所独具的自我更新性质。

可更新自然资源，有时也被称为非耗竭性自然资源或非消耗性自然资源。在经济学上，这类资源被认为是可以无限重复使用而不会减少未来使用价值的自然资源。但是，这是一种不准确的命名或诠释。可更新自然资源如果利用不当，同样能够表现出可耗竭性，有些种类的资源（如生物资源）甚至会消耗殆尽而导致灭绝。只有在资源的开发利用强度低于其自我更新的能力（如森林、草原的生物生长量，水资源的补给量等）时，它才会表现出非耗竭的特性（顾明，2004）。

可更新自然资源的存量与流量的关系较之耗竭性资源要复杂得多。它们之间除了消耗关系以外，还存在着一种生产与被生产的关系。如果资源的利用强度未超过其自身的更新能力，即使用量（流量）小于资源的更新量，就可以将这时的资源流量视为资源初始存量的“产量”。这种资源流量水平不会造成资源存量下降。但是在资源流量超过存量的“产量”（更新量）时，资源将表现出不可更新的性质。因此，可以将可更新自然资源的流量分为两个部分：一部分是“合理”的资源流量，是由资源的更新能力决定的，是资源系统的“生产量”；另一部分是“不合理”流量，这一部分流量的取得只能通过减少资源系统初始存量的过量开采（或可称为“杀鸡取卵”式开采）来提供。这就决定了在超采情况下资源系统前后两个生产周期的产量（资源流量）的负相关关系。前一个生产周期如果是通过过量开采的途径来增加产量，虽然可以取得暂时的高效，但是由于资源系统的自我更新能力因此受到损害而下降，将导致下一个生产周期资源系统的初始存量减少，资源系统的产量下降，进而有损下一个生产周期的效益。如果前一个生产周期是通过改善资源系统的环境容量，进而提高资源系统的自我更新能力来获得高产高效，这时才可以称得上是真正的高效。

以森林采伐量为例，当采伐量超过生长量时，森林的蓄积量就会下降。这时产量提高得越快，蓄积量下降得也越快，最终将出现无林可采的局面。如果采伐量的提高是建立在提高森林生长量的基础之上，并且提高的采伐量仍能与生长量保持平衡，森林就表现为可更新的持续利用状态（李娟文，2002）。

这个事例说明，单纯生产上的或经济上的高效与农业自然资源开发利用上的高效并无必然的联系。农业自然资源的高效利用与一般单纯经济意义上的资源高效利用是有区别的。前者是以提高资源系统的自我更新能力和可持续利用为基础，而后者只是一种“虚假”的高效，是由现代市场经济中资源消耗成本核算上的缺陷造成的。

### 1.2.2 可持续农业产生的历史背景

当前，农业可持续发展作为一种新的发展观、新的发展理念和发展战略，通过联合国环境与发展大会，已被世界不同意识形态、不同社会制度和不同信仰的许多国家所接受。围绕环境与发展这一主题，国际上已形成可持续发展经济学、社会学、生态学等研究领域。农业可持续发展研究趋向于多学科交叉，围绕同一个主题在理论上逐步融合（厉伟，2001）。

可持续农业的产生，是基于全球农业面临着日益严重的资源和农业环境恶化问题。于是，国际社会努力寻求一种既能使农业继续增产，又能使生态系统保持基本平衡的农业发展模式，可持续农业便应运而生。可持续农业(sustainable agriculture)的概念最早是著名生物学家罗德尔于1983年在其发表的“持续农业”研究论文中提出的。

1985年，美国加利福尼亚州(简称加州)议会通过了《可持续农业研究教育法》，加州大学戴维斯分校成立了可持续农业研究所，旨在重新选择农业发展道路，全面、系统地解决人类面临的环境、资源和食物等重大问题。

联合国在斯德哥尔摩召开了人类历史上第一次人类与环境大会，通过了著名的《人类环境宣言》，成为谋求人与自然协调、保持环境清洁和维持地球生态平衡新思想的重要里程碑。此后，世界农业发展逐步进入新的发展战略时期，在西方国家首先引发了农业替代与发展的思潮。美国最初提出的低投入农业和高效率农业的设想，主张可持续农业应是一种力求让农场主降低投入以提高收入水平，并改善环境状况的最为适宜条件的农业。但经过多年的探索和实践，认识到这些构想仍存在局限性，从未来农业和农村发展的趋势看，必须依靠科学技术进步和农村教育的发展。因此，美国加利福尼亚州议会率先于1985年通过了《可持续农业研究教育法》，并明确提出了可持续农业这一新的农业发展战略与模式。法国针对农业高投入所带来的对环境与自然资源污染和破坏的问题，成立了全国环保委员会，倡导环保型可持续农业，主张应改进已有农业技术，使之更符合环境保护的要求，注重产品质量、环境和资源的保护及管理改善和提高农民的收入(尤其是净收入)和生活条件。

自20世纪80年代后期以来的多年时间，是国际可持续农业发展的理论与政策研究逐步深入、战略与计划先后制订的重要时期。期间世界环境与发展委员会和联合国粮食及农业组织在促进全球性可持续农业发展进程中发挥了巨大作用，1987年，二者提出了《粮食转向持续农业的全球政策》，制订了《持续农业生产对国际农业研究的要求》，并于1988年又通过了有关农业可持续发展的决议。考虑到农业与农村的发展紧密相关，在国际上可持续农业和农村综合发展受到高度重视。1991年，在荷兰召开国际农业与环境问题大会，向全球发出了《关于可持续农业和农村发展的丹波宣言和行动纲领》倡议，提出了发展中国家可持续农业和农村发展，这对于世界各国可持续农业观念的形成与深化发展，乃至具体的实践，都具有巨大的推动作用(张乐勤，1999)。

1992年，在巴西召开的联合国环境与发展大会上通过了《世纪议程》，在更高层次上、更大范围内提出了可持续发展是全球社会经济发展的战略主题，把农业和农村的可持续发展作为可持续发展的根本保证和优先领域，并写入了《世纪议程》，充分体现了当今农业可持续发展新思想的全球共识和最高级别的政治承诺，从而使可持续农业从一种战略构想逐步转向具体实践。1993年11月，联合国粮食及农业组织在罗马召开了世界粮食首脑会议。1994年3月，中国政府颁布了《中国世纪议程》，强调农业是中国国民经济的基础，农业与农村的可持续发展，是中国可持续发展的根本保证和优先领域。中国“二农”问题要摆脱困境,必须走可持续发展的道路。中国环境与发展国际合作委员会就如何迎接中国农业可持续性的挑战提出了三项建议。首先,由于技术的转变过程常常超出通常制定的规划框架,因此,需制定一项更长期的农业发展战略;其次,必须保证农业研究与开发的投资;第三,农业研究必须重新调整方向,将重点放在开发经济和环境效益俱佳的技术上,特别要将清洁生产概念应用于农业,减少有害物质的排放。先后召开的中华人民共和国第九届全国人民代表大会和中国共产党第十五届中央委员会第三次全体会议,对我国农业可持续发展都给予了高度的重视,前者强调指出“农业,事关全局的主题”,中国农业的新战略应当是“建设一个山川秀美、可持续发展的生态农业”;后者做出了《中共中央关于农业和农村工作若干重大问题的决定》,把促进农业稳定增长与可持续发展视为实现我国跨世纪发展的战略目标的重要基础和保障。因此,这两次重要会议在我国实施可持续农业发展的战略与模式中,起到了划时代的里程碑作用(刘江梅,2001)。

### 1.2.3 资源可持续利用概念

资源可持续利用是在不危害后代人需求的前提下,满足当代人需求的资源利用方式。即资源可持续利用是指人类对资源的利用可以在一个无限长的时期内保持下去,并有满意的资源利用效率。资源可持续利用是一种技术上可能、经济上可行、社会可接受和无生态负效应的资源利用方式,是实现人类可持续发展的资源利用理想模式;它既要求资源利用的持续性和社会经济发展的持续性,又强调经济、资源、人口之间的协调发展,还有在满足人类需求的农业资源占用、财富分配和资源持续利用等方面的公平性。

#### 1.2.3.1 资源可持续利用的内涵和特征

资源可持续利用的内涵,就是在对人类有意义的时间尺度内,满足区域当代人需求的同时,不能损害、剥夺后代和其他区域生存发展的能力,将“资源—农业—环境”复杂的系统引向更加和谐、有效的状态。

资源可持续利用的三大基本特征是:(1)时间性:指农业资源利用在时间维度上的持续性。即资源无质量退化,资源利用系统始终保持着较高的生产力,强调当代人不能剥夺后代人本应享有的同等发展和消费的机会。(2)空间性:指资源利用在空间维度上的持续性。区域资源开发利用和发展不应损害其他区域生存发展的能力,并要求区域之间资源环境共建共享。(3)效率性:指资源利用在效率维度上的高效性。即低耗高效的资源利用方式,它以技术进步为支撑,优化资源配置,最大限度地降低单位产出的资源消耗量和环境代价,不断提高资源的产出效率和社会经济支撑能力,维护持续发展的资源和环境基础。

#### 1.2.3.2 资源可持续利用目标

资源可持续利用目标是实现资源利用公平性、持续性和协调性的三者统一。也就是说资源可持续利用是公平性、持续性和协调性共同作用下的一种最佳的资源利用模式。资源可持续利用＝公平性＋持续性＋协调性。

(1)公平性

资源可持续利用中的公平性有代内公平和代际公平双重含义。代内公平是指资源可利用要保证满足当代人的生存需求和追求较好生活的愿望，在不同国家之间或同一国家不同地区之间，资源分配的公平性就是横向公平。二是代际公平，即当代人与后代人之间的纵向公平性。人类赖以生存的资源是有限的，自然资源是人类的共同财富，直接影响着人类生存和发展，当代人不能因为自己的发展与需求而损害后代满足需求的生存条件——自然资源与生态环境。

(2)持续性

资源利用可持续性要从时间维度描述资源利用规律，强调资源占用和分配公平性，有动态性和长期性。公平性是持续性在时间轴上的具体表现形式，而协调性则是实现资源可持续利用的保证，因此，从可持续发展角度来看，持续性是资源利用最根本目标，协调性和公平性是为了保证持续性实现的辅助目标。

我国资源丰富，且呈现出多样化的特点。经过多年的改革开放，我国农业的发展取得了举世瞩目的成绩。但是必须清醒地看到，农业仍然是国民经济中最薄弱的环节，农业发展面临的各种问题越来越突出。新中国成立以来，农业在为工业建设提供了巨额的资金、原料、劳动力等情况下，仍在源源不断地向非农产业输送着各种经济资源。不少地方出现了资金、土地、物质、技术人才、高素质劳动力的“农转非”，使得农业生产体系的环境恶化，发展后劲明显不足。在资源的利用中，暴露出资源利用率低、污染严重等问题，对短缺资源缺乏科学而有效的利用。新时期，我国农业发展处于转型的关键期，如何实现资源的可持续利用，是构建和谐社会的重要内容(陈屹松 等，1999)。

(3)协调性

协调性强调经济发展和资源利用相互协调。在经济发展的同时，切实保护人类赖以生存的环境资源和子孙后代发展所需要的自然资源，从而实现人口、社会、经济、资源环境之间的协调发展，以达到整体效益最优的目的。因此，协调性是保证实现资源可持续利用的手段；凡是偏离目标的行为都应该以协调为手段进行调节和控制，在经济发展的同时，使自然资源实现可持续利用的目标，使人类赖以生存的资源环境得以保护。协调性表达了影响资源可持续利用的多因素和复杂性。只有人口、经济、资源环境等都处于协调状态，才能保证人类社会持续不断地向有序状态转化。这种协调也是在公平性和持续性原则指导下的充分协调，既要协调人与人之间的各种关系，也要协调人与自然之间的各种关系。

农业可持续发展体系从一种理念正在演变为世界范围的人类实践活动。这种实践目标是人的生产、社会生产、环境生产的协调统一，是精神文明、物质文明、生态文明的协调推进，是经济效益、社会效益、生态效益的协调发展，是政治、经济、文化、生态自然的协调互动。这种实践是人类发展史上的一场革命,它要求实践能力的现代转换,即劳动者的素质和观念的提高要求实践结构的现代转换,即调整产业结构、产业布局、产业政策和企业运行方式,实现社会生产内涵发展、集约化和生态化(金敏毓 等,1999)。

#### 1.2.3.3 资源可持续利用的对策

随着改革开放的不断深入,我国资源实施可持续利用战略,是贯彻可持续发展战略的重要体现,也是构建和谐文明社会的需要。在资源的利用方面,应该确保土地资源、水资源及人力资源的有效利用,以实现资源价值的最大化(金敏毓 等,1998)。下面具体介绍土地资源和水资源的可持续利用。

(1)土地资源的可持续利用

20 世纪 80 年代,大量乱砍滥伐行为造成森林面积锐减,很大程度上影响了生态系统平衡,出现虫鼠害和水土流失等问题。所以,在土地资源的利用上,要强化森林资源的保护,杜绝出现乱砍滥伐的问题。同时,要强化耕地的维护,这样才能确保耕地的肥力,从而较好地发展农业。在可持续发展战略下,我国农业的发展应该立足长远,加大科技及资金的投放,改善土壤耕种环境,并对荒山、荒地进行有效的管理,严格禁止出现抢夺开垦的问题。

### [案例分析 1.1]

## 香港土地资源与开发利用的现状、问题和对策①

### 一、案例内容

1. 香港土地资源特性

香港位于珠江口外深圳河以南,南北宽约 44 km,东西长约 66 km,陆地面积 1092 $km^2$(1995 年),是以山地丘陵为主的南亚热带半岛和岛屿,水源缺乏,高地分布分散,新界和九龙地区的制高点在大雾山顶,海拔 958 m,香港岛上的制高点——扯旗山顶 554 m(在其西部);最大的大屿山岛顶峰凤凰山的海拔 934 m,半岛面积 802 $km^2$,约占香港陆地面积的 73.4 %。在这片环海的山地丘陵上,虽然年降水量达 2300 mm,但终究缺乏大河水源,地下水源也不富裕,难以维持当地人口生产生活的需要。

香港海湾、角、半岛和离岛众多,具有良好的港湾条件。介于香港岛和九龙半岛之间的维多利亚港是世界上 3 个最优良的天然深水港之一(另外,两港是美国的旧金

① 邱天培,2013. 论香港土地开发利用制度及其对内地的启示[D]. 广州:华南理工大学.

山和巴西的里约热内卢)，由于该港背靠中国大陆，与富饶的珠江三角洲相连，如此优越的条件对其海港和城市经济发展具有巨大优势。

城市土地集约开发利用程度高。工商业占地比例都不大，交通用地面积多，香港由于城市发展规模大，土地资源有限，所以城建开发利用程度很高，是世界上建筑密度最高的城市之一，城市建筑主要集中在维多利亚港南北两侧的香港岛北岸和九龙半岛及其附近的新界南岸，许多楼房也是多层多用，分别用作商业、办公、居住等，工业楼宇内也容纳着不同行业的加工企业，在这座著名的工商业城市中，其商业和工业用地比例都不高，商业用地只占城镇建设用地的 1.3%，工业用地占 6.0%，道路用地面积比例较大，占 14.6%，仅次于居住用地的比例(33.7%)，城市建设用地布局结构的特点是以维多利亚港两岸中心商务区为核心，从港九地区向外作同心圆式扩展：该区外的第一圈层是传统商业区与政府和社会团体机构用地，以及工业用地的混杂区；第二、三圈层主要是住宅区，其中一些地势较高，通风良好、视野开阔的地块是高收入阶层的住所，如在港岛山上和九龙塘北面的山上，山下则是拥挤、简随的屋邨(同"村")，甚至是寮屋，形成具有鲜明对照的殖民地城市特色；第四圈层是城市最外层的低收入阶层的聚居区。今后，香港对外的交通枢纽都要向西发展，1998 年建成的香港国际机场将完全取代现在的启德机场；主要国际货柜(集装箱)枢纽港功能也将从葵涌港扩大到大屿山港；为适应香港与内地陆路运输的增长，将建西部铁路，北接广深铁路和天水围(至深圳蛇口的渡海处)，从而沿中心市区(分别从香港岛和西九龙)—大屿山北岸(包括大屿山港)—赤角机场和中心市区—西部走廊(从西九龙经锦西、元朗分别至罗潮、屯和天水围)方向将形成两条主要发展轴线(包括地铁、铁路、快速公路、干线公路和轻轨)，其间葵涌—青衣和荃湾一带将成为这两条发展轴线的支点。

大力填海造地以弥补土地资源的短缺。香港有计划地填海造地兴起于 1855 年，正是多年来的填海造地工程保证了香港的发展和繁荣，香港有填海造地的自然条件：第一，海岸为山地丘陵峡谷型，曲折，多浅湾，还有坤角等天然屏障，便于填海成陆；第二，维多利亚港内潮差不大，近岸地区水深大多在 10 m 之内，有些地方还有岛屿阻拦海潮，有利于填海；第三，香港的地质以火山岩为主，易于风化，便于开采，填海造地和出售由港英政府包办，1851 年立法规定，私人不得占取沿海前滩地段的利益，一般卖地的收益是成本的 3 倍，卖地所得是政府的主要财源，这部分收入约占其财政总收入的 45%，为适应城市发展的需要，造地规模起初较小，香港一个半世纪以来累计填海造地共得土地 55 $km^2$(1994 年)，约占其土地总面积的 5.3%，约占城市建设用地总面积的 1/5。香港的经济和城市要发展，填海造地将可能还会继续下去，据政府估计，香港到 21 世纪初人口将达到 711 万，最终潜力可容纳 950 万人，为此需新辟土地 44 $km^2$。值得一提的是，香港在大规模填海造地的同时，也不得不再开发利用山坡地，港岛的半山区和山顶开发，到 21 世纪初就已有相当规模，在新界南部，观塘和基湾背后的山坡也逐渐被开发，兴建了住宅，因此形成了具有山域特色的海港城市，景色更加别致，身居闹市的港人可“一步到海，一步上山”，游憩非常方便。

筑塘蓄水以弥补淡水资源的紧张。香港现在供水主要靠祖国大陆，供给量约占其耗水总量的2/3，本地区集蓄雨水供应其余的1/3左右。为了提高供水的自给率，自1877年起就开始在港岛上建薄扶林水塘（容量23.1万$m^3$）集蓄雨水，20世纪60年代以来共计开发了18座，总库容量5.86亿$m^3$，其集水区面积在370 $km^2$以上，约占香港陆地面积的1/3。香港地区的水库占地总计26 $km^2$，约为香港陆地面积的2.4%。

农业用地大量减少，并严重荒弃，农业用地占总土地面积的7.2%，几乎是城镇建设用地的1/3。由于受地形条件限制，香港发展农业的土地很少，可作为耕地的土地面积仅67 $km^2$；并且在城市扩建和经济发展的影响下，农业用地的大量缩减，如在1980—1995年减少20 $km^2$，相当于现有农用地总面积的1/4；农业的部门结构和空间布局发生了很大变化，虽然近年来政府在鼓励投资农业用地，希望尽量保留耕地和鱼塘，但是，香港农业发展的总趋势是规模急剧缩小，出现了严重的撂荒现象。

2. 对当前和今后香港地区土地利用问题的一些看法

(1)城市土地利用仍将是香港地区土地利用的主导因素

香港回归以前，存在偏好开发老市区，放松贯彻新市镇建设计划的问题，这是港英政府对于香港建设只片面地从其当前经济利益考虑的反映，因为自1984年中英签署联合声明，宣布中国将于1997年收回香港地区以后，港英政府为尽量获取土地开发的收益（现政府可以使用批售土地所得利润之半）考虑，又把开发重点转回老市区了，所以，依照联合声明有关规定，香港政府在过渡期内每年批出土地的限额为50 $km^2$，但实际上近年来批地面积都超过了这个限额，因为从眼前利益考虑，在维多利亚港两岸的老市区填海造地投资建设，远比在新市镇收益要高得多，但这对于过度开发的老市区拥挤不堪的问题无疑雪上加霜。

(2)填海造地不仅耗资巨大，而且还会对香港的生态环境造成严重的负面影响

香港大规模的移山填海在很大程度上影响着当地自然界的生态平衡，导致水土流失、滑坡、地陷，造成房屋和设施毁坏，港口淤塞，航道变窄，潮水高涌，影响航运安全，红树林滩地被破坏，海水和海洋底质被污染等问题。9 km长的维多利亚港已经减少水域1/3，两岸之间的宽度已从原来的1700～3700 m缩减到现在的700～1200 m，因此，原来宽阔的海域变得看起来像是河段，如此发展下去，香港将失去海港城市的景观，这将是非常遗憾的事。

应当非常重视保护农用土地和解决荒弃土地的问题，尽管城市土地利用是香港地区土地利用的主导因素，农业的比较收益不高，也是当地经济的薄弱环节，但还是应当努力发展农业生产，其有限的、日益缩小的农地应得到切实保护，这是因为：

第一，香港居民食品消费水平高（这里是世界上消费水果和蛋白质最多的地区之

一)，尤其讲究新鲜；游客众多，食品消费量大，需要提高对当地食品，尤其是鲜、活食品的供应能力。

第二，保存大面积农业绿地，这对于改善城市生态环境能起到积极作用，为此，可考虑积极发展“游憩农业”，以适应现代都市居民的生活方式，引导他们去从事园艺活动，这可能是解决农地荒芜问题的有效途径之一。

香港的发展和建设用地，要充分考虑它与内地，首先是与广东的发展关系。因为香港与内地之间的经济联系日益增强(特别是其加工工业和城郊农业向广东等内地大规模转移)，在香港新建和扩建商务办公楼、工业厂房、机场、海港、铁路和公路等，都要考虑内地，首先是广东产业结构调整的需要，根据内地经济形势，决定其各方面用地的规模和建设进度。

解决香港发展的土地短缺问题，可充分利用、发挥深圳特区的作用；要加深与深圳的接轨，促进两地经济一体化；并使两市不仅在交通等基础建设方面相互衔接，而且在城市功能方面也相辅相成，在土地利用方面能起到相互补充的作用，改革开放40多年来，香港同胞已不断在深圳投资、置业、安居、度假，深圳市域面积2020 $km^2$，几乎是香港的2倍，还有进一步开发利用的潜力。

## 二、案例分析问题

请以香港为例，论述该地区在土地资源可持续发展进程中的高效利用对策。

## 三、对策分析

香港具有良好的港湾条件，如此优越的区域条件对其海港和城市经济发展具有巨大影响；可利用当地特有的别致景观资源，建成具有山域特色的海港城市，使身居闹市的港人可“一步到海，一步上山”，大力发展游憩式旅游项目。城市土地集约开发利用程度高；城市土地利用仍将是香港地区土地利用的主导因素，避免对老城区的土地资源过度开发利用。另外，仍需在保护生态环境的前提下，大力填海造地以弥补土地资源的短缺；筑塘蓄水以弥补淡水资源的紧张。具体建议措施如下：

1. 城市土地集约开发。香港城市化显著，土地资源又极其有限，所以城建开发利用程度很高。楼房多层多用；城市建设布局结构呈同心圆扩展；道路用地面积比例很大，仅次于居住用地。

2. 填海造地，弥补土地不足。海岸弯曲且水浅，便于填海；港口内潮差小，水深在10 m之内，有利于填海；火山岩地质，风化便于开采与后续的操作。

3. 开发山坡地，形成特色旅游业。兴建了部分高档住宅，形成了特色的海港城市景观业，景色宜人，有利于旅游业发展。

4. 修建水塘蓄水，弥补淡水的不足。香港供水主要来自大陆。香港水库占全区土地的1/40，可通过集蓄雨水来提高水源自给率。

5. 政府鼓励投资农业用地，但仍有大量荒弃。近代以来，香港的农业结构和空间布局发生了重大改变，虽然有政府的鼓励以及大量的农业投资，但农业发展仍存在较大困难。

**四、建议**

应当非常重视保护农用土地和解决荒弃土地的问题;需要提高对当地食品,尤其是鲜、活食品的供应能力;保存大面积农业绿地;解决香港发展的土地短缺问题,可充分发挥深圳特区的作用,要加深与深圳的接轨,促进两地经济一化(陈晋龙,2007)。

1. 香港作为经济特区,由于其独特的历史遗留问题和社会与政治原因,有许多土地掌握在私人手里。香港回归之后,“丁屋政策”被延续,当地开发商利用这种土地买卖大肆低价圈地。按照香港的法律,政府对这些土地并没有开发权。鉴于以上原因,香港经济特区应在中共中央和政府统一领导下,收回土地的相关权益。统筹规划所有土地资源。

2. 填海造地工作仍要继续,但要注意环境可持续发展,努力实现社会、经济、生态效益的统一。填海造地很大程度上破坏了生物多样性和生态平衡,海洋环境也被污染。

3. 香港地形以山地为主,山地多平地少,平地又多为公园或水源保护地等公共区域。不能以牺牲生态环境为代价开发土地。

4. 作为我国的经济特区,香港要充分加强与内地的联系。加强双方经济联系,如部分产业向内地的转移等。

**五、结论**

香港是以山地丘陵为主的南亚热带半岛和岛屿,水源缺乏,高地分布分散;但是其维多利亚港是世界上最优良的3个天然深水港之一。另外,香港城市土地集约开发利用程度高,是世界上建筑密度最高的城市之一,且由于之前港英政府对于香港建设只片面地从其当前经济利益考虑,导致农业用地大量减少,农业收入不高,成为当地经济发展的主要限制因素。为改变香港地区的土地利用现状,香港政府应在中共中央和政府统一领导下,逐步回收国家对土地的所有权,集约开发,并且着力集中发展与内地(如广东、深圳)经济一体化,交通等基础建设相互衔接,城市领域功能相辅相成,土地利用相互补充,以此改善香港土地“拥挤”的现状。

(2)水资源的可持续利用

我国水资源相对短缺,同时在利用中伴随有严重的污染问题。所以,水资源的可持续利用,关键在于做好宣传教育工作,提高群众保护水资源的意识,尤其是提高节约用水、科学用水的意识;切实完善相关的法律法规,这是水资源保护与可持续利用的有力保障。特别是对污染水资源的恶劣行为,依法进行严厉的处理,营造出和谐的水环境;有关部门要加大资金投入,强化相关工程的建设,尤其是建设地下水与地表水的综合利用工程。以上举措得当可以有力减少水资源的浪费,实现水资源可持续利用(夏阿国,2000)。

**[案例分析 1.2]**

## 习近平春节前夕赴四川看望慰问各族干部群众①

### 一、案例内容

2018年2月11—12日，中共中央总书记、国家主席、中央军委主席习近平在四川考察。

地处四川西南部的凉山彝族自治州，是全国最大的彝族聚居区和四川省民族类别、少数民族人口最多的地区。由于自然条件差和发展相对不足，该州是全国集中连片深度贫困地区之一，17个县市中11个为国家扶贫开发工作重点县。习近平十分惦记这里的群众。11日上午，雪后的大凉山艳阳高照，沿途雾凇银光闪闪。习近平乘车沿着沟深坡急的盘山公路，往返4个多小时，深入大凉山腹地的昭觉县三岔河乡三河村和解放乡火普村看望贫困群众。

习近平饱含深情地说，我一直牵挂着彝族群众，很高兴来到这里，看到大家日子一天天好起来，心里十分欣慰。得知近年来村里大力发展种养业，引进优良品种的牛、猪、羊，家家户户种植了马铃薯、核桃、花椒，农民收入持续增加，习近平十分高兴。他强调，发展特色产业、长期稳定致富，学技能，提高本领，还要移风易俗，通过辛勤劳动脱贫致富。习近平指出，全面建成小康社会最艰巨最繁重的任务在贫困地区，特别是在深度贫困地区，无论这块硬骨头有多硬，都必须啃下，无论这场攻坚战有多难打，都必须打赢，全面小康路上不能落下每一个民族、每一个家庭。

### 二、案例分析问题

以凉山州为例，论述该地区在农业资源可持续发展进程中，气候资源、土地资源以及水资源等的高效利用对策。

### 三、对策分析

凉山州位于四川省西南部，南至金沙江，北抵大渡河，东邻四川盆地，西连横断山脉，处在100°15′—103°53′E，26°03′—29°27′N。境内地貌复杂多样，地势西北高、东南低。高山、深谷、平原、盆地、丘陵相互交错，因地势、地貌的原因，境内每年夏季是泥石流、山洪、冰雹等自然灾害高发期。凉山州属亚热带季风气候，大部分地区四季不分明，但干湿季明显，冬暖夏凉，干季日照长，年平均气温14～17 ℃，独特的光热资源和气候条件适宜农作物生长，被有关专家誉为“天然的塑料大棚”。凉山州河流众

① 来自：新华网，http://www.xinhuanet.com/politics/leaders/2018-02/12/c_1122404777.htm。

多，均属长江水系，流域面积 100 $km^2$ 以上的河流 145 条，其中流域面积 1000 $km^2$ 以上的河流 11 条。有邛海、马湖、泸沽湖等 23 个内陆淡水湖泊（袁颖，2007）。

由于凉山州处于长江上游生态屏障的核心地位，在土地利用中又存在土地后备资源质量不高，林地水土流失较严重，耕作方式落后等诸多问题，因此，我们在土地利用中首先应考虑到其特殊的地形、地貌，干湿分明的气候特征和脆弱的生态现状，探索出一条以提高土地利用效益、完善土地生态保护为核心的土地开发利用道路，具体措施包括：

1. 开发建设水利设施

凉山州境内江河纵横，水能资源极其丰富，理论蕴藏量达 7100 万 kW，可开发量 4952 万 kW，约占全省水能资源的三分之一。流经凉山的雅砻江、金沙江、大渡河的“三江”流域流量大、落差大，具有广阔的水电开发前景，是国家“西电东送”的重要基地和骨干电源点。“三江”流域是全州最具潜力的经济增长带，通过对“三江”流域丰富水能资源的开发，带动“三江”流域农副产品开发和相关产业发展。水电开发在一定程度上解决了人畜的饮水问题，改善了农业灌溉条件，健全了农业配套基础设施，促进了农产品基地的建设，为农业机械化和农产品加工等提供了有利条件，促进了农业可持续发展。

金沙江干热河谷、二半山和高山区，耕地分布不均、地高水低、水资源缺乏。新中国成立以来，虽然水利建设取得了很大成就，建设了一大批大中小微水利工程，形成了供水基础产业网络，基本满足了经济社会发展对水资源的需要，但全州水利建设仍很落后，远不能适应经济社会持续发展的需要。

水电开发中大水电站的建设，解决困难人畜的饮水水源和农村居民的饮水安全问题，改善干旱山村人民生活生产条件，加大牧区水利投入，加快贫困人口脱贫步伐，加大水土流失治理和基本农田建设力度，提高蓄水保土功能，减少水土流失，使生态环境步入良性循环。同时，依据当地农业资源地域分布的规律，加强农业资源的综合开发利用，逐步形成节水型特色优势农业。

2. 积极发展水电产业

流域水电综合开发促进农业水利灌溉等配套项目建设，并对灌溉系统给予一定的财力支持，扩大灌溉面积，降低农业生产成本，充分发挥水利工程对当地农业的服务功能。不断加强农田水利建设，加快发展节水灌溉，把大型灌区续建配套和节水改造作为农业固定资产投资的重点。

凉山有 60% 的有效灌溉面积，这些灌区不但存在工程老化、渗漏严重、效益衰退等若干问题，还有相当一部分未达到设计灌溉面积，不能充分发挥效益。水电开发工程完成后可以新增加灌溉面积，改善灌溉面积，建设牧区饲草料地灌溉面积，水利建设围绕提高农田灌溉水平进行，届时全州的农业节水灌溉将提高到新的水平，对扩大灌溉面积、提高粮食产量、保障粮食安全起到积极作用。

同时，在水运方面，通过整治江河航道，改造建设现有码头，且以“三江”水电站建设为契机，在具备条件时建设雷波溪洛渡及上田坝、金阳芦稿、布拖冯家坪、宁南葫芦口、会东野牛坪、木里金河、锦屏一级、皎平流等一批码头，提高通航能力，扩大客货运输吞吐能力。由此带来的交通条件的改善，将会促进农村城镇化和农业产业化的发展。交通是城镇化的基本条件，只有交通畅通了，人流、物流加快了，商品经济发展了，才能促进城镇化的发展，提高城镇化水平。而农村城镇化是农业现代化的必由之路，是全面建设小康社会的必然展现。农业产业化将随着农村经济的发展而发展，凉山的特色农业、绿色农产品蕴藏着丰厚的发展潜力，具有很好的市场前景。因此，交通环境改善了，传统的农业产业结构将会出现重大调整，优化结构，创名牌产品，丰富市场需要商品；规模化、集约化生产成为可能，优质农产品将会成批涌现，源源不断地流向市场。农民种出的产品运得出、销得好，农民致富的路子更宽更广，促进农业增长、农民增收。

水电开发将带动农业基础设施的建设，农业基础设施建设取得长足发展，农业生产条件得到较大改善，综合生产能力就会提高，农产品竞争力得到全面提升，同时实现农业可持续发展战略。

3. 凉山州土地资源高效利用对策

(1)加强耕地保护工作，建设好“川南粮仓”

凉山州属川西南山地中亚热带季风气候区，由于地形、地貌复杂，海拔高度悬殊，形成了同一气候区内的立体气候带。受地形、地质、气候、生物和人为活动等条件的影响，凉山州的土壤类型呈明显的水平和垂直带状分布。因此，凉山州的农业土地利用上，也存在受立体气候、立体农业生态、立体植被和立体土壤分布控制和影响的特点，造成区域种植的品种多样而规模又较小的特点，立体农业的基本特征十分突出，而处在高山峡谷地区的县难以有适宜城镇发展、工业集中区建设的空间。因此，必须实行严格的土地用途管理制度，从严控制非农建设占用耕地，从严控制土地供应总量，在建设项目选址中提前介入、从严把关，落实最严格的节约集约用地制度。

一是充分发挥规划的整体管控作用，落实保耕地、定边界、控总量、优布局的要求。二是落实用地产业政策、供地政策和用地定额标准管控，严格建设项目选址审查。对建设项目占用基本农田、占用耕地较多的，必须对占用的必要性、合理性和基本农田补划方案的可行性进行严格论证。三是实行新增建设用地计划安排与土地节约集约利用水平、补充耕地能力挂钩，大力推进土地利用计划“增存挂钩”机制，以建设促保护，加大土地综合整治力度。制定印发了《凉山州土地综合整治及高标准农田建设项目管理实施细则》，以土地整治为平台，大力推进高标准农田建设，实施土地平整、灌溉与排水、土壤培肥、田间道路、生态环境保持等工程，将中低质量的耕地纳入高标准农田建设范围，实施提质改造，提高耕地质量，建成一批集中连片、设施配套、高产稳产、生态良好的高标准农田。

(2)加强土壤污染防治,提高土地利用率

由于凉山州的耕地资源分布不均,质量普遍较低,且全州耕地资源主要分布在山高、坡陡、高海拔的贫困地区,耕地质量普遍较差。因此,必须从控制和治理污染源着手,加强土壤污染治理,合理利用污水灌溉,加强土壤环境的监测和评价,及时预报土壤的环境质量变化和主要问题所在,合理配置耕地,加强土地资源节约集约利用。必须严格执法,打击滥用土地的行为;积极开展土地生产潜力和承载能力的研究,作好长远的土地利用规划。坚持以保护农用地特别是耕地为重点,进一步强化对基本农田的保护,推进耕地保护由重数量保护向数量、质量和生态全面管护的转变。合理划定基本农田集中区,重点保护安宁河谷流域、金沙江流域两岸及盐源盆地优质农田,加强基本农田保护示范区建设,积极推行标准化基本农田建设,建设好"川南粮仓"。加强以安宁河谷平原为重点的土地开发,建设国家级耕地后备资源开发基地。

(3)凉山州气候资源高效利用对策

凉山州属亚热带季风气候,具有年较差小,日较差大,四季不分明,旱、雨季分明,光热、水资源丰富等特征,素有"一山有四季,十里不同天"之称。凉山州光照充足,风能等资源丰富,被列为中国南方地区国家级风电基地,风电产业成为凉山州绿色发展的亮点,带动了民众脱贫增收。凉山州全年有风时间基本在 5 个月以上,出现大风的日数可超过 61 d,大部分地区年平均风速 6～7 m/s,风向稳定,开发利用条件好。

(4)利用气候资源优势,引领风电光伏企业发展

凉山州的气候复杂多样,形成独特的气候特征,自下而上依次为南亚热带气候区(安宁河谷半湿润气候区、金沙江河谷半干旱气候区、雅砻江河谷地区)、北亚热带气候区(金沙江、安宁河、雅砻江流域的不同海拔地段内)、温带气候区(金沙江、安宁河、雅砻江流域的不同海拔地段内,雅砻江以东的北亚热带上限海拔以上区域、雅砻江以西 2000～2300 m 或以上区域),全州研究制定风电光伏发展战略,落实四川省、州政府关于支持气象能源产业加快发展的有关政策,坚持能源规划与电网、村镇发展等"多规合一",打造风电光伏、水电互补的新能源走廊。

全州相关部门充分调研、总结经验,全州要制定统一的招商引资指导性意见、争取招大引强,深化与其他企业的交流合作,规范开发秩序。需要完善顶层设计,避免多部门相关规划不统一的问题,实现有效衔接配合顺畅。坚持市场配置资源,理顺项目审批程序,为风电光伏产业发展指明方向,出台更加细化和执行力更强的项目考核管理办法,保障政策落地。

(5)加快实施光伏发电扶贫工程试点,突破新能源发展瓶颈

在加强对雅砻江风光水互补清洁能源示范基地规划建设的支持力度的同时,应在高海拔少数民族地区加大实施光伏发电扶贫工程试点,把 6 县发展重点放在实施光伏扶贫工程上。将光伏扶贫作为脱贫攻坚手段之一,实现光伏扶贫从"输血式"向"造血式"的转变。按照《关于实施光伏发电扶贫工作的意见》精神,根据贫困人口分

布及光伏建设条件，选择适宜的光伏扶贫模式，以县为单元统筹规划，分阶段以整村推进。在不突破基本农田、不占用或少占用优质耕地的原则下，支持凉州特别是光伏扶贫工程重点实施范围，通过采用土地租赁的方式在一般农业用地、设施农业用地、园地、坑塘水面、低丘缓坡改造地等建设农光、渔光互补项目，在保持当地水土的同时实现当地农民的增产增收。同时充分调动金融机构对利用气候资源发电的积极性，政府、金融机构、企业多方有效衔接良性互动，降低农村光伏电站建设门槛，充分调动群众的积极性。

## 四、建议

在气候资源利用方面，从凉山州气候资源利用的程度总体上看，全社会气候资源开发利用的意识不强；气候资源开发利用水平与社会经济发展的需求不适应；气候资源开发利用的规模和效益与实际可开发资源量及其对社会经济可持续发展的潜在贡献率仍然差距较大。为此，必须进一步采取措施，加强凉山州气候资源开发利用工作。太阳能、风能以及其他气候能源的开发利用将是未来新能源利用的重要方面，因此，需要因地制宜，根据凉山州的复杂地形与气候分布特征重点发展新能源。同时，高新技术(如高分辨率卫星信息及其数值评估模式)的应用使气候资源的开发利用前景越来越广阔，应增大对技术创新使用的投入，加强技术支撑。还应加强对气候资源的检测、评估、开发和利用，最大限度开发气候资源。

在土地资源利用方面，随着凉山州城镇化的不断加快，土地资源也日趋紧张，所以只有在空间上高效利用土地，时间上科学管理土地才能够实现土地资源的高效利用。在现有的土地资源基础上，保障农业用地，整合农业用地资源，开垦复耕。要限制建设用地总量，实施集约利用的政策，对于农业用地的用途变更要严格控制。一方面提高土地的开发效率；另一方面，土地资源的使用管理必须科学，也就是土地资源的利用要实现推动国内经济发展、社会进步等，构建出良性循环的体系，才能实现土地可持续化管理。

在水资源利用方面，根据凉山州现有水资源的利用情况，在运用工程措施开发和利用水资源的同时，应加强工程的科学管理，合理运用和进行水资源的调度，以及采取其他非工程的措施。例如，加强水资源开发利用的宏观调控，强化流域水资源的统一管理，提高科技水平和经营管理水平，加强小流域综合治理，改善水源地生态环境等。在水资源利用方面，始终坚持以可持续发展为基础，以经济效益为中心的宗旨，开源和节流相结合，以节流为重点，量水而行，量水发展，保护环境，充分高效地利用水资源，提高水资源利用技术水平和管理水平，做好水资源的优化配置，真正改善人民生活用水条件，促进经济社会健康持续发展。

## 五、结论

凉山州资源富集、得天独厚，开发潜力巨大，土地广袤，光热丰富，雨量充沛，农业和生物资源极具特色，为了促进凉山州资源的进一步高效利用，凉山州需要不断强化水电光互补，保护好耕地红线，提高土地利用率。大力发展清洁能源，加快高海拔少数民族地区扶贫试点工作，加强电力输送平台建设，引导风电、光电、水电等新能源产业相互配合、共同发展。要建立生态修复补偿和助民脱困机制，促进区域经济发展和民生改善。

同时需要注意政策的规划引导，提高少数民族就业人员的劳动素质，使凉州资源利用产业进入良性循环发展。凉山应尽快开展生态补偿机制与生态安全格局研究，建立空间指引，划定区域范围内适宜、限制、禁止建设区和生态红线范围。

## 1.3 资源高效利用的基本原理

### 1.3.1 资源开发利用的生态学原理

#### 1.3.1.1 物质循环的原则及其应用

生物地球化学循环：是指发生在生态系统与环境化学元素的循环迁移过程。化学元素从无生命的环境进入生态系统，然后又从生态系统中流出并进入环境，周而复始地循环、运转。

生物地球化学循环的主要内涵包括：a. 变“废”为宝，实现物质循环再生。b. 发展节约型生态农业，高效利用资源。c. 调节物质循环过程，减少环境污染。

#### 1.3.1.2 能量流动的原则及其应用

(1)热力学第一定律

能量既不能创造，也不能消灭，只能以严格的当量比例由一种形式转变为另一种形式。这个定律可用下列公式表示：

$$\Delta E=\Delta H-\Delta W \tag{1.1}$$

式中，$\Delta E$ 为系统内能的改变；$\Delta H$ 为系统从外界吸收(或输出)的热量；$\Delta W$ 为系统对外界所做的功。

一个系统中能量发生变化的同时，环境的能量也发生相应的变化。如果系统能量增加，那么环境中的能量就相应减少；否则，即系统能量减少，环境能量增加。例如，生态系统通过光合作用所增加的能量等于环境中日光能所减少的能量。

生态系统中绿色植物在单位面积、单位时间内吸收太阳能合成碳水化合物的能力叫作总第一性生产力；除去用于呼吸作用所消耗能量的净光合积累率则称为净第一性生产力。用公式表示为：

$$a_{GPP}=b_{NPP}+R_a \tag{1.2}$$

式中，$a_{GPP}$ 为总第一性生产力，单位：$t/(hm^2 \cdot a)$，$b_{NPP}$ 为净第一性生产力，单位：

t/($hm^2$ · a)，$R_a$为绿色植物自身呼吸消耗能量。

(2)热力学第二定律

在能量转化过程中，伴随着部分能量消耗，从集中、有序形式到一种分散的不能利用的形式。在一个系统中，有用能消散过程的度量用熵表示

$$\Delta S=(\Delta G-\Delta H)/T \tag{1.3}$$

式中，$\Delta S$ 为有用能的变化(又叫自由能)；$\Delta G$ 为与周围环境的热交换；$\Delta H$ 为熵的变化；$T$ 为过程发生变化时的绝对温度。

自由能和熵是热力学的两个状态函数。自由能是指具有做功本领的能量，而熵是不能做功的能量。

在封闭系统中，一切过程都伴随着能量的改变；在能量传递和转化过程中，除了一部分可以继续传递或做功的能量外，总有一部分不能继续传递或做功，而以热的形式消散，这部分能量使熵和无序性增大。一个封闭系统总是倾向于使自由能减少而使熵增加，最后导致一切过程的终止。

(3)Lindeman 的百分之十定律

能量在生态系统中的流动，是沿着生产者和各级消费者的顺序逐级减少的；一般来说，能量沿着从绿色植物—草食动物—一级肉食动物—二级肉食动物逐级流动。通常，后者所获得的能量大体上等于前者所含能量的十分之一；也就是说，在能量流动过程中，有大约十分之九的能量损失了。这样的一种定量关系称之为 Lindeman 的百分之十定律。

当然，这个定律只是对能量流动效率的粗略估算，往往与一些生态系统的能量流动状况有较大出入；不过毕竟有一定价值，为生态系统内能量的传递提供了大致的数量概念，可作为定量研究的基础。

(4)能量利用的最适定律

生态系统对能量的利用，无论在种群还是群落水平上，都存在能量利用的最适定律。这个定律可以表达为：占据一个特定生态位的所有物种，与有相似的生态需要但不能很好地适应这一生态位环境条件的物种相比，前者对可获得能量的利用更有效。

(5)食物链和生态金字塔

生态系统中各种生物由取食关系构成食物链，绿色植物所固定的太阳能由一个营养级向另一个营养级传递。绿色植物属于第一营养级，草食动物为第二营养级，肉食动物则是第三营养级，其余类推。

生态系统中食物链主要有三种类型：①草物食物链，是以绿色植物为基础，从草食动物开始的食物链，又叫捕食链，如牧草—蝗虫—鸟类—狐等。②腐食食物链，这种食物链是以死的动植物残骸为基础，从真菌、细菌和某些土壤动物开始的，如植物残骸—线虫类—节肢动物等，就属于腐食食物链，也叫分解链。③寄生食物链，这是以活的动植物有机体为基础，以某些专门寄生生活的动植物为开端的食物链，如牧

草—黄鼠—跳蚤—鼠疫细菌。上述三种食物链在不同类型生态系统中几乎同时存在；它们各有侧重，相互配合，保证了能量在系统内的流动与传递。

人们在研究生态系统的食物链和食物链构成的食物网的结构时，把每个营养级有机体的生物量、能量及个体数量按照营养级的顺序排列起来，绘制成图，竟和埃及金字塔的形状相似。于是，人们便把这种图形称为生态金字塔。食物链和食物网的结构之所以呈"金字塔"状，这是由于生态系统中能量流动沿着营养级逐级上升，能量越来越少，能量流动越流越细，这就导致前一个营养级的能量只能满足后一个营养级少数生物的需要。营养级越高，生物的数量必然越少。伴随着能量阶梯般递减，生物的个体数目也随之急剧减少。被食者的生物量要比捕食者的生物量大得多。无论是从能量来看，还是从生物量或生物的个体数目来看，它们都是呈"金字塔"状递减。这是生态系统营养结构的特点。

(6)资源生态系统的能值法则

能值(emergy)的英文拼写带字母"m"，与能量(energy)不同，是一新的科学概念和度量标准。其定义为：某种流动或贮存的能量所包含的另一种能量的数量，称为该能量的能值。或者说，能值就是直接或间接用于形成资源、产品或劳务的某种类型能量之量。任何能量均始于太阳能(solar energy)，通常以太阳能作为衡量能量的能值；任何能量相当(包含)的太阳能之量，即为该能量的能值，单位为太阳能焦耳(solar emjoules，缩写 sej.)。某种资源、产品或劳务所含的太阳能值是其形成过程直接或间接应用的太阳能总和。

#### 1.3.1.3 生物多样性的原则及其应用

丰富的生物多样性不但给人类改造、利用自然提供了强大的物质基础，而且提供了适宜的生存条件，对人类社会的生存和发展具有极其重要的意义。然而随着人口的膨胀和环境压力的急剧增加，物种资源的承载能力与人类需求间的矛盾愈来愈尖锐，生物多样性不断下降，灭绝与濒危物种日趋增加，正在威胁着人类生存的基础。据估计，全世界已有 2500 种植物和 1000 种脊椎动物濒于灭绝。

与国际上相比，由于我国人口众多，对生物多样性的利用又极不合理，致使我国生物多样性的状况更为严峻，应引起人们的深切关注。我国受到严重威胁的物种占整个区系成分的 15%～20%，高于世界平均的 10%。我国濒危种数达 4000～5000 种。《濒危野生植物种国际贸易公约》附录所列的 640 个种，我国就占 156 个；国务院环境委员会 1984 年公布的《中国珍稀濒危保护植物名录》第 1 册确定珍稀濒危植物高达 354 种，初步统计，列入濒危植物名录中的植物已有 5%左右在 10 年中灭绝。近百年来，我国已有 10 余种动物绝迹，如高鼻羚羊、野马、犀牛、新疆虎等。目前，大熊猫、金丝猴、东北虎、雪豹等 200 余种珍稀动物又面临灭绝的危险，一些过多的常见种(如黄羊等)也沦为稀有种。1988 年，国务院公布的《国家重点保护野生动物名录》中，确定国家重点保护动物 275 种，其中一级 96 种，二级 161 种。

为了充分保护和开发利用我国丰富的生物多样性资源，应加强生物多样性的保护；在保护的前提下，开发利用生物多样性资源，寓开发于保护之中。

第一，采取多种措施减少对自然生态系统的干扰，维持丰富的生物多样性。

根据生态系统越稳定、越成熟，则生物多样性越高的原则，应采取多种措施，减少对自然生态系统的干扰，并使干扰强度不超过系统的承载能力，保持系统中物质流动与能量流动的正常运转、稳定和平衡，以维持在漫长历史年代中所形成的丰富的生物多样性。这些措施主要有：①建立全国生物多样性保护与监测体系，我国物种资源不清，相当一部分物种尚未被人们所认识就已灭绝，缺乏有力的监测、保护与宏观调控体系。②充分发挥我国生物多样性的潜力，建立高效的生物多样性开发与生产体系，应改变国内开发混乱、浪费严重、效益低下的局面；实行保护性开发，以建立商品生产基地或繁育体系取代挖采、围捕野生资源。③健全和完善我国生物多样性的管理体系，迅速扭转资源恶化的局面。应加大宣传力度，提高全民族的环境保护意识，动员群众改变不利于物种资源保护的习惯，如不食和禁止采摘和捕杀的动植物，以及不以珍稀动植物入药等，形成保护野生动植物为荣的良好风尚；加强物种资源的立法和执法，健全和完善各项规章制度；防治环境污染，消除或减少环境污染对生物多样性的威胁，实现物种资源的可持续利用。

第二，充分发挥生物多样性的多功能性，提高物种资源开发的效益。

我国物种资源位居世界前列：全国现有高等植物 32800 余种，仅次于巴西和印度尼西亚，居世界的第三位；由于巴西和印度尼西亚地处热带，大多是热带植物种类，而我国从南到北有热带、亚热带、暖温带、温带和寒温带的植物种类，从东到西有森林、草甸、草原和荒漠的植物种类，因此，我国植物资源的多样性是任何一个国家所不可比拟的。我国拥有各种动物 10.45 万种，其中兽类 1196 种，爬行类 320 种，两栖类 214 种，鱼类 2200 种，昆虫约 14440 种；在动物区系成分上兼有南北两大区系的特点，具有丰富的多样性。我国动植物特有种类较多，保存了许多古老孑遗种和属，如大熊猫、金丝猴、丹顶鹤、扬子鳄、白鳍豚、银杉、珙桐、妙锣及金花茶等。虽然我国生物多样性丰富，但开发利用水平低、效益差。应根据生物多样性的多功能性，进行有选择地多层次深度开发，以满足国民经济建设和人民生活的需要。开发措施主要有：①充分利用生物的遗传和生化多样性，通过纯化、杂交或基因组合等方法，建立我国优质作物品种繁育和推广体系；加强畜禽、水产品种资源的保护和繁育，建立、健全畜禽、水产保存和繁育体系等；通过建立自然保护区、种子园、人工选择以及现代生物技术等措施加速优良林、果苗木的繁育和保存。②以市场为导向，通过建立商品生产基地，加强野生动植物的驯化或人工栽培，促进物种资源的开发利用。③充分发挥生物多样性的文化、美学、保健和科研等多方面的功能，开展以非消耗资源为目的的生态与休闲、观光旅游等。

1.3.1.4 时间原则及其在资源开发中的应用

生态演替的基本概念：生态演替是群落有序的发展过程。随着时间的变化，物种组成和功能均发生变化；变化是有方向的，且可以预测。

演替是群落引起物理环境变化的结果，为群落本身所控制；并以稳定的生态系统为发展顶点，顶级群落是演替理论的一个重要内容。演替终止（相对而言），并长期存在的群落，称为顶级群落（具有与该地区相适应的最稳定、最平衡的性质）。

逆向演替：生物多样性减少，群落结构简化，生产力与土壤有机质含量降低。例如，云杉林是我国北方针叶林中的优良用材林。当云杉被采伐后就留下了大面积的采伐迹地，原来林地内的小气候完全改变，地面受到直接的光照，近地表风速增大，温度很快升高与发散，形成霜冻等，因此不能忍受日灼或霜冻的植物就难以生存，原来林下的耐阴或阴性植物消失了，而喜光的植物，尤其是禾本科、莎草科以及其他杂草到处蔓生起来，形成杂草群落。如果继续干扰下去——进行割草，高的杂草将由更耐旱的矮小杂草所代替；当地群众如再刨挖草皮，那么，由于植被破坏，就会产生水土流失。若在杂草阶段，采取封山育林，停止外界的干扰，就为顺向演替打下了良好的物质基础。首先一些喜光的阔叶树种（桦树、山杨等）能够在采伐地生长（它们的幼苗不怕日灼和霜冻）。因此，在原来云杉形成的优越土壤条件下，它们很快生长起来，形成以桦树和山杨为主的群落。当幼树郁闭起来时，开始遮蔽土地，一方面，太阳辐射和霜冻开始从地面移到落叶树种所组成的林冠上；另一方面，郁闭的林冠也抑制和排斥了其他喜光植物，使它们开始衰弱，然后完全死亡。由于桦树、山杨等上层树种既缓和了林下气候条件的剧烈变动，又改善了土壤环境，因此阔叶林下已能够生长耐阴的云杉和冷杉幼苗；经过一段恢复期，云杉的生长慢慢超过桦树和山杨，并占据森林上层，桦树和山杨因不能适应上层遮阴而开始衰亡，于是云杉林又开始形成了。

(1)根据生物的节律部署农业生产

不同生物都有自己与环境相适应的节律，只有根据物种的生物学特征，适时安排农林牧业生产，才能做到不误农时，作物或畜禽品种才能正常生长发育，达到提高产量的目的。同时，在农业区划或规划中，也应根据气候条件与生长季节，科学地安排作物茬口，实行合理的种植制度，充分发挥区域气候等环境资源的生产潜力，以提高资源的综合生产力。

(2)利用区域气候条件的差异，发展反季节蔬菜等农作物

在邻近经济发达的沿海地区或大中城市，可根据区内因地势不同造成的气候上的差异，建立以市场为导向的、高附加值的反季节蔬菜、果品等生产基地，以繁荣市场。这也是时间原则在农业自然资源开发中的灵活运用，只有运用得当，才能具有良好的经济效益。例如，地势较高的山区往往在季节上比同纬度地区的平原稍迟，可利用这种"时间差"，在山区生产春季的时令蔬菜、果品，满足低海拔的城市夏季市场的需要。粤北山区通过发展反季节蔬菜，既丰富了广州等大中城市的市场，又为山区的

脱贫致富提供了新的生产途径。当然，也可依靠发达的交通条件，利用跨区气候条件的差异（如我国南北方）生产对方所需的农产品。这也是时间原则的具体应用。

(3)加强生态环境的保护，促进生态系统顺向演替

加强生态环境的保护，如通过对森林实行限额采伐，使生长量大于采伐量，以及采用人工造林促进天然更新和封山育林等诸多办法促进森林植被顺向演替。在海洋资源开发利用中，鱼类繁殖季节严禁捕捞（实行禁渔期）和禁止采用拖网捕鱼等均可以达到保护鱼种、扩大繁殖系数的目的。在草场开发中，实行适度放牧，严禁超载放牧和加强牧草改良与管理等均可提高产草量，形成草场资源的良性循环。此外，加强珍稀动植物的保护也是促进生态系统顺向演替的重要措施。通过多种措施扭转环境恶化的局面，形成有利于人类居住和物种繁衍的良性循环的生态环境。

### 1.3.2　资源开发利用的经济学原理

#### 1.3.2.1　资源利用的互竞原理与市场法则

同一时空范围内农业自然资源各用途间互相竞争关系的存在或出现，主要是因为农业自然资源的多用途特性和稀缺特性两方面所决定的。任何一种农业自然资源往往均具有多种用途，如水既可以用于灌溉（发展种植业），也可以用作牲畜饮水，还可用于植树、水产养殖等。然而，同一种农业自然资源在同一时空只能用于或只能主要用于一种目的；农业自然资源的稀缺特性更加重了用途间的竞争性。用途间的竞争，如同人或企业间的竞争一样，要遵循一定的法则或规则，而这个法则或规则是市场法则及市场规则。

市场对于自然资源的有效配置具有不可替代的作用。在市场经济中，市场价格信号是自然资源配置的主要依据，自然资源向市场价格（竞价）较高者（个人或企业）转移是必然的，而自然资源用户所能给出的价格是由其利用自然资源的边际收益水平所决定的，边际收益高方能给价较高，从而自然资源向收益高（即给价高）者手中流动又是合理的，也正是通过这种流动才使得自然资源利用的整体效益提高。

#### 1.3.2.2　共享资源的多目标与公共选择原理

所谓共享资源，是与专有资源相对应，指由于自然原因或人为原因而不能划定边界或归属权，从而只能由某一个社区或集团所共同拥有的自然资源，如地下水资源、公海及产权不清的农牧交错或林牧交错地带的资源等。这些资源要么因为自然原因（如地下水的流动性）而难以或根本无法划定边界和权属，要么因为人为原因（如国际海洋法的规定、资源制度性权属不清）而只能共享。

如上所述，共享资源为社会所共享，同时资源又是多用途的，或称其利用是多目标的。如何通过共享实现资源利用的效益最大化？最基本的原则是资源的利用方式能够反映社会大多数人的意愿。一般地，共享资源利用的多目标选择，由政府所委托

的代理人来完成，而代理人选择能否反映多数人的意愿，以其委托人即政府在以后的得票情况为衡量指标，能反映公共选择意愿的政府是最受欢迎的政府，反之亦然。

#### 1.3.2.3　资源利用的边际转换原则

按照生产经济学原理，生产过程可以区分为三个阶段，这三个阶段的划分以生产弹性数值为准。所谓生产弹性，是指总产量变化率与资源投入变化率的比率。

边际收益递减律给我们最主要的启示是对于包括农业自然资源在内的自然资源，要坚持利用适度的原则，否则会导致边际收益的下降并最终导致总收益的下降。而这个“度”就是转换边际。

资源利用的“度”是一个动态的概念，当价格、技术等条件发生了变化，那么这个“度”就会相应地发生变化。因此，应对市场变化和技术进步及应用等具有高度敏感性。

#### 1.3.2.4　资源利用的经济预期与风险应对原理

针对技术不确定性，只有加快对新技术的采用速度，以此保证获取资源利用超额利润；针对市场不确定性，要加强对市场的预测和分析能力；针对产权不确定性，只能由政府通过立法执法、产权界定等加以消除；针对替代资源出现及其作用的不确定性，资源持有者或使用者为保护自身利益，应加快资源利用速度；针对资源未来用途的不确定性，将部分资源暂且存起来留作备用，不失为明智之举。

#### 1.3.2.5　资源利用的损益分析

资源是可持续发展不可缺少的物质基础，这个基础一旦受到削弱，就会影响到农业发展的可持续性。只强调农业增长的速度或规模，而不计农业自然资源的耗用，是一种与可持续发展思想相悖的短期行为，只能造成农业的“资源空心化”。因此，单就农业自身需要而言，必须对农业自然资源的耗用给予高度重视。从另一视角看，农业自然资源同其他自然资源一样，是一个国家、一个地区、一个民族或一个企业的有形资产，属于不动产范畴。这种不动产既具有其他类型有形资产的共性，又具有恒定增值的特性。在经济快速增长并伴随通货膨胀的时期，投资农业自然资源开发、利用和保护，往往是使企业资产保值增值的明智之举。因此，农业自然资源应视为资产的重要组成部分。

将农业自然资源核算纳入农业经济分析，一直是一个理论工作者和实际工作者努力的方向，但目前该问题尚未得到最终解决。不过有一点要明确，这就是要把现行农业经济分析的范围和方法进行扩展，将农业自然资源包括进来，特别采用广义的农业成本——效益分析，也即采用农业损益分析。

### 1.3.3　资源开发利用的社会学原理

#### 1.3.3.1　资源开发利用与社会可持续发展

虽然农业自然资源，如土地、森林、草地资源等具有可更新的特点，但是长期不合理的开发利用将造成这些资源衰退和人类生产环境的恶化，严重影响人们的食物供给，并且对人类赖以生存的生命支持系统造成威胁，进而影响社会可持续发展。

#### 1.3.3.2　资源开发利用的社会学原理

(1)系统原则

开发利用资源应从系统和全局的高度出发，协调各方面的功能，使系统的整体效益最佳，而不顾此失彼。

(2)人口原则

使人口的增长与环境保护、资源开发能相互协调。

(3)体制与法制原则

建立以市场为导向的科学的资源产业管理体系，以实现资源的优化配置。

(4)合作共享原则

①鉴于人类赖以生存的自然资源有限，人类需与子孙后代共享资源环境；②各国有权根据需要开发本国资源，并确保不对他国环境造成损害；③地球的承载能力是有限的，人类应该做到合理开发和利用自然资源；④对于全球共有的大气等自然资源，需要在尊重各国主权和利益的基础上，制定各国可接受的全球性目标和政策。

#### 1.3.3.3　资源开发利用的社会公益功能

在农业自然资源开发利用中，不但要注重物质生产功能和生态防护功能，而且要特别强调资源开发的社会公益功能，把资源的开发与环境保护有机地联系起来，寓开发于保护之中；同时，充分发挥资源生态系统的多种功能，发挥它们在美化人们的工作和生活环境，净化空气及卫生保健、美学、休闲与文化等多方面的功能。以森林资源为例，首先是森林能净化空气，防止环境污染，美化环境。林木具有通过光合作用吸收二氧化碳、放出氧气的作用，地球上的绿色植物每年通过光合作用吸收二氧化碳约 2.0 t，其中森林占 70%；空气中 60%的氧气是由森林产生的。森林是天然的吸尘器，全世界每年排入空气中的灰尘超过 1 亿 t，而 1 $hm^2$ 的松林每年可吸附灰尘 3 t，云杉林吸附灰尘 32 t，柏林吸附灰尘 68 t 等。其次，森林具有杀菌、降低噪声等卫生保健功能。1 $hm^2$ 的松柏林一昼夜可分泌抗生素 30 g，可杀死空气中白喉、肺结核、伤寒、痢疾等多种病原菌；10 m 宽的林带能降低噪声 10～15 dB，成片的树林则可减少 26%～45%分贝。再次，森林的绿色是人类生理的最适颜色之一，使人们感到舒适、愉快，再加上美丽的林野风光和情趣，为人们疗养、休闲、旅游提供了幽静、浪漫而富有诗情画意的场所。森林中丰富的物种资源和自然环境，给人们以高层次的文化享受，是了解自然、探索自然的知识宝库。其他农业资源也有类似的作用，都应各有侧重地把它们的社会公益功能纳入资源开发利用之中。

# 1.4 资源高效利用管理

## 1.4.1 农业自然资源高效管理的内涵与目标

农业资源管理：指管理者在资源承载力的允许下，以资源科学理论为基础，对利用和保护农业资源的人类活动所进行的组织、指挥、监督和协调等一系列过程。其目的就是运用行政、法律、经济、教育和技术的手段，对危害和破坏农业资源的人为活动进行监督与控制，协调经济发展与资源利用、环境保护的关系(谢高地 等，2002)。

### 1.4.1.1 农业自然资源管理的重要性

(1)有利于促进资源的外部经济性与降低外部不经济性：农业资源利用活动对其他区域的影响称为农业资源的外部性，其中有利影响称为外部经济性，不利影响称为外部不经济性。

(2)有利于减少农业资源利用的不确定性：由于资源的多用途性，可能造成资源的浪费或过度开发利用，资源管理能够更好地协调各部门对资源的利用程度，提高资源利用效率。

(3)有利于资源利用的公平性，促进区域可持续发展：为了体现代内平等与代际平等，应该通过各种手段对农业资源的合理利用进行有效管理。

### 1.4.1.2 农业资源管理的特点

(1)广泛性：管理的范围涉及凡是有农业资源的各个地方，包括空间、地表、地下等所有自然存在的农业资源。

(2)区域性：直接与气候有关的农业资源分布都有明显的地带性。

(3)综合性：是多学科交叉渗透的产物，具有高度综合性。

(4)紧迫性：资源的破坏、生态失衡等危及全人类的生存。

(5)群众性：通过资源教育，使人们认识到必须保护与合理利用环境资源。

### 1.4.1.3 农业资源管理的原则

(1)协调原则：包括农业资源利用过程中的决策结构功能、信息结构功能、动力结构功能之间的协调，以及它们各功能内部的协调。

(2)高效原则："效率就是生命"。

(3)自控原则：管理控制的速度越快，其有效性越高，效果越好，被动式的管理就不如自动式的管理获益大。

(4)稳定原则：整个管理体制的效率越高，调控的速度越快，调节过程的波动就越小，即越稳定。

#### 1.4.1.4　农业资源管理的目标

(1)贯彻国家和地方的资源保护利用方针、政策、条例、规划与计划。

(2)合理开发利用农业自然资源与废物资源,提高资源利用效率,减少环境污染与破坏,维护生态环境的良性循环。

(3)创建一个清洁、优美、健全、高效的农业生态系统和优质、高产、低耗、可持续的农业生态系统,以获得最佳的三个效益。

(4)开展资源科学研究、资源监测与资源教育,普及资源科学知识,提高全民族的资源意识。

### 1.4.2　农业自然资源高效管理的手段与内容

(1)经济手段:按照社会主义市场经济规律的客观要求,运用经济杠杆和经济方式来行使管理职能,实现农业资源的合理利用。

(2)行政手段:国家通过各级行政组织,按照行政系统隶属关系来行使管理职能,实现农业资源的合理利用。

(3)法律手段:国家通过立法、司法手段,用法律来管理农业资源的开发利用活动。

(4)技术手段:借助那些既能够促进资源转化、提高资源利用效率,又能够最大限度地保护耗竭性资源的技术。

(5)教育手段:通过基础的、专业的、社会的资源教育,不断提高在职干部的业务水平和社会公众的资源意识。

### 1.4.3　我国农业自然资源管理中存在的问题

长期以来,我国因自然资源管理制度不合理,致使资源利用效率低下。主要表现在如下几个方面:

第一,资源产权不明确。资源产权不明确,促使人们竞争性地掠夺利用资源,导致自然资源在开发利用中受到严重破坏。

第二,认为自然资源无价值。在传统计划经济思想指导下,自然资源被认为是没有价值的,资源产品价格被严重低估,导致资源需求的过度膨胀,自然资源浪费严重。由于认为资源无价值,自然资源没有被作为资产进行管理,因此没有被纳入国民经济核算体系,出现了“资源空心化”现象。

第三,采用不适当的行政手段配置自然资源,严重阻碍了资源的有效利用,也阻碍了资源市场的发育。

第四,缺乏有效的自然资源政策分析以及科学决策的信息支持机制,尤其是跨部门的政策分析与信息共享机制,使部门间政策目标相互摩擦,影响了资源管理的效率和效果。

# 第 2 章　土地资源及其高效利用

## 2.1　我国土地资源及其利用概况

### 2.1.1　土地资源总量与分布

#### 2.1.1.1　土地资源总量

我国地域辽阔，总面积约 960 万 $km^2$，约占世界土地总面积的 6.4%，居世界第 3 位。从总体概况来看，中国土地资源具有如下特点。

(1)土地类型多样。其中湿润、半湿润区土地面积占 52.6%；干旱、半干旱区土地面积占 47.4%。地形高度从平均海拔 50 m 以下的东部平原，逐级上升到西部海拔 4000 m 以上的青藏高原。

(2)山地面积大。山地(包括丘陵、高原)面积约 633.7 万 $km^2$，约占土地总面积的 66%。全国 1/3 的人口、2/5 的耕地和 9/10 的有林地分布在山区。

(3)国土空间规划制度体系趋于完善。全国和重点城市规划实施情况年度体检评估显示:2023 年耕地和永久基本农田面积分别保持在 18.65 亿亩①和 15.46 亿亩以上，全国生态保护红线面积稳定在 315 万 $km^2$ 以上。完成红树林补划入生态保护红线工作，生态保护红线面积增加约 7 $km^2$，补划后全国 99%的红树林已划入生态保护红线。全国 105 个大城市住宅用地占城镇建设用地总量的 34.1%，较 2009 年提高 2.0 个百分点；交通用地占比 11.7%、公园与绿地占比 4.0%，分别较 2009 年增长 28.5%、31.4%。组织全国 683 个城市基于全国国土调查成果，在标准化的城市化统计区范围内，首次精准确定城区实体地域总面积 7.8 万 $km^2$。

#### 2.1.1.2　土地资源分布

我国耕地资源的地区分布差异较大，全国耕地主要分布在东部和东南部，包括东北、华北、华东、中南和西南(除西藏外)等地区的 24 个省(区、市)，土地面积约占全国耕地面积的 45%，而耕地面积占全国耕地面积的 86%左右。西部及西北地区的甘肃、新疆、宁夏、青海、西藏和内蒙古 6 个省(区)，土地面积虽占全国土地面积的 55%

① 1 亩=1/15 $hm^2$，下同。

左右，但耕地面积只占全国耕地面积的 14%左右。这与气候、人口等因素有关，但主要因素还是因为植被遭破坏后沙漠的扩张影响，导致严重沙化。东部和东南部地区之间，耕地面积也不平衡，黄淮海地区土地面积只占全国土地面积的 4.6%左右，而耕地面积却占全国耕地面积的 22.9%左右，长江中下游地区土地面积占全国土地面积的 10%左右，而耕地面积却占全国耕地面积的 19.4%左右，黑龙江省耕地面积为 1173.736 万 $hm^2$，约占全国耕地面积的 9.2%，是全国耕地最多的省份。除 4 个直辖市外，耕地面积最少的依次是西藏、海南和青海。其耕地面积占全国耕地面积的比例依次约为 0.23%、0.45%、0.60%（图 2.1）。截至 2023 年，全国共有耕地面积 12758.0 万 $hm^2$。

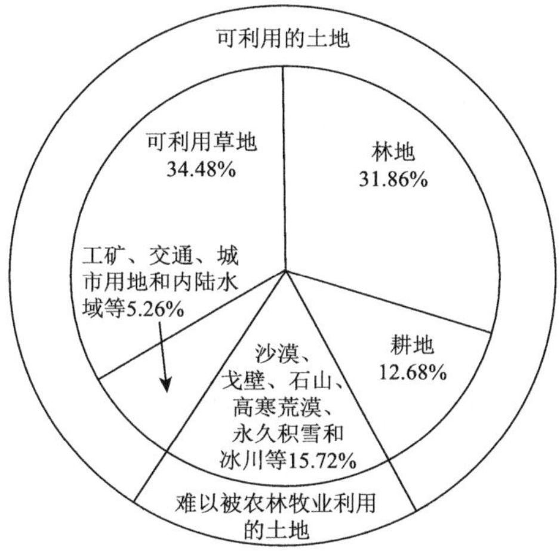


图 2.1　我国土地利用情况及土地类型分布

从地貌分布来看，全国约有 5868 万 $hm^2$ 耕地分布在山区和丘陵，约 6889 万 $hm^2$ 分布在平原地区，分别约占全国耕地面积的 46%和 54%。从水田和旱地的分布看，由于地貌、降水、热量、水利、劳动力资源及历史传统等条件的差异，各地区旱地和水田的分布差别较大。全国 93%的水田分布在秦岭—淮河一线以南，水田中的平川田主要分布在长江中下游平原、珠江三角洲、成都平原等地。梯田分布于江南丘陵、四川盆地丘陵、云贵高原坝子等地，全国 85%的旱地集中在秦岭—淮河一线以北，尤其东北大平原和黄淮海平原，这个区域的旱地面积约占全国旱地总面积的 55%；旱地中的水浇地及平川地，主要分布在华北平原、东北平原、汾渭谷地、河套平原、银川平原及河西走廊等（皮广洁，2006）。我国可利用土地包括草地、林地、耕地等，约占全国国土总面积的 84.28%，而沙漠、戈壁、石山等难以利用的土地占比约为 15.72%（图 2.1）。

### 2.1.2　土地资源质量

我国耕地资源质量的总体状况不容乐观，全国约有 66%的耕地分布在山地、丘陵和高原地区，只有约34%的耕地分布在平原、盆地。我国耕地资源质量现状可以概括为以下几个方面。

#### 2.1.2.1 优质耕地比例较低，且分布极不均衡

2019年，农业农村部依据《耕地质量调查监测与评价办法》(农业部令2016年第2号)和《耕地质量等级》(GB/T 33469—2016)组织完成全国耕地质量等级调查评价工作。

全国耕地按质量等级由高到低依次划分为1至10等，平均等级为4.76等，较2014年提升了0.35个等级。

#### 2.1.2.2 坡耕地数量较大

根据我国自然资源数据库的统计结果，在耕地面积中，坡度在15°以上耕地面积1900.558万 $hm^2$，约占整个耕地面积的14.90%，其中，坡度大于25°、不宜继续耕种的耕地面积610.088万 $hm^2$，约占整个耕地面积的4.78%，从其分布情况来看，主要集中在西部地区，约占整个坡耕地面积的75%。正是由于大量坡耕地的存在，我国耕地极易发生水土流失、滑坡等灾害，从而导致耕作层变薄、肥力流失等现象的发生，极大地影响了耕地质量水平。

#### 2.1.2.3 水田比例过小、旱地比例过大

根据土地利用详查的结果，2013年，我国水田占耕地总面积的24.55%，旱地占耕地总面积的50.33%。水浇地占耕地总面积的25.12%。一般来说，水田通常可以用作旱地来种植旱作物，而旱地则通常不能用来种植水生作物，过高的旱地比例必然会降低耕地利用的灵活性，从可利用方式上降低了耕地的质量。

#### 2.1.2.4 水土资源的比例不均衡

水土资源之间的比例是影响耕地资源质量的一个重要因素。水土比例过大或过小都会对耕地资源质量产生不利的影响，比例过大，容易造成洪涝灾害。比例过小则会导致旱灾。西藏耕地的水土资源协调指数最高，达到57.85；上海、浙江、福建、湖北、湖南、广东等15个省份水土资源协调指数高于全国平均水平，其指数水平在1～5；北京、天津、河北等15个省份水土资源协调指数低于全国平均水平。其中，天津、河北、山西、宁夏4个省份水土资源协调指数在0.1以下，单位耕地面积所拥有的水资源极其匮乏。不难看出，我国水土资源之间的比例极不均衡。

#### 2.1.2.5 土壤养分严重缺乏

第二次全国土壤普查资料表明，我国耕地资源土壤中有机质、全氮、速效磷、速效钾的含量均较为缺乏。

我国耕地资源土壤中有机质含量大于30 g/kg的耕地约占耕地资源总面积的19.57%。土壤有机质含量低于10 g/kg的超过耕地资源总量的1/4，其中低于6 g/kg的约占旱地总面积的6.36%。从地域分布上来看，耕地有机质含量按照冷凉地区、

湿润地区、半干旱地区依次递减。在一些干旱和半干旱省份，耕地有机质含量很少有超过 30 g/kg 的。

耕地中全氮含量与有机质含量较为相似，有近 1/3 的耕地全氮含量低于 0.75 g/kg，有 10.76％的耕地全氮含量低于 0.5 g/kg，属于严重缺氮。从耕地种类来看，旱地的缺氮情况比水田更为严重，旱地中全氮含量低于 0.75 g/kg 的占 41.20％，而水田仅占 7.01％；旱地中全氮含量低于 0.5 g/kg 的占 13.52％，水田仅为 1.59％。其中我国东北地区的黑土地是我国含氮量最高的土壤，而西北黄土高原和华北平原的土壤含氮量较低，前者为后者含氮量的 3.0～3.5 倍。

我国耕地土壤中速效磷的含量也十分缺乏。缺磷耕地数量为 6211.86 万 $hm^2$。其中旱地缺磷情况更为严重，几乎占到整个旱地面积的一半。北方土壤的全含磷量一般比南方土壤高，大体上有从南到北增大的趋势。土壤中大部分磷是无机状态。北方土壤的无机磷主要是磷酸钙盐，而南方主要是磷酸铁、铝盐类。

我国耕地土壤中速效钾的含量也不乐观，缺钾耕地达 1307.00 万 $hm^2$，其中水田缺钾尤甚，约占到全国水田总面积的 22.74％。缺钾土壤主要出现在南方，北方土壤也已经开始出现缺钾现象。土壤中钾全部以无机形态存在，而且数量远高于氮和磷。

我国耕地资源土壤中除缺乏有机质、全氮、速效磷、速效钾等主要养分外，还不同程度地缺乏锌、铜、铁、硼等微量元素，土壤养分整体十分缺乏。

2.1.2.6　耕地障碍因素多、比例大

全国第二次土壤普查和全国农业综合开发后备资源调查结果显示，我国耕地资源中有 60％～70％存在某种主要限制因素，如侵蚀、干旱缺水、贫瘠、渍涝、盐碱、板结、砾石、砂姜层、潜育层等。

### 2.1.3　土地资源的利用情况

我国耕地资源的开发利用已有几千年的历史。在人口多的压力下，凡是地势平坦、土壤肥沃、气候温暖湿润适宜于耕种的地区，基本上都已开发利用。各地土地垦殖率、复种指数和生产水平虽整体有所提高，但区际之间差异很明显，特别是经济发展水平差异大的地区之间，耕地开发的程度存在很大差别。

2.1.3.1　土地垦殖率

土地垦殖率（土地垦殖系数）是指一定区域内耕地总面积占土地总面积的比例。土地垦殖率能够反映当地农业对土地资源的利用率，单位是％。目前全国土地垦殖率为 14.2％，高于世界土地垦殖率（12％），低于亚洲土地垦殖率（16.6％）。按地域分析，北京市土地垦殖率最高，为 32.6％；青藏高原最低，不到 1％，高低相差超过约 31 倍。按区域分析土地垦殖率，山东最高达 58.3％，其次是江苏、河南、天津均达 53％，最低的是西藏（0.3％），青海（1.2％），新疆（2.4％），高低相差约 193 倍，垦殖率的高低反映一个地区耕地开发和利用程度,从侧面反映出土地利用是否合理。

2.1.3.2 耕地复种指数

复种指数是指一定时期内(一般为 1 年),在同一块耕地面积上种植农作物的平均次数,即年内耕地面积上种植农作物的平均次数,数值上等于年内耕地面积上农作物总播种面积与耕地面积之比。我国复种指数在逐渐提高,目前平均复种指数为 155.1%。我国各地区复种指数基本上都在提高,但各地区提高程度不一样,西南地区最高,20 世纪 90 年代以来,复种指数提高了 18.3 个百分点,而华北地区仅提高了 1.6 个百分点。

我国地域跨度大,自然地理环境复杂,各地区的地貌、气候、土壤、耕作方式等相差很大,因而地区之间的复种指数差异也很大。复种指数最高的华南地区达到 221.7%,复种指数最低的东北地区仅有 101.9%。可见,地区之间差异是很大的。

## 2.2 土地资源利用中存在的主要问题及对策

### 2.2.1 农村土地资源利用中存在的问题

2.2.1.1 人口增加与耕地减少的矛盾突出

我国人口基数大,而与此同时,工业化和城市化的迅速发展又使我国耕地数量不断减少,人口与耕地的反向发展使人均耕地面积持续下降。人口与耕地的逆向演替给耕地资源的可持续利用带来了很大的压力,并已成为制约我国经济和社会发展的重要因素。1998—2005 年,我国每年人口净增加量虽然都在逐步减小,但是,由于我国人口基数太大,人口增加最少的年份仍然净增人口 774 万。同时,我国的耕地总面积却不断减小,且呈逐步扩大之势。1999 年耕地净减少量为 43.66 万 $hm^2$,2000 年达到 96.23 万 $hm^2$,2005 年则达到 253.74 万 $hm^2$,人均耕地面积则由 1998 年的 0.104 $hm^2$降至 2005 年的 0.093 $hm^2$。随着人口持续增加,在未来很长一段时期内,人均耕地面积持续减小的势头难以逆转(图 2.2)。

2.2.1.2 城市化进程中耕地的流失

随着经济的发展,现代城市化进程不断推进,整个社会结构和城市经济状况及文化面貌的发展使得城市地域不断扩展和加强,表现最突出的是二、三产业的形成和聚集,人口的增加和进一步的集住。这其实就是城市化的表现。城市化是人类社会经济发展的必由之路,也是现代化的重要标志之一。虽然我国城市化水平还比较低,但处于加速发展阶段。土地是城市的依托,在城市化建设中要有一定的土地作保障,所以城市化过程中必然会占用一部分耕地。随着城市化水平的不断提高,耕地面积在日益减少,我国城市化水平每上升 1%,耕地就会减少 45 万 $hm^2$。土地又是人类赖

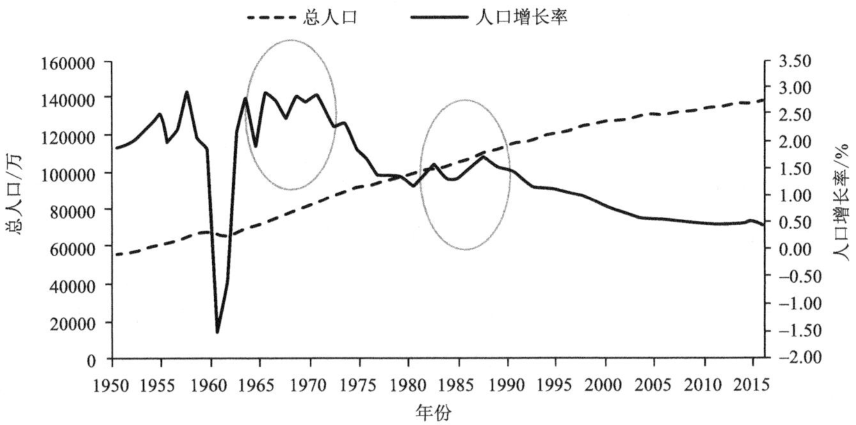


图 2.2　1950—2015 年我国总人口和人口增长率变化

以生存和发展的基础。我们必须留有一定数量的土地保障农业的发展。我国是人多地少、耕地资源稀缺的国家，所以必须十分珍惜和合理利用每一寸土地，切实保护耕地。既要加快城市化的进程，又要保护耕地资源，要调和二者之间的矛盾，使它们达到协调统一（何宇新 等，2021）。

2.2.1.3　后备资源少

我国是一个古老的农业大国，土地开发利用比较充分，可供继续开发的后备土地资源已十分有限，特别是宜农后备土地资源更少，主要分布在 35°N 以北地区，但在该区域内也分布不均，新疆、黑龙江两个省（区）之和占后备资源总量的 49.5%，而东部 11 个省之和仅占 11.7%，每省（市）不足 10 万亩。特别是农牧交错地区，多为经济落后、交通不便的边远山区，土地开发难度大，利用中的限制因素较多。

2.2.1.4　污染严重

工业“三废”（废水、废气、废渣）的大量排放，生活垃圾的倾倒，化肥、农药、地膜的大量使用以及引污灌溉等，给耕地土壤造成日益严重的污染，致使耕地质量严重退化。污水灌溉以及化肥、农药、农膜的过量和不合理使用，会恶化土壤的理化性质，破坏土壤的团粒结构，造成土壤板结，营养元素失衡，使农作物增幅减缓，品质下降。超负荷使用农药，会损坏土壤的生产功能、调节功能、自净能力和载体功能，并造成土壤污染。残留地膜使土壤的透气性降低，含水量减少，土壤中的微生物活动减少，并阻碍作物根系发育和土壤养分、水分的吸收。残留地膜在农田中不易腐烂，在自然条件下难以降解，其主要成分对农作物毒性很大，严重破坏了土壤的功能。

耕地污染严重会对食物安全构成威胁。耕地是作物必需营养元素的主要来源。近年来，耕地污染给农产品的质量带来了日益严重的影响。许多地方食用蔬菜中硝酸盐、有毒汞金属含量严重超标。

由于缺乏地力补偿机制，农业生产发展后劲日渐不足。而且，由于农民收入太低、负担过重，造成农民忽视培肥地力，采取粗放经营、掠夺式使用土地，结果使耕地有机质含量低。氮、磷、钾等元素比例失调，地力下降速度加快。

#### 2.2.1.5 土地荒漠化和盐碱化

过度开垦、过度放牧、过度砍伐森林、过度用水和过度建设，破坏了植被和生态平衡。我国耕地荒漠化形势十分严峻。凡是地表具有硫松沙质沉积物、干旱频繁而又多风的地区，人为不合理的农垦都会产生以风沙活动为显著标志的沙化耕地。在南方丘陵地区，坡耕地严重的水蚀也可使地表土壤质地变粗，导致耕地沙化。但沙化耕地主要还是分布在干旱、半干旱及部分半湿润的北方地区。在上述地区，在不具备垦殖条件又无防护措施的情况下，开垦土地，进行农业种植活动，必然导致耕地沙化。

耕地沙化首先造成土壤的结构性破坏。土壤抗风蚀的能力降低，遇风起沙。土壤沙化后其保持水分的能力下降，土壤更容易发生干旱，还会造成土壤养分含量的降低。据估算，全国每年因风蚀损失土壤有机质、氮和磷等营养元素恢复到原生土壤状况，即使是在采取人工措施的情况下，也需要几十年、上百年甚至更长的时间。干旱和养分贫瘠使耕地的地力下降，影响作物生长，又进一步加剧了风沙危害，直至使耕地完全丧失地力，不得不弃耕，进而破坏了当地农业生产的基础。

### 2.2.2 农村土地资源利用问题产生的原因

#### 2.2.2.1 思想观念方面存在误区

(1)“先污染，后治理”的错误观念。在相当长的阶段，“先污染，后治理”的思想观念在我国各级管理者尤其是地方管理者中很普遍。部分管理者认为当时经济增长是第一位的，即使以环境污染为代价，也必须先把经济搞上去，等以后有了钱和“闲”再来治理和保护环境。在那些贫困地区的管理者口中，则是要“先吃饱饭”，然后才能谈别的。这些想法和说法听起来似乎都很有道理。但是，他们没有认识到：鉴于我国的情况，污染不仅对环境、对未来经济发展和人体健康会产生危害，而且在近期内就会对经济产生不利影响。污染已成为经济发展的重要制约因素。也就是说，可能在经济还未发展到认为有钱了、可以来改善环境的时候，污染就会使经济窒息。可持续发展并不是不要经济发展，而是要寻求使经济发展与资源环境保护协调起来的发展途径。“先污染后治理”“先发展经济后改善环境”的观念实际上是将发展经济与保护环境对立起来。另外，先污染后治理的成本要大幅度高于污染之前采取预防措施的成本。

(2)对耕地功能的多样性认识不全面。不少人主要从经济效益方面考虑耕地的产出价值，实际上，耕地的功能体现在多方面：一是粮食生产及经济作物功能；二是生态价值，例如，它作为绿地，可以释放氧气，吸收二氧化碳、固氮等，耕地的生态价值比它的生产价值要高；三是社会保障功能，在我国还不能将失去耕地的农民很好安置、现在的征地补偿又不足以让农民安身立命的情况下，对农民来说，失去耕地就意味着失去一切，因此耕地的社会成本很高。

正因为耕地具有多种功能，所以在耕地资源的利用中必须坚持经济效益、生态效益和社会效益的统一。耕地利用必须考虑经济效益是毫无异议的，但单以经济效益确定耕地利用方向则是片面的。耕地利用必须注意生态平衡，滥垦滥用虽一时受益，但会造成土壤侵蚀，地力下降，破坏生态环境，影响耕地资源的永续利用。因此，要把耕地开发与整治结合起来，用养结合，保证耕地肥力持续提高，实现耕地永续利用。耕地利用还要兼顾社会效益。例如，种粮虽然可能比种经济作物的经济效益低些，但也不能不种粮，须知“无农不稳，无粮则乱”。当然，也不应一味要农民牺牲自身的合法权益向社会做贡献，应给农民以合理的补偿，这可由国家通过农业政策解决。

#### 2.2.2.2　耕地利用机制存在缺陷

(1)土地使用权界定不清。在推行土地承包责任制之后的很长一段时间里，全国各地农村一般都是在村或村民小组范围内按人口和土地质量优劣平均承包。由于每一个村民都应有平等的承包土地的权利，因而，有些地方每隔两三年，根据农户人口的变动情况，村或村民小组就要重新划分一次承包土地。每一次调整之后，农户承包的土地就可能不再是以前耕作的土地。由于对土地的投入往往需要经过几年才能促使土地生产力的提高，在承包耕作的土地不固定的情况下，农民不愿对土地进行长期投入，不会考虑采取措施提高土地肥力和质量。相反，他们会为了近期利益而对土地进行掠夺性经营和利用，从而造成土地质量的退化。尽管针对这种情况后来各地采取了总体稳定，微观调整的政策，但这种“微观调整”仍然让农民们感觉承包的土地不稳定。而且，这种总体上“增人不增地，减人不减地”的政策由于面临乡村人口变动的巨大压力而难以真正落实。即使严格执行土地延包政策，但是在 30 年承包期限将到之前，农民们仍可能采取短期行为。

(2)耕地转用机制不完善。农村土地流转其实是一种通俗和省略的说法，全称应该为农村土地承包经营权流转。也就是说，在土地承包权不变的基础上，农户把自己承包村集体的部分或全部土地以一定的条件流转给第三方经营(李长健 等，2010)。我国土地转用主要通过征地方式进行。征地机制的不合理刺激了耕地的流失。我国征用机制的弊端主要有：①土地征用目的不清。将一些非公共利益的建设用地作为国家建设用地实行土地征用。这就扩大了土地征用的范围。②土地征用主体与批准主体不明确。土地征用主体是国家，但实际工作中往往以用地单位作为征用单位，其提出申请后，由土地管理部门报人民政府批准。在政府只盲目扩大投资、不顾土地资源保护的指导思想下，用地单位的土地征用申请就会很快获得批准，而且往往多批多占。③土地行政征用权任意否定被征用土地的农民集体土地所有权。土地行政征用权是对农民集体土地所有权的限制。但仅是对农民集体土地所有权处分权的限制，即农民集体不得以其土地所有权的自由处分权对抗国家行政权力对土地的征用，但国家行政权力不得否定农民集体土地所有权上的利益。在将农民集体土地所有权以征用方式转为国家土地所有权时，国家应给农民集体以补偿，且补偿必须公平，而目前的土地征用补偿标准过低。④征地过程缺乏群众性。一些地方政府与被征地方协商补偿安置标准时，往往只同集体经济组织的少部分领导人接触，没有倾听广大农民的意见，造成征地补偿标准过低。⑤现行征用耕地后的土地收益分配办法不合理，助长了以地生财行为。按现行规定，占用耕地和利用原有建设用地的土地收益都留在地方，并主要留给了市、县和乡镇。市、县和乡镇政府可以通过征用耕地而出让获取巨大收益。一些市、县每年的土地出让金收入相当于财政收入的 30%，有的甚至超过财政预算内收入。谁“卖地”谁得益的机制，刺激了市、县政府将耕地转化为建设用地的欲望。不合理的征地机制加速了耕地资源的流失。

#### 2.2.2.3　耕地资源利用技术落后

(1)农业科研人员缺乏。我国的农业科研人员，无论在数量方面或是质量方面与发达国家相比都存在较大差距。我国每万名农村人口中仅有 4 名农业科技人员，而美国、日本等发达国家则有 40 多名。国际上一般所能承认的从事研究的人员标准是要具有硕士学位，很多发达国家规定只有博士学位获得者才能获得研究职位。在我国农业科研队伍中，具有学士学位的科研人员所占比不到 34%，具有硕士学位的科研人员所占比不到 3%，而博士学位获得者仅占 0.5%。

农业技术推广人员的现存知识已远远满足不了形势发展的需要。一方面，随着农村新兴产业和特色经济作物的发展，原有技术人员的知识更新缓慢，不能有效地指导农民掌握优良品种的栽培要点及把握对气候变化的应对措施等；另一方面，技术人员对现代设施的使用指导不当，挫伤了农民采用先进技术的积极性。

(2)农民科技文化素质不高。农业劳动者文化科技素质的高低，决定着他们采用高新技术能力的高低，同时对加速农业由资源依附型向知识依靠型转变有重要的影响和作用。我国农村人口众多，教育不发达，农民文化素质较低，科技、文化的缺乏已成为制约农村耕地资源可持续利用的主要因素。2005 年，我国农村劳动力文化程度的结构是：文盲半文盲劳动力约占 7.3%，初中及初中以下文化程度的劳动力约占 87.7%，初高中程度的劳动力约占 2.5%，大中专以上程度的劳动力仅占 2.5%。在劳动力中受过专业技能培训的仅占 13.6%。

我国农业劳动力基本上是体力型的。因循守旧，墨守成规，重经验、轻科学的小农观念难以克服，阻碍了农业科技有效需求的形成，使农业科学技术的推广普及非常困难，阻碍了农村耕地资源的可持续利用。比如，由于某些农民只知道化肥、农药等的使用会使作物良好生长，在没有掌握其使用知识及技术的情况下就盲目使用，造成我国化肥及农药利用率低，土壤肥力下降，效力逐年减小。由于低效利用资源导致收入得不到提高，农民便对农业失去信心，以致有不少地区出现大片耕地荒芜和低效率利用。这一系列的困境都严重制约了我国耕地资源的可持续利用。

### 2.2.3　土地资源合理利用对策

#### 2.2.3.1　树立科学发展观

科学发展观,是坚持与时俱进的马克思主义的发展观。科学发展观要求在社会主义新农村建设过程中,把严格执行国家人口政策、节约资源、环境保护放到重要位置,使人口增长与农村生产力的发展相适应,使农村经济发展与保护资源、环境相协调。

(1)贯彻资源保护政策,保证耕地持续利用。耕地质量保护与建设是落实科学发展,实现社会全面、协调、可持续发展的基础。应该让农民牢固树立节约利用土地、严格保护耕地观念和可持续发展观念(可持续发展的目标,是要建设和创造一个可持续发展的社会、经济、环境,核心是可持续发展的科技和教育。从思想实质上看,可持续发展包含人类与自然界共同进化的思想、时代伦理思想和效率与公平目标思想),以科学的发展观指导农民落实好保护资源的基本国策,从国家粮食安全的高度重视资源保障与能源安全等问题。要从为全面、协调和可持续发展提供资源保障的要求出发,坚持严字当头。把贯彻保护资源的基本国策始终放在首位。

(2)改变传统思维方式,强化农民的环保意识。村委会和乡镇政府应积极宣传和引导农民与政府一道参与农业资源的可持续利用。农民是农业用地的使用者,直接参与到农业生产活动当中,其行为方式直接影响农业生产的可持续性。农村资源的不当利用与农村环境的破坏往往从这一基本单位开始。农民乱垦乱植、乱用农药和化肥使农用生态系统受到极大损害。要想改变这一现象首先应当改变农户的思想意识,使之树立可持续发展的科学观念。在组织、策划政府的政策措施时应充分认识到这一点,以调动农户参与的积极性,这样将有利于整个耕地资源可持续发展战略的实现,同时应当明确农户自身的利益,协调好农户与政府间的利益冲突,避免农户对新出台政策的抵触。

#### 2.2.3.2　提高科技进步对耕地利用的贡献率

(1)提高农业技术推广人员的能力。建设一支高素质的农业和农村专业技术队伍,是提高农用土地利用效率的基础。对于乡镇政府和村委会而言,主要是抓好农业科技地方层次的建设,一方面可以以农业科研单位、农业高等院校和农业技术推广单位为基地,大力培养各类农业专业技术人员;另一方面,要通过实施多渠道人才开发和社会化专项工程,做好教育与培训工作,提高农民利用科学技术的能力,培养数以百万计的农民技术人员,促进农民科学文化素质的提高。

(2)大力开发农村人力资源。开发农村人力资源、提高农村人口素质是农村耕地资源可持续利用的重要保证,是形成自觉保护资源环境的前提。人力资本投资的主要手段是教育培训和卫生保健。把正规教育与非正规教育结合起来，不断提高人的知识、技能和经验，同时要搞好农村卫生保健工作，最大限度地减少病残对人的劳动能力的影响，多渠道提高农村劳动力素质。保证农业以及国民经济的可持续发展，可以与农业类大专院校和农业科研部门联合，举办各种形式的专业技术、技能、知识、文化培训班，向农民传授文化、农业科技、专业技术、实用技术以及法律知识等相关技能。

(3)重视生物技术和机械技术应用。现代农业技术进步有两大特征：一是生物技术；二是机械技术。将这两大技术与稀缺的土地资源或劳动力资源有效结合，以提高劳动生产率，是农业现代化的主要内容。如生物技术的开发利用将有利于农业的高产、高效和优质。一是利用生物的遗传潜力可以丰富生物多样性，提高资源持续利用能力；二是利用生物技术可以提高土壤养分的有效性，进一步增强它们制造养分和释放土壤养分的能力。转基因作物的最终目标是作物本身能自行固氮，避免或减少使用人造肥料，从而减少对生态环境的破坏，提高农业的生态安全性。生物农药，又称生物源农药，是指直接利用自然生态中的有益生物或从某些生物中提取或制造的具有杀虫、防病作用的生物制剂，利用它可以实现无害化的病虫害防治技术。而机械技术可以提高农业的生产效率，实现规模化经营，提高农业的抗灾害能力。但无论是生物技术还是机械技术在我国农业中还没有得到广泛使用。政府应当通过培训等方式向农民宣传、介绍适应当地农村经济发展的生物技术和机械技术，使他们树立起利用现代科学技术进行农业生产的观念，并积极引导他们根据自己的实际情况，逐步运用现代生物技术和机械技术的成果为农业生产服务。

#### 2.2.3.3 提升耕地利用比较收益，增加农户耕地保护意识

经济利益是决定农户耕地利用行为的重要影响因素。耕地利用比较效益低下是当前耕地保护的重大障碍。建立有效利益驱动调控机制，使农户在耕地利用中实现有效保护，村委会应鼓励农民因地制宜发展农地规模经营和集约经营，分别采取转让、转租、折价入股或自管与受托等方式，促进农地向种田能手或土地经营公司集中，并对土地增加资金和技术投入，实现土地适度规模经营和集约经营，努力提高土地利用率、产出率和商品生产率。可以通过完善利益激励机制来保护耕地，如对耕地质量保护较好的农户，应给予一定的精神和经济奖励等；地方基层政府也可以制定倾斜性经济扶持政策，使农户从耕地的被动保护转变为积极保护。

#### 2.2.3.4 积极引导农民构建合作组织，增强耕地利用组织服务功能

当前我国农业存在着小生产和大市场的矛盾，村委会和当地政府应积极引导农户组建合作经济组织。合作经济组织作为农民自我服务组织，能为农户提供产前、产中、产后服务，能从生产到销售各环节上帮助农户克服分散经营带来的困难，提高农户经营的经济效益，维护农户耕地生产的积极性。

# 2.3　土地资源可持续利用的生产模式

## 2.3.1　有机农业模式

### 2.3.1.1　有机农业的含义

遵照有机农业(是指在生产中完全或基本不用人工合成的肥料、农药、生长调节剂和家畜饲料添加剂,而采用有机肥满足作物营养需求的养殖业)生产标准,在生产中不采用基因工程获得的生物及其产物,不使用化学合成的农药、化肥、生长调节剂、饲料添加剂等物质。遵循自然规律和生态学原理,协调种植业和养殖业的平衡,采用一系列可持续发展的农业技术,维持持续稳定的农业生产体系,这些技术包括:选用抗性作物品种;建立包括豆科植物在内的作物轮作体系;利用秸秆还田、施用绿肥和动物粪便等措施培肥土壤、保持养分循环。采取物理的和生物的措施防治病虫草害;采用合理的耕种措施保护环境,防止水土流失。保持生产体系及周围环境的基因多样性等。有机农业生产体系的建立需要有一定的有机转换过程。有机农业系统旨在保持和提高土壤肥力和保护生态环境,在农业和环境的各个方面,充分考虑土地、农作物、牲畜、水产和蜜蜂等的自然生产能力,并致力于提高食物质量和环境水平。有机农业生产遵循可持续发展的原则,在生产过程中尽量减少外部投入物,主要依靠自然规律和法则提高生态循环效率。

发展有机农业可以帮助解决现代农业带来的一系列问题,如严重的土壤侵蚀和土地质量下降、农药和化肥大量使用给环境造成污染和能源的消耗、物种多样性的减少等。据美国的研究报道,有机农业成本比常规农业要低 40%,而有机农产品的价格比普通食品要高 20%～50%。有机农业是一种劳动密集型的农业,需要较多的劳动力,发展有机农业有助于提高农民的就业率和收入,发展农村经济。另外,发展有机农业可以更多地向社会提供纯天然无污染的有机食品,满足人们对食品安全的需求。

### 2.3.1.2　我国有机农业发展现状

我国有丰富的自然资源。据统计,目前开发和认证的有机产品品种数量已超过 300 种,如豆类、茶叶、花生、蜂蜜、野生及人工培育的食用菌、核果类(如板栗、核桃等)、蔬菜等众多的品种资源。我国许多地区的动物资源也相当丰富。尽管我国还有一些经济不发达、需要加强开发的地区,但是这些地区如果将有机农业作为其促进农业现代化的战略选择,也具有其他地区所不具备的独特的地方资源优势,同样具有广阔的市场前景(如云南、西藏、内蒙古等)。

到 2005 年底,有机和有机转换产品已经有 30 大类 300～400 个品种,但以初级原料生产为主,加工产品少;种植业、野生采集产品多;水产(开放水域)、畜牧(放牧)、加工品少。2005 年,我国约有 2000 家企业获得有机(转换)食品认证,其中有机认证面积 169.4 万 $hm^2$(包括水域、放牧面积),产量达到 307 万 t,转换认证面积 61 万 $hm^2$,产量 181 万 t。野生采集面积 208 万 $hm^2$,产量达 5 万 t。有效认证面积居世界第 3 位。

1993—1997 年,国家七部委在全国开展了 50 个农业生态试点县建设,国家环保总局①在全国 100 个地区开展生态示范区试点建设。同时,我国已经建立了有机农业和食品发展机构,即国家环保总局有机食品发展中心,是我国唯一的有机食品认证组织。我国有机农业的发展保持了较高的发展速度(图 2.3～2.5),产品开发加快,区域比较优势初步显现。部分地区已形成有机食品集中产区。全国每年都以 30% 的速度增长,绝大多数生产基地分布在东部和东北部各省份。同时,产业整体水平显著提升,产品结构不断优化。在有机食品企业中,龙头企业、大型企业、加工企业数量不断增多,尤其是上海、北京、浙江、山东、江苏等东部省份较占优势。发展较快的地区,如江苏、江西、内蒙古、吉林等省(区)保持了较高的发展速度,而相对滞后的地区,如青海、宁夏、陕西、山西等省(区)正在加快发展。

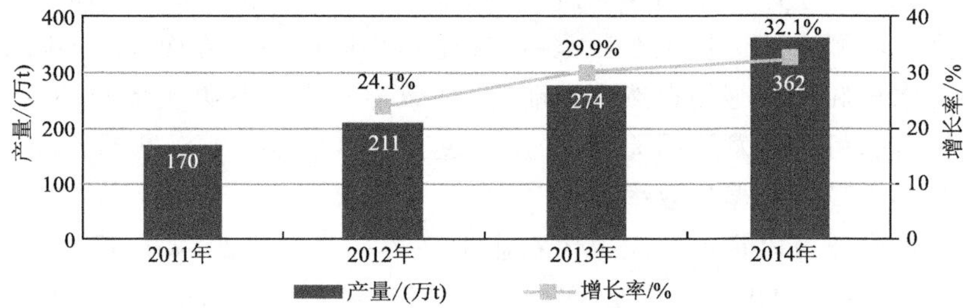


图 2.3 2011—2014 年我国有机粮食产量及增长率

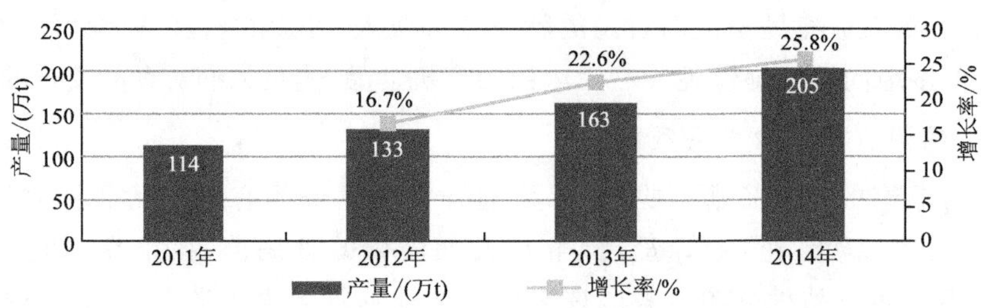


图 2.4 2011—2014 年我国有机蔬菜产量及增长率

① 2008 年 3 月更名为环境保护部,2018 年更名为生态环境部。

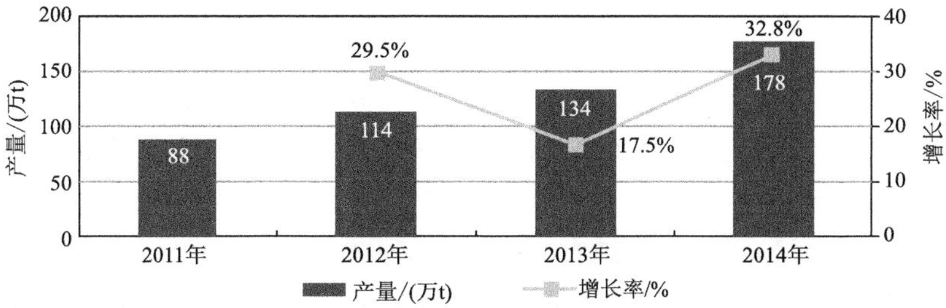


图 2.5　2011—2014 年我国有机果品产量及增长率
（来源：中国产业信息网（www. chyxx. com））

### 2.3.2　生态农业模式

#### 2.3.2.1　生态农业的含义

生态农业是指在保护、改善农业生态环境的前提下，遵循生态学、生态经济学规律，运用系统工程方法和现代科学技术集约化经营的农业发展模式。生态农业是一个农业生态经济复合系统，将农业生态系统同农业经济系统综合统一起来，以取得最大的生态经济整体效益。它也是农、林、牧、副、渔各业综合起来的大农业，又是农业生产、加工、销售综合起来，适应市场经济发展的现代农业。

生态农业是以生态学理论为主导。运用系统工程方法，以合理利用农业自然资源和保护良好的生态环境为前提，因地制宜地规划、组织和进行农业生产的一种农业，是 20 世纪 60 年代末期作为“石油农业”的对立而出现的概念，被认为是继石油农业之后世界农业发展的一个重要阶段。其主要是通过提高太阳能的固定率和利用率、生物能的转化率、废弃物的再循环利用率等促进物质在农业生态系统内部的循环利用和多次重复利用，以尽可能少的投入求得尽可能多的产出，并获得生产发展、能源再利用、生态环境保护、经济效益等协调统一的综合性效果，使农业生产处于良性循环中。生态农业不同于一般农业，它不仅避免了石油农业的弊端，并发挥其优越性，通过适量施用化肥和低毒高效农药等，突破传统农业的局限，但又保持其精耕细作、施用有机肥、间作套种等优良传统。它既是有机农业与无机农业相结合的综合体，又是一个庞大的综合系统工程和高效的、复杂的人工生态系统以及先进的农业生产体系。

生态农业是以生态经济系统原理为指导建立起来的资源、环境、效率、效益兼顾的综合性农业生产体系。我国的生态农业包括农、林、牧、副、渔和某些乡镇企业在内的多成分、多层次、多部门相结合的复合农业系统。20 世纪 70 年代主要措施是实行粮、豆轮作以及混种牧草、混合放牧、增施有机肥。采用生物防治。实行少免耕，减少化肥、农药、机械的投入等。20 世纪 80 年代以来，我国创造了许多具有明显增产增收效益的生态农业模式，如稻田养鱼、养萍及林粮、林果、林药间作的主体农业模式，农、林、牧结合，粮、桑、渔结合。种、养、加结合等复合生态系统模式，鸡粪喂猪、猪粪喂鱼等有机废物多级综合利用模式。生态农业的生产以资源的永续利用和生态环境保护为重要前提。根据生物与环境相协调适应、物种优化组合、能量物质高效率运转、输入输出平衡等原理。运用系统工程方法，依靠现代科学技术和社会经济信息的输入组织生产，通过食物链网络化、农业废弃物资源化，充分发挥资源潜力和物种多样性优势，建立良性物质循环体系，促进农业持续稳定地发展。实现经济、社会、生态效益的统一。因此，生态农业是一种知识密集型的现代农业体系，是农业发展的新型模式。

#### 2.3.2.2 生态农业的主要模式

生态农业模式是指在保护、改善农业生态环境的前提下，遵循生态学、生态经济学规律，运用系统工程方法和现代科学技术，集约化经营的农业发展模式。生态农业是农、林、牧、副、渔各业综合起来的大农业，又是农业生产加工、销售综合起来适应市场经济发展的现代农业。

### [案例分析 2.1]

### 贵州省娘娘山高原湿地生态农业旅游园区的资源利用模式①

**一、案例内容**

贵州省被誉为“中国凉都”的六盘水市腹地，贵州娘娘山高原湿地生态农业旅游园区在县域以猕猴桃为主导产业的基础上而建，园区海拔 1300 m 左右，曾获得“中国农村‘三变’改革发源地”“农村三产融合发展试点”等称号。贵州六盘水市具有喀斯特地貌、石漠化山地、工业主导等特征，特色农业产业是城区人们历经“掠夺式”资源开发后的转型突破口，逐渐形成了在园区上游植茶叶、下游种植猕猴桃的模式，园区内猕猴桃基地面积已达到 10 万余亩，涉及农户超过 15 万人。

**二、案例分析问题**

本案例以西南地区重点帮扶县为研究对象、基于乡村振兴重点帮扶县的调查报告结果及相应理论，分析特色农业产业发展的成长模式案例，从而提出发展思路、模式和建议等，以期巩固帮扶县的脱贫攻坚成果、带动西南地区特色农业产业高质量发展。

**三、对策分析**

1. 优势要素赋能：鼓励工业主导的煤矿、煤炭企业资金力量注入以猕猴桃为主导的特色农业产业发展中来，紧抓煤炭重组的契机，实现产业帮扶及融合；同时，加

---

① 来自：红网，https://baijiahao.baidu.com/s?id=1631169269787341377&wfr=spider&for=pc。

大招商引资力度，给予该县充足的资金支持。

2. 主体目标协同：协同农户、相关经营主体（种植大户、合作社）与产业园之间的目标，实现个体目标与整体目标“同进退、共发展”。现代产业园区作为最大的责任和利益主体，秉持“联产联业、联股联心”的最终目标，深入推进“三变”改革，即“资源变资产、资金变股金、农户变股东”，一方面满足农户不同需求，衔接产前、产中的生产经营活动，另一方面对接产业园区整体层面，主导猕猴桃及茶叶的加工、销售、科研、技术等领域的服务，带动上下游紧密协作的积极性。

3. 产业集群发展：注重延伸和拓宽猕猴桃产业链，实现“种养加一体化”“产供销一条龙”，促成猕猴桃产业做大、做强、做立体、做特色，取得了猕猴桃产业科技扶贫、“三变”“五连”精准扶贫、一对一扶贫扶智等成效，实现了“品种、标准、品牌、包装、收购、销售”的“六统一”，融合农、文、旅等创新特色农业产业模式，提高主导产品的附加值。

**四、建议**

1. 利用技术赋能产业发展，技能培训赋能乡土人才。充分利用技术手段助力猕猴桃和茶叶的产前、产中发展，该县具有极大的产后技术支撑，与贵州省农业科学院、中国科学院对接，与“田教授”交流经验，建立猕猴桃“产学研”基地，形成“深沟起陇”“控苗培根”等成熟技术，同时加强“产业—田间—能人—资料—线上”等技能培训。

2. 充分考虑农户需求，使其成为利益机制的主导者。产业园注重从农户生产者需求角度考虑，将经营主体作为核心力量提供技术、资金等方面的帮扶和托底。在产业园提供平台的契机下，农户可以将自家农地流转给园区基地，获得技术、资金等生产要素支持，与经营主体、园区形成了利益联结机制，解决农户不会种、不会养、不会卖的问题。

3. 产业融合促发展。充分利用该县符合工业发展的地貌条件、资源禀赋，间接赋能第一产业的发展。将工业的资金力量下沉到猕猴桃产业发展中来，不仅为农业产业的发展提供资金扶持和保障，也改变了以往资源“掠夺式”开发、生态破坏等现象。

**五、结论**

党的十八大以后，国内农业发展成效显著，如种植业达到“谷物基本自给”“口粮绝对安全”等目标，畜牧业保障“奶瓶子”“肉盘子”充足，渔业力争生态养殖、创新“名特优”产品市场等，乡村特色产业全面持续发展，巩固了大农业根基，促进了现代农业发展。关于特色农业产业内涵及特征研究，一些学者从宏观角度出发，认同特色农业是具有品牌、规模、竞争等优势的产业，特色产业作为农业生产与服务体系或形态，依托特色农产品及多元化服务，体现出地域性、独特性和效益性等特征，能够满足不同消费群体的小众、多元需求。一些学者还专门从微观视角对于西部地区特色农业的内涵进行了归纳，认为西部地区具备自然、气候、人文、历史等有利优势，基于特色农业产业来带动特色农产品、观光休闲农业、产业集群等的发展，以期巩固脱贫成果及加快民族地区农业产业振兴进程。

### 2.3.3 精准农业模式

#### 2.3.3.1 精准农业的内涵

精准农业又称精确农业或精细农作，是当今世界农业发展的新潮流，是由信息技术支持的，根据空间变异定位、定时、定量地实施一整套现代化农事操作技术与管理系统，是信息技术与农业生产全面结合的一种新型农业，是近年出现的专门用于大田作物种植的综合集成高科技农业应用系统。其基本含义是：根据作物生长的土壤性状，调节对作物的投入，即一方面查清田块内部的土壤性状与生产力空间变异；另一方面确定农作物的生产目标，进行定位的“系统诊断、优化配方、技术组装、科学管理”，调动土壤生产力，以最少的或最节省的投入达到同等收入或更高的收入，并改善环境，高效地利用各类农业资源，取得最好的经济效益和环境效益。精准农业由10个系统组成，即全球定位系统、农田信息采集系统、农田遥感监测系统、农田地理信息系统、农业专家系统、智能化农机具系统、环境监测系统、系统集成、网络化管理系统和培训系统。其核心是建立一个完善的农田地理信息系统，可以说是信息技术与农业生产全面结合的一种新型农业。精准农业并不过分强调高产，而主要强调效益。它将农业带入数字和信息时代，是21世纪农业的重要发展方向。

传统农业的发展在很大程度上依赖于生物遗传育种技术以及化肥、农药、矿物能源、机械动力等投入的大量增加而实现。由于化学物质的过量投入引起生态环境和农产品质量下降，高能耗的管理方式导致农业生产效益低下，资源日显短缺，在农产品国际市场竞争日趋激烈的时代，这种管理模式显然不能适应农业持续发展的需要。

信息技术和人工智能技术的高速发展促使一种新颖农业生产管理思想的诞生，从而产生了对农作物实施定位管理、根据实际需要进行变量投入等农业生产的精准管理思想，进而提出了精准农业的概念。精准农业是一种基于空间信息管理和变异分析的现代农业管理策略和农业操作技术体系。它根据土壤肥力和作物生长状况的空间差异，调节对作物的投入，再对耕地和作物长势进行定量的实时诊断。在充分了解大田生产力的空间变异基础上，以平衡地力、提高产量为目标，实施定位、定量的精准田间管理，实现高效利用各类农业资源和改善环境这一可持续发展目标。显然，实施精准农业不但可以最大限度提高农业现实生产力，而且是实现优质、高产、低耗和环保的可持续发展农业的有效途径。因而精准农业技术被认为是21世纪农业科技发展的前沿，是科技含量最高、集成综合性最强的现代农业生产管理技术之一。精准农业技术的应用实践和快速发展将使人类充分挖掘农田最大的生产潜力、合理利用水肥资源、减少环境污染、大幅度提高农产品产量和品质成为可能。实施精准农业也是解决我国农业由传统农业向现代农业发展过程中所面临的确保农产品总量、调整农业产业结构、提高农产品品质和质量、资源严重不足且利用率低、环境污染等问题的有效方式，将成为我国农业科技革命的重要内容。一般而言，基于知识和先进技术的现代农田“精耕细作”技术体系至少包括以下方面:地理信息技术(即“3S”技术,包括地理信息系统(GIS)、遥感技术(RS)、全球定位系统(GPS))、生物技术、农业专家系统(ES)、决策支持系统(DSS)、工程装备技术、计算机及网络通信技术等。

#### 2.3.3.2　我国精准农业发展现状

“5S”技术即地理信息系统(GIS)、遥感技术(RS)、全球定位系统(GPS)、农业专家系统(ES)、决策支持系统(DSS),“5S”技术应用于土地资源的开发利用和管理之中,对 21 世纪土地资源的可持续发展起到了积极的推动作用(张亚丽 等,2011)。我国从 20 世纪 50 年代开始了 RS 和 GIS 在水稻、小麦、棉花、玉米等主要农作物和鸡、猪、牛的生产管理的农业专家系统的应用研究。1991 年北京市政府拨款组成了“GPS 导航技术在农业飞防中的应用研究”课题组。1995 年,进行了为期 5 d 的 1.33 万 $hm^2$ 小麦卫星导航飞虱灭蚜,采用先进的实时差分卫星定位导航(D-GPS)技术,通过装在地面和飞机上的卫星信号接收器,确定飞虱区域的精确位置,从而避免了农药的重喷和涌喷,灭蚜率达到 90%,并且节省了人工。金继运等(2004)首次利用 GIS 和相应软件研制了中国北方土壤钾素地理信息系统,以县为单位按行政分区绘制出北方土壤速效钾含量图。中国土壤肥料信息系统(SOFIC)在 GIS 平台上建立了包括我国 31 个省(区、市)400 个县(市)的土壤肥力养分资源状况信息系统。该系统既可在地图上分省、县多个层次查询,也可通过目录检索各地的土壤肥力,还提供决策支持,并实现数据的动态更新。1999 年,《精确农业基础》《精确农业研究》《信息农业研究》《多媒体技术及其在农业工程中的应用》《农业专家系统及开发工具》等专著出版;中国农业大学和南京土壤研究所也先后成立了精确农业研究中心或开放实验室。2000 年 10 月 11—13 日农业信息技术及精确农业国际会议在北京召开,标志着以我国农业精耕细作传统技术为基础,加上现代高新技术、现代生物技术、现代信息技术和计算机人工智能技术的有机结合,将能够形成有中国特色的“精准农业体系”(图 2.6)。

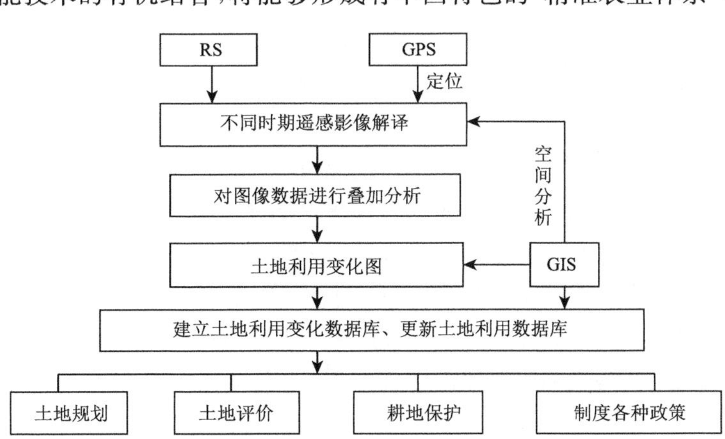


图 2.6　土地资源可持续发展中“3S”技术构成结构

## [案例分析 2.2]

### 黑龙江省嫩江县沈阳军区双山农副业基地①

**一、案例内容**

在黑龙江省嫩江县沈阳军区双山农副业基地，算上管理和后勤人员，48 个人总共种植有 71000 亩地，一台进口大马力拖拉机每天能耕种 2000 亩。双山基地采用的农业生产方案是目前国内第一个完整的精准农业方案，是中国科学院与沈阳军区从 2010 年共同实施的研究项目。中国科学院下属 6 个研究所的 60 多位从事地理学、农学、计算机科学、地理信息系统、遥感、生物技术、智能机械、通信技术等学科研究的专家，在这里实施了一套完整的精准农业方案。这个方案包括从制定计划到收割的全套系统，使用世界最先进的农业机械，采用中国科学院专家开发的完整的精准农业解决方案，生产大豆、玉米和小麦，实现了农业生产的机械化、智能化。在中国科学院专家的帮助下，基地运用卫星遥感、地理信息系统、红外光谱测土等技术，结合智能传感、物联网技术建设精准农业决策指挥和控制体系，解决传统农业的粗放生产方式所带来的资源浪费、生态环境恶化等一系列问题。每年，系统会根据上一年自动记录的情况及新一年的指标做出当年的生产计划。如播种时，系统会利用近地面视频监控系统查看地里的冰雪消融、土质情况，用卫星遥感查看地温、水温，以决定播种时间、播种品种等。收割时，在卫星遥感获知各地块的不同成熟时间的基础上，运用地理信息系统技术进行时空运筹计算，确定最佳农机调度方案。

**二、案例分析问题**

以双山农副业基地为例，谈谈我国精准农业的发展现状。

**三、对策分析**

精准农业的作用和意义？

从世界近代农业发展史可见，20 世纪中期以前，发达国家主要由第三世界国家进口粮食和农产品，然而到了 20 世纪后期，情况出现了逆转，发达国家却大量出口粮食和农产品到第三世界国家。其实发达国家的耕地面积并无明显增加，主要依靠科学技术，包括逐步发展起来的精准农业等技术投入，不断提高农业劳动生产率和农资利用率，在大力挖掘潜力、降低成本的同时，减少了化肥、农药、石油产品对环境的污染，达到经济效益、社会效益、生态效益的同步增长、持续发展。

---

① 来自：经济日报，http://paper.ce.cn/jjrb/html/2011-05/09/content_150764.htm。

我国是世界上最主要的农业国家，用占世界7%的耕地解决了世界22%人口的温饱问题，取得了举世瞩目的成就。但是人口增长和土地资源减少的矛盾不可逆转，为了满足经济和人民生活水平日益提高的要求，必须保持农业的持续发展。解决问题的根本出路在于科学技术，形势迫使我们应该启动精准农业技术，寻找发展高效农业的途径。因此，精准农业在减少投入、降低成本、减轻环境污染、农产品可控化、标准化和批量化、便于加工、出口等方面均有积极的作用和意义。

**四、建议**

1. 精准农业的推广和应用要因地制宜、循序渐进

虽然精准农业在我国推广和应用已具备了一定的基础，但总体来说，在我国要大面积地推广和应用精准农业技术尚为时过早，这是我们应该承认的一个事实。一是我国的大部分地区尤其是东南部农田比较分散，且田与田之间高低相间，以及千家万户的小面积经营，影响到机械化的普及。二是我国许多地区尤其是西部地区物质的投入量严重不足、产量偏低，目前需要解决的主要问题是增加投入，而不像发达国家那样农产品已大量过剩，化肥投入过多。三是经济上的原因，我国还没有大面积推广和应用精确农业技术的物质和经济条件。因此，精准农业可以作为一个方向，但真正要在全国范围内大面积地推广和应用还有一个过程。因此，在实施精准农业时，一定要因地制宜、循序渐进，以免造成不必要的损失。具体地说，在我国，精准农业的推广和应用可以分为三个阶段：第一个阶段为引进、消化和吸收阶段。在该阶段应重点做好对国外典型经验和模式的消化，对于典型经验和模式的选择要有针对性，即应选择数个自然条件和社会经济与我国相仿的国家或地区，进行比较和论证，切忌不加分析，盲目引进。第二阶段为试点阶段。就是先选择几个点，进行实地试验、研究，其重点是摸索经验、掌握规律，使之本地化。待小面积和小范围的试点工作完成以后，可以在全国不同地区进行多点试验，为大面积的推广和应用做好准备。第三阶段为大面积推广应用阶段。这个阶段时间可能较为漫长。但精准农业作为一种具有前瞻性的农业模式和农业发展方向，已为广大农业科技工作者所认同，所以，我们应从思想和技术方面做好充分的准备，推广时机成熟、物质条件具备，就要大胆试行。在发展战略上，要以点带面、逐步推开，成熟一个发展一个。

2. 精准农业相关技术的研究、实施需要多学科和多部门协作

与精准农业技术相关的领域和专业主要有种植业、养殖业、农业工程、计算机、“3S”技术、土壤肥料、农业经济和农业生态等。其中农业工程、计算机、“3S”技术和被服务的领域专家等有关专业人员起主导作用。就政府职能部门来说，主要有农业厅、农机局、林业局、水产局、环保局和气象局。实施精准农业是一项系统工程，需要政府部门的组织、管理、协调和支持，需要多学科的通力协作。精准农业前期投资较大，因此在经费筹措上应通过政府部门支持、股份制和银行贷款等多种途径解决。高等农业院校要为精确农业培养相应的专业人才，如在研究生教学中可开辟精确农业

研究方向,在本科生教学中可开设与精准农业有关的选修课等。就精准农业中的一个重要部分精确农作而言,农业工程技术人员和农学家的携手合作是必需的,如果有土壤肥料专家和作物病虫学家的参与,那就更为理想。但在目前情况下,这些专业或领域往往属于不同的院系或厅局。在工作的初期,可以通过一些大的合作项目和课题,进行协作攻关,在积累了一定的经验和工作基础以后,再成立一个相应的组织机构,来共同推进精确农业的研究、示范和推广。

**五、结论**

在人口、环境、资源、能源和粮食问题日趋严峻的今天,农业生产中的高产高效、持续低耗以及缓解对生态环境造成的压力,已成为人们共同追求的一种目标和世界性的潮流。精准农业在这种背景下应运而生,并迅速为各国政府、广大科技人员和人民大众所接受。实施精准农业至少具有以下诸方面的优点:一是节约资源。精准农业可以像医生开处方那样,根据不同田块的空间分异特征来制定相应的措施。就施肥来说,田块之间往往存在土壤肥力的差异,利用精准农业技术,可以因地确定不同的施肥量,做到"恰到好处",避免不必要的浪费。所以精准农业在种植业上的应用又称为"处方农作"。二是高产高效。通过精准农业相关技术的应用,可以使农业生产在栽培措施上达到最优,在成本上达到最低,在效益上达到最佳。三是符合世界环保农业的潮流。近几年来,由于滥施化肥、农药、大型畜禽养殖场粪便随意排放以及大量使用自然界难降解的农膜等,因农业生产而引起的环保问题日渐突出,其中化肥对江河湖泊、地下水的污染尤为严重,如氮肥过量,可造成地下水亚硝酸含量骤升,磷、氮等元素大量排入水域,是引起江、河、湖、塘、库富营养化的重要原因之一。可见,农业已成为一大污染源。通过精确农业技术的实施,可以减少施肥盲目性,从而达到保护环境的目的。精准农业即使在国际上,真正在生产上得到应用也不到10年时间,但其在农业可持续发展中的作用和地位日渐显现,可以预期,精确农业将成为未来农业发展的一个新趋势和重要方向,前景十分广阔(邹丽龙,2012)。

#### 2.3.3.3 我国精准农业发展模式

我国精准农业发展主要有两种模式。

第一种模式就是充分利用地理信息系统技术,在空间定位数据框架下将每块地的土壤类型、质地、pH、有机质含量、地下水平均水位等相对静态的数据事先输入系统数据库中,构建接收各种定位动态数据的接口,为定位、定量施肥灌溉准备条件。在包产到户和农业高度集约化的农区,开展以GIS为基础、操作单元为小地块的精准农业。

第二种模式就是将信息技术与现有农业机械设施(如自动控制的喷灌设施、化肥与农药的播撒机械)有机地结合起来,将定位定量灌溉、施肥、喷洒农药落实到实处,集成为一整套切实可行的精确农业生产技术,推动农业现代化进程,即在我国东北地区、新疆的大型农场或农田连片区推广“3S”技术应用，即走大型机械-模型诊断相结合的精确农业的道路。

### 2.3.4　循环农业模式

#### 2.3.4.1　循环农业的内涵

循环农业是一种全新的理念和策略，是针对人口、资源、环境相互协调发展的农业经济增长新方式，其核心是运用可持续发展思想、循环经济理论与产业链延伸理念，通过农业技术创新和组织方式变革，调整和优化农业生态系统内部结构及产业结构，延长产业链条，提高农业系统物质能量的多级循环利用，最大限度地利用农业生物质能资源，利用生产中每一个物质环节。倡导清洁生产和节约消费，严格控制外部有害物质的投入和农业废弃物的产生，最大限度地减轻环境污染和生态破坏。同时，实现农业生产各个环节的价值增值和生活环境优美，使农业生产和生活真正纳入农业生态系统循环中，实现生态的良性循环与农村建设的和谐发展。

#### 2.3.4.2　循环农业的基本特征

循环农业的主要特征：一是本着资源节约与高效利用的原则，提高水资源、土地资源、生物资源的利用效率，开发有机废弃物再生利用的新途径，探索微生物促进资源循环利用新方法，注重农业生产环境的改善和农田生物多样性的保护。并将其作为农业持续稳定发展的基础；二是提倡农业的产业化经营，实施农业清洁生产，改进农业生产技术，适度使用环境友好的“绿色”农用化学品，实现环境影响最小化，农业经济活动按照“投入品—产出品—废弃物—再生产—新产出品”的反馈式流程组织运行；三是利用高新技术优化农业系统结构，按照“资源—农产品—农业废弃物—再生资源”反馈式流程，组织农业生产，实现资源利用最大化；四是延长农业生态产业链，通过废物利用、要素耦合等方式与相关产业形成协同发展的产业网络；五是在农村地区实现“清洁”生活和节约型生活方式，倡导现代文明生活（李江南，2017）。

综上所述，循环农业的最主要本质特征是产业链延伸和资源节约。循环农业产业链条是由种植业、林业、渔业、畜牧业，并延伸至农产品生产加工业、农产品贸易与服务业和农产品消费领域，通过废弃物交换、循环利用、要素耦合和产业连接等方式形成的相互依存、密切联系、协同作用的农业产业化网络体系，各产业之间通过中间产品和废弃物的相互交换而互相衔接，从而形成一个比较完整和闭合的产业网络。其资源得到最佳配置，废弃物得到有效利用，环境影响降低到最低水平。

#### 2.3.4.3　我国循环农业的主要模式

（1）以生态农业模式的提升和整合为基础的循环农业模式。这种模式在生产流程中自始至终贯穿着经济、生态、社会三大效益统一的基本思想，是生态农业模式的精华部分。它强调农业发展的生态整合效应，通过建立“资源—产品—再利用—再生产”的循环机制，实现经济发展与生态平衡的协调，实现“两低一高”（资源低消耗、污染物低排放、物质和能量高利用）。它通过“企业＋基地＋农户”或农民专业协会等组织形式将散户农民集中管理，扩大生产规模，实行种、养、加一条龙的生产模式。

安徽省临泉县以个体农民为主体发展循环农业，是我国农村以农民专业协会的组织形式发展循环农业的经典范例。当地农民王守红探索出的“林—草—牧—菌—沼—肥”生产模式，符合农业循环经济理念，取得了较好的经济效益和社会效益。特别是在牛粪的利用上，找到三条路子，就是让牛粪出蘑菇、出沼气、出粮食。该模式使原来简单的生态农业产业链不断延伸和拓展，实现了更大的经济效益。

(2)以农业废弃物资源的多级循环利用为目标的循环农业模式。以农业废弃物资源为原料的生物质产业在以往任何一种农业经济模式中都没有被列入整个农业生产系统的循环链中，然而随着国际上对于生物质能开发利用的广泛关注以及各种生物质能转化技术的成熟和发展，作为一种有效缓解全球能源危机问题的途径，生物质产业应该引起高度重视。这种模式的特点是将生物质产业作为一个重要的子系统引入整个农业生产系统的循环链中，寻求农业废弃物资源特别是农产品加工业产生的废水、废气、废渣的综合利用途径。在整个循环物质流中，没有废物的概念，只有资源的概念。

武汉市东西湖地区在探索循环经济发展模式过程中，通过实现原料标准化、规模化生产，以“企业＋基地＋农户”的模式，给东西湖区养牛农民每年带来6000多万元的订单，同时分别投资兴建生物有机肥料厂，将养殖小区产生的牛粪和部分尿液利用现代方法发酵脱臭变成高效有机肥，每年产值近千万元。

(3)以循环农业园区为方向的整体循环农业模式。该模式是从美国生态工业区发展模式中得到的启示。借鉴北美发展生态工业园区的成功经验，以循环农业园区为方向的整体循环农业模式，是将种植业、养殖业、农产品加工业和生物质产业四个子系统纳入整个循环农业产业体系的闭合循环链中，通过外循环（实现由生产到消费过程的转化）及内循环（实现废弃物资源再生产和再利用过程的转化）两条循环流程的物质流动，实现区域内不同产业系统的物质流与价值流的共生耦合及相互依存，最大化延伸产业链条。

### 2.3.4.4　国外典型循环模式

**[案例分析 2.3]**

## 以色列节水农业模式①

**一、案例内容**

为了保持区域水环境和生态的持续稳定，以色列的循环农业突出体现为完善的节水农业体系。喷灌、滴灌、微喷灌和微滴灌等技术在以色列普遍使用，80%以上的农田灌溉应用滴灌，10%为微喷，5%为移动喷灌，完全取代了传统的沟渠漫灌方式。成效最大的是农业滴灌技术：一是水可直接输送到农作物根部，比喷灌节水 20%；二是在坡度较大的耕地，应用滴灌不会加剧水土流失；三是经污水处理后的净化水(比淡水含盐浓度高)用于滴灌不会造成土壤盐碱化。滴灌技术比传统的灌溉方式节约用水和节省肥料 30%以上，而且有利于循环利用废污水。

为开辟水源，以色列加大了对污水处理和循环使用的投入。以色列规划农业灌溉全部使用污水再处理后的循环水。2016 年，该国已将 80%的城市污水处理循环使用，主要用于农业生产，占农业用水的 20%。经处理后的污水除用于农业灌溉外，还重输回蓄水层。不仅保持了区域水环境和生态的持续稳定，还大大减少了资源的浪费，增加了收益。

**二、案例分析问题**

以色列为例，谈谈水资源在农业生产中的高效利用对策。

**三、对策分析**

以色列是如何在干旱缺水的恶劣条件下实现农业奇迹的呢？

1. 摸清国情家底，树立农业以治水为本的国策

以色列属干旱半干旱的气候类型，降水稀少，水资源匮乏。北部地区年降水量为 700～800 mm，中部为 400～600 mm，南部仅为 25～40 mm。全国每年可利用的水资源仅为 20 亿 $m^3$，为了解决中南部地区农业生产缺水的问题，以色列从 1953 年开始，利用世界银行的贷款动工修建“国家输水工程”，即把北部海拔 208 m 的加利利湖的淡水向南一直输送到内格夫沙漠地区。该工程历时 14 年，投资 17 亿美元，于 1967 年完工。这个北水南调的巨大工程为平衡用水发展农业奠定了初步基础。在输水管理方面，专门成立了以色列国家水务公司。该公司除了管理输水工程外，还从事打井

---

① 来自：新华网，https://baijiahao.baidu.com/s?id=1727974730163843964&wfr=spider&for=pc。

找水、淡化海水、治理污水等有关工作。

2. 依法治水管水

以色列议会于1955年制定了“水法”，对全国有限的水资源进行合理开发和有效管理，为经济发展提供保障。以色列“水法”，规定全国境内所有水资源为国家所有，必须专门用于国家经济建设需要和居民生活需求；并设立水利委员会为全国水资源专门管理机构，负责水政策、发展规划、用水计划和供水份额制定，以及水土保护、防治污染、废水净化、海水淡化等有关水资源开发和管理的具体工作。委员会内设有一个理事会，成员中的1/3为政府指派，2/3为各行业的用水户代表，每年水利委员会要把75%的用水份额分配给农业经营者，用于农业灌溉，然后由委员会的理事会根据农业生产中各种农作物，如蔬菜、水果、花卉的不同用水量，制定不同的用水份额。

3. 利用高科技手段，发展节水农业

长期以来水资源问题始终是制约以色列农业发展的主要因素。20世纪60年代以来，随着工业的发展和科学的进步，以色列在积极挖掘水资源的同时，也在不断地开发新的节水灌溉技术与方法，并及时推广到农业生产中去，力争以少量的水生产出更多的农产品。主要采取了以下农业节水技术。

(1)加大使用循环水力度。把工业与城市生产生活产生的废水，集中进行净化处理，之后二次使用，用于农业生产灌溉。对海水淡化后的生活废水也同样如此。如位于特拉维夫附近的沙夫丹污水净化厂，最初是由国家水公司于1987年投资建设的，主要用于处理特拉维夫市排出的工业和生活污水，现已发展成为全国最大的污水处理中心，处理方式也由当初的大面积水池集水日晒分解污水中的化合物，发展到现在的新型现代化处理净化方法，不仅大幅度减少污水处理装置占地面积，而且处理能力和生产效率也大为提高。1996年，采用现代化处理技术后，该处理厂的处理设备和装置每天24 h运营，收集和处理各大城市产生的各种污水。日处理污水34万$m^3$，生产过滤后的清水再注入地下供农业灌溉时抽取使用。原来工厂是由国家水公司投资兴建，工厂只生产而不经营，现在规模扩大后工厂出资购买了股份产权，所以能够自主经营销售净化水，为鼓励农业经营者多使用二次净化水，净化水价格低廉。现在以色列每年把2.3亿$m^3$的净化水用于农业生产，约占农业用水总量(12亿$m^3$)的19%。2010年，农业用水的1/3使用的是净化污水。这不仅节约了水资源，同时也避免了各种废水的大量排入对有限的土地资源和环境造成的污染与侵蚀，因而非常有利于土地和生态环境的保护。

(2)不断增建节水设施，以最大限度地收集和储存雨季的天然降水资源，在农耕时用于生产。

(3)灌溉时，农民不必守在田间，可以同时从事其他的施肥、剪枝、收获等工作。

(4)可减少农药的用量，从而节约了资金和劳动力的投入，最终降低了耕种的生产成本。

滴灌技术的发明及其发展，是以色列最近几十年农业生产技术发展史上的一个里程碑，更是以色列对世界农业节水灌溉技术方法最大的贡献。现在以色列全国灌溉土地都使用了这种压力灌溉技术和方法，使单位面积土地的耗水量下降了 50%，而水的使用效率大幅度提高，农业用水量大量减少。以色列的耕地面积为 34.7 万 $hm^2$，灌溉面积为 18.7 万 $hm^2$，灌溉率约为 53.9%。同时，以色列 80%的灌溉土地都在滴灌时使用水肥灌溉法，即将灌溉与施肥同时进行，一次完成。以色列每年都推出新的滴灌设备，现在从滴灌技术中又派生出埋藏式灌溉、喷洒式灌溉、散布式灌溉方式，以色列在农业灌溉领域具有良好的经验，以此为基础，还开发出了一系列新的灌溉技术并使这些技术成功地走入国际市场。如位于南部内格夫地区的哈采里姆的“基布兹”农场内的滴灌技术公司，有员工 1400 名，现已发展成为以色列和国际上著名的滴灌设备的大型企业，除了在以色列本土设有 4 家设备工厂外，还在美国、法国、澳大利亚、中国、南非、巴西、印度等 20 多个国家设立了办事处，拥有雇员 4100 多人，产品销售服务遍及 70 多个国家和地区，年产滴灌用滴头 300 多亿只，年销售额超过 2 亿美元，占全球灌溉设备市场总销售额的 70%。现在以色列的滴灌设备生产者(NEFIN 公司)和污水过滤装置生产者(ARKAL 公司)每年都要推出多种新产品，所生产的灌溉设备 80%用于出口。1995 年，以色列农用物资出口额为 12.18 亿美元，其中灌溉设备出口额为 2.23 亿美元，约占总出口额的 18.3%，仅次于化肥(出口额 5.56 亿美元)，居第二位。以色列正是依靠这一整套节水制度和措施，建成了发达的农业，在沙漠中建起了片片绿洲，使以色列跻身于发达国家之列。

**四、建议**

我国人多地少。耕地的后备资源不足，要想解决 21 世纪中叶 16 亿①人口的吃饭问题，只有转向提高粮食单位面积产量(简称单产)，而灌溉则是提高单产的重要途径，因为灌溉农田粮食产量要比非灌溉农田的产量高 1～3 倍。例如，我国灌溉面积占耕地面积的一半左右，但生产了 70%的农产品，然而我国是水资源相对贫乏的国家，人均水资源占有量是世界人均占有量的 25%，每公顷耕地平均占水量 28320 $m^3$，为世界平均数的 80%。

和以色列相似，我国水资源在时间和空间上分布上不均，81%的水资源集中在长江流域及其以南地区；长江以北地区人口和耕地分别占我国的 45.3%和 64.1%，而水资源仅占全国的 19%，农业的季节性区域干旱缺水问题十分突出。地表水、地下水的严重污染也加剧了水资源短缺状况。全国农田的灌溉供水不足，使灌区每年缺水 300 多亿 $m^3$。20 世纪 90 年代以来，农业年均受旱面积扩大到 2667 万 $hm^2$，比 20 世纪 50 年代增加了 1.5 倍以上，我国每年因干旱缺水少产粮食 1000 亿 kg，水资源短缺已威胁到生态环境和农业的可持续发展。我国是农业大国，农业节水有重大意

① 按总和生育率 2.0 计算，至 21 世纪中叶的 2043 年，中国人口将接近 16 亿。

义。目前,农业用水量占总用水量的73%,约为6000亿$m^3$,为全国第一用水大户,但我国农业用水中浪费很大。

中国和以色列社会制度不同,幅员差距很大,发展程度不一,但"他山之石,可以攻玉",以色列在节水农业方面的很多管理和技术经验及措施还是对我国发展节水农业有可借鉴之处的。

### 五、结论

以色列是个干旱缺水的中东小国,位于地中海东岸,人口近600万,绝大多数是犹太人,农业人口占4%左右。以色列自然生态条件很差,属于典型干旱和半干旱地区。国土面积50%以上被丘陵和沙漠所覆盖,森林覆盖率仅为5.7%,人均每年可用水资源300 $m^3$,不到全球平均量的33%,约为我国的12.5%。面对如此的自然环境,以色列自1948年以来仅用50多年时间就建成了现代农业,解决了自身粮食需要,并有大量的蔬菜、水果、鲜花出口,被誉为"欧洲的菜篮子",创造了令人惊叹的农业奇迹。完善的节水农业体系在以色列的循环农业生产中得以突出体现;喷灌、滴灌、微喷灌和微滴灌等技术在以色列得到普遍使用。为高效利用水资源,以色列采用的滴灌技术比传统的灌溉方式节约用水和节省肥料30%以上,并且加大了对污水处理和循环使用的投入,其规划农业灌溉全部使用污水再处理后的循环水,这不仅保持了区域水环境和生态的持续稳定,还大幅度减少了资源的浪费,增加了收益。

## [案例分析2.4]

## 日本菱镇的循环农业[①]

### 一、案例内容

菱镇是发展循环农业较早且较成功的地区,是将农业生产和生活中的废弃物转化为有机肥,发展废弃物资源化的循环农业模式。1988年该镇通过了《发展自然农业条例》,规定农业生产中禁止使用农药、化肥和其他非有机肥料,生产的农产品需是无化肥、无农药残留、无公害的有机农产品。此后,菱镇将小规模下水道污泥、家禽粪便以及企业的有机废物作为原料投入发酵设备,产生的甲烷气体用于发电,剩余的半固体废渣进行固液分离,固态成分用于堆肥和干燥,液态成分处理后再次利用或者排放(排放时已基本对环境无害),实现了废物的高度资源化和无害化。此外,菱镇对厨房垃圾进行统一收集和处理,制成有机肥,实现了资源的二次利用。

① 来自:江西生态文明网,https://baijiahao.baidu.com/s?id=1727974730163843964&wfr=spider&for=pc。

## 二、案例分析问题

以日本菱镇的循环农业为例，谈谈循环农业的运行模式及其优点。

## 三、对策分析

风靡日本的循环农业，能在中国成功复制吗?

在发展生态循环农业方面，日本在该领域积累了丰富的经验。作为世界上第一个提出发展循环经济的国家，日本已将生态循环的概念应用于农业生产，它甚至导致了其他国家的学习和效仿。早在 2006 年，日本朝日集团就在中国山东省莱阳市沐浴小镇上以每亩 1000 元的价格向农民租用了 1500 亩土地，用于建设朝日绿园农场。这个农场的目的是发展一个循环农业，在 20 年的租赁期内在农场饲养牛，同时种植小麦、玉米、草莓和其他农产品。日本循环农业模式的核心是建立生态价值链，使每个生态链之间的关系保持平衡，这也是该农场最大的实践。

循环农业基本上不使用任何农药和化肥。在饲养牛和玉米的农场中，玉米秸秆可用作奶牛的饲料，牛粪可作为农作物的肥料。因此，在整个生产过程中不使用任何农药和肥料，这不仅提高了土壤质量，而且还保证了农产品的质量。这种想法看起来很完美，但实际效果并不理想。租用了 1500 亩土地，仅耕耘土壤已经使用了 5 年，头 5 年没有利润，10 年后，该农场在转售后也已退出。日本流行的循环农业在中国不可行吗?

这一方面与农产品价格有很大关系。众所周知，日本的蔬菜和水果等各种农产品的价格很高，消费者可以接受。但是，相同的定价在中国不适合。由于地租和生产成本较高，朝日绿园农场的产品处于市场初期，其主要产品的价格是市场价格的几倍，草莓 640 元/kg，甜玉米 16 元/kg，每升牛奶的价格超过 20 元，如此高的价格最直接的后果就是销售不畅，许多产品都未能上市。

另一方面，日本的循环农业发展相对成熟。由于机械化生产，再加上政府的支持和鼓励，实现一定程度的大规模生产并不困难。农产品产量较高，但中国的情况却相反。由于机械化程度不高，大规模生产受到许多限制。另外，循环农业的发展对土壤有更高的要求。但是，由于使用农药和化肥，中国的土地污染已经非常严重。这也是绿园农场的来源。在高价、高效率的农产品生产的情况下，再加上国家政府的支持，循环农业使日本农民普遍获得了高收入。在中国发展循环农业的成本增加了，但是这种方式却减少了农产品。在高价产品低产量的情况下，农民赚钱的可能性较低。为了在中国发展循环农业，上述问题亟待解决。

## 四、建议

1. 政府的支持与保护

日本循环农业发展模式是在政府的大力支持和保护下进行的。由于严格的自然环境的限制和市场波动干扰，使得农业对其外部环境变化有较大的敏感性。所以，日本政府在一定程度上进行了干预，为其循环农业的发展提供资金支持，科学合理地引导农业的发展方向。

2. 注重农业技术的支撑作用

日本循环农业发展模式以科学技术为支撑。发展循环农业离不开科学技术的支撑,一个系统的、有效的农业推广体系是将技术转化为生产力的重要途径。例如,美国精准的农业体系就主要是依靠世界上最大的农业计算机网络系统(AGNET)、美国庞大的数据库和农业遥感技术、地理信息系统、全球定位系统实现农作物的精准定位。德国和日本更是依靠先进的科学技术从农作物中提取出工业原料。

3. 构建完善的循环农业法律体系

日本出台了一系列的法律法规,构成了完善的法律体系,对循环农业政策的有效实施、农业循环经济的健康发展提供支持和保障。同时,在推动循环农业政策实施方面,立法能够以最有效的方法加强和引导循环农业政策的实施。

4. 农业合作组织的参与和支持

日本循环农业发展模式离不开农业合作组织的参与。在循环农业发展的过程中,除了政府对农业进行管理或干预外,也注重农业合作组织的作用。农业合作组织成为政府和农民之间的纽带,使政府从农民的需求出发,制定农业政策。农业合作组织在维护农民利益和减少政府管理和调控成本方面发挥了重要作用。

**五、结论**

菱镇将下水道的污泥、家畜粪便、农业废弃有机物等投入专门的发酵设备中,通过发酵产生的甲烷气体可以用于发电,其他剩下的残留物再进行固液分离,其中固体部分可以通过再次进行干燥成分为肥料,液态部分通过处理后进行排放,充分实现了废弃物的资源化和无害化。日本菱镇循环农业模式最大的特点就是注重终端的控制,实现了废弃物的循环再利用,变废为宝,充分挖掘了废弃物的价值,使其为生产生活服务,是再循环原则的体现。

### 2.3.5 高效农业模式

提高农业效益是关系人类生存的永恒的不断发展主题,高效农业是随社会发展而不断发展的相对概念。高效农业是关系农业生产、农村经济、农民收入的核心问题。不实现高效农业,农民不可能实现小康,不可能建成社会主义新农村!高效农业最先出现于政府文件、媒体报道中。在发展高效农业的示范工程中,绝大多数是设施农业、特色农业。面对社会现实,为了农民增收、农业发展、农村进步,我们从农业第一线的生产、经营实际出发,研究什么是高效农业?如何实现高效农业?

#### 2.3.5.1 高效农业的概念与内涵

(1)概念

高效农业是以市场为导向,运用现代科学技术,充分合理利用自然资源和社会资源实现各种生产要素的最优组合、各种农业实用技术的科学集成，提高土地产出率、资源利用率、劳动生产率，生产多系列、多品种、高产量的质量安全农产品，最终实现经济、社会、生态综合效益最佳的农业。

(2)效益的内涵

高效农业绝不仅仅是赚钱多、经济效益高的农业。效益的内涵包括：经济效益、社会效益、生态效益。高效农业是经济、社会、生态综合效益最佳的农业。经济效益是指人类在取得经济效果的基础上所获得的经济利益，是指在经济活动中各种耗费与成果的对比，经济效益是一切经济活动的核心。社会发展以经济发展为基础，不提高经济效益，就不能扩大再生产，也就不会有社会的发展。经济效果反映投入、产出关系，要求生产同量的有用效果，最大限度地节约劳动耗费；或者用同量的劳动耗费能生产尽可能多的有用效果。对于生产经营者来说，经济效益具有更大的吸引力，所以生产经营者往往能自觉地注意提高经济效益(经济效益的主要指标有：土地生产力，即单位面积上的产量、产值、净产值、纯收入；资金生产率，即单位投资的产量、产值、净产值、纯收入；经济产投比；资金利润率；资金周转率等)。社会效益是指生产或服务等各种经济活动对社会方面的影响和效果；一般把社会效益集中于满足社会需要的程度上，即一切经营活动满足于社会需要的程度越大，其社会效益也越大。社会效益是经济效益的前提。一般情况，没有社会效益就不可能有经济效益。就农业生态系统的社会效益而言，较多的农产品输出，能够满足社会的需要，促进社会的安定；不断提高质量、产量，才可以满足人口增长和人类不断提高的物质生活水平的需要；生产项目的增多还可以提供更多的就业机会。

生态效益是人类在经济活动中依据生态平衡规律，对自然生态系统，对人类的生产、生活条件及环境条件所产生的有益的或有利的结果。生态效益的基础是生态平衡和生态系统的良性、高效循环，目的是使现有环境变得更加有利于农业生物和人类本身的生存和生活。生态效益的目标和根本标志，就是调节和控制经济生态系统，协调人与自然的关系、生物与环境的关系；促进经济稳定、持续地发展。生态效益可以反映在现在，更重要的是它也反映于长远的未来，因而是关系到人类发展的最根本效益，是经济效益和社会效益的基础和前提。必须运用经济生态理论，分析和处理经济活动中的生态效益、经济效益和社会效益的辩证统一关系，使人类生存环境更加美好，人民生活水平不断提高，国民经济不断发展。高效农业与农民切身利益直接相关，高效农业的综合表现就是，单位面积上农产品品种增多、质量更优、产量提高、农民经济收入增加、农村生态环境改善。

#### 2.3.5.2　高效农业的两个误区

《中共中央关于推进农村改革发展若干重大问题的决定》的第四个问题“积极发展现代农业，提高农业综合生产能力”，谈的就是提高农业效益问题，而且从确保国家粮食安全、推进农业结构战略性调整、加快农业科技创新、加强农业基础设施建设、建立新型农业社会化服务体系、促进农业可持续发展、扩大农业对外开放七个方面加以阐述。基于对目前部分地区推进“三农”工作，发展高效农业的一些做法和实际效果的分析，发现不少人对高效农业的认识存在误区。

(1)设施农业与高效农业

设施农业是指在采用各种材料建成的、具有环境因子调控设施的半封闭式空间里进行农业生产的方法，分为设施栽培和设施养殖、培养两大类。设施农业通过利用先进的农业设施提高对太阳能的利用率，提高对生物能的转化率，来提高生物产品的产量和质量，是生产条件现代化的表现。设施农业对不同国家和地区农业现代化的实现起到了重要的先导带动和示范辐射作用。设施农业的科学运用和科学管理，可以大幅度提高效益；但是利用不当，则会造成亏损，甚至设施的投资成本也收不回来。设施农业不一定高效，它是提高农业效益的一种方法，并不等同于高效农业。

截至 2016 年，几乎绝大多数农业现代化示范区、高效农业示范区都是设施农业，而且几乎都是由国家农业科技示范项目经费投资建设。且不谈示范区的效益如何，示范推广设施农业的必要性也值得探讨。部分农业生产项目或生产某个阶段发展设施农业可显著提高效益，但并不是任何项目、任何阶段都能提高经济效益，没有必要全面推广设施农业；国家经济力量也不可能支持全国均实施设施农业。广大农村、广大农民至少在目前仍没有经济条件全面实施设施农业①。国家农业科技示范项目经费投资建设设施农业，能让少部分农民富裕起来，对广大农民和农村示范意义不大，而且也不公平，更不用说那些没有效益和示范意义的政绩工程。全面示范推广设施农业条件不成熟，而且没有必要。解决中国十四亿人口的吃饭问题，决不能靠设施农业。解决绝大多数农民的致富途径，也不能完全靠设施农业。农业科技示范项目经费应投向最能带动广大农民致富，全面实现农产品质量安全的项目上。

(2)“一乡一品②”与高效农业

特色农业、“一乡一品”“一村一品”实质是通过产业化使农民经济收入提高的一种方式。“一乡一品”是广大农民在新的形势下组织起来共同富裕的起点，能使农民经济收入显著提高。这只是农村经济发展的起步，农民致富的起步。这种方式也受资源和市场因素的制约，有些村通过发展某一产品，实现供、产、销“一体化”，打开了市场。一个村的农民富了，其他村的农民跟着学，后搞的农民就不一定能致富。因此，特色农业、“一乡一品”一定要根据“食物链”“加工链”原理，向前或向后发展其他配套产业。如果不与其他相关副产品生产或相关产业相配套，就会造成部分资源闲置、资源浪费，甚至资源和环境受破坏。例如，养牛村的牛粪就污染了环境，成为难题；后来又发展了牛粪培养食用菌，不但解决了环境污染问题，经济效益也翻了一番。

---

① 根据中国设施农业网和产业经济分析网等数据，2022 年我国设施农业总面积达到了 1.8 亿亩。

② “一乡一品”指每个乡镇都要提出重点项目，有自身特色的农产品。

在生态农业与农业产业化相结合的现代化高效农业示范区中，必须把设施农业、特色农业作为辅助措施。为了提高示范区的经济、社会、生态综合效益，根据具体情况，进行科学分析，合理采用必要的农业设施，合理生产特色产品，提高资源产出率，增加品种，提高质量和产量，提高龙头企业的效益，增加农民收入（张琳，2013）。

#### 2.3.5.3　发展高效农业的思路

发展高效农业，就是要根据农业生态学原理，从当地资源条件出发，以国际、国内市场为导向，以发展生态农业为基础，以农业产业化为动力，以设施和特色农业为辅助，科学发展农村经济。

(1)从当地资源条件出发

人类社会可持续发展必须以适宜的自然环境和丰富的自然资源为基础。当地自然资源和社会资源条件是发展地方经济的前提。各地的自然资源和社会资源条件都有各地的特点，各种资源的差异形成各地不同的资源组合。发展高效农业必须从当地资源的实际状况出发，对资源及其开发条件、利用现状做出科学的分析评价，采取合理的科学措施，使资源的开发利用达到最适度和最适点，充分、合理、永续利用，避免因利用不当而造成资源衰退和环境破坏。

(2)以国际、国内市场为导向

高效农业必须以国际、国内市场为导向。农产品不符合市场的需求，销不出去，就失去了生产的意义，就不可能产生社会效益和经济效益。实现高效农业，要根据国内外市场需求情况，确定产业门类、产品种类、产品的数量和产品质量标准，在更宽领域、更高层次上参与国内和国际市场竞争。只有做到产品的种类、数量、质量都以市场为导向，在国内外市场站稳脚跟，才能实现农业高效，实现农业可持续发展。

(3)以发展生态农业为基础

生态农业是在经济生态学的原理指导下，运用系统工程的方法进行的农业生产，是现代农业生产技术。发展生态农业就是更好地利用土地，科学集成各种农业生产先进技术，提高植物产品产量，提高太阳能转化为生物能的效率。把植物主、副产品及其废弃物尽可能转化为品种更多、质量更好、数量更丰富的人类能直接利用的质量安全产品。把对秸秆、树叶、杂草等直接燃烧改为作饲料、植菇，生产动物、微生物产品，最后作为肥料还田；通过对生物产品的多层次加工，大幅度提高产品质量、提高经济效益，增加农民收入；力求做到经济效益、生态效益、社会效益全面提高，使自然资源能够长期地、永久地利用。例如：在农产品质量安全生产基地就可推行种植和养殖结合，诱虫灯诱集害虫控制虫害和喂养动物结合的生产模式。在种植业大田内放养鱼、蟹、鳖、蛙、鸡、鸭等小型动物；以一盏灯诱范围的农田为一个生产单元，中心部位设水产养殖塘或小型养殖场，塘（场）内设诱虫灯；灯光诱虫减轻作物虫害，可以不用或少用农药，减少了种植业成本和用工，提高了农产品质量安全水平；昆虫诱集到养殖塘（场）内，又成为动物高蛋白饲料，变害为宝，一举两得，提高了效益。在此集成技术下生产的植物、动物系列产品，均可称为名符其实的质量安全农产品。在人均面积不足 0.13 $hm^2$ 耕地上，生态农业能为广大农村和广大农民开拓致富的新途径。生态农业有利于农业资源保护，合理利用自然资源，使子孙万代受益；有利于防止环境污染，保证了农产品的质量和数量，保障了人类的健康和发展。

(4)以农业产业化为动力

农业产业化是以市场为导向，以商品为目的，以效益为中心，以科技为先导的现代农业管理技术。以当地资源条件为基础，建立第一产业系列产品的生产基地，以发展第二产业(特别是农产品加工业)和第三产业为关键，生产和销售生物主、副产品及其各层次加工产品；按照供产销、种养加、农工贸、经科教一体化的要求，实行多层次、多形式、多元化的优化组合，形成各具特色的“龙头型”经济实体，实现区域化布局、专业化生产、一体化经营、社会化服务、企业化管理。农业产业化引导农村商品生产，帮助农户进入市场，形成农业内部补偿机制，提高农业比较效益。农业产业化可优化农村产业结构，建立高效农业体系，促进农村剩余劳动力就地转移就业，加快城乡一体化进程。以建立高效农业体系为核心，延长农业产业链，着重发展养殖、培养生物产品深加工部门，并延伸到储藏、运销、服务等领域，这样可增加农村就业岗位，促进剩余劳动力向乡(村)加工业、城镇服务业转移，加快城乡一体化进程。农业产业化能实现城乡优势互补、产业相互促进，共同抵御市场风险、承载农村转移劳动力，能促进农业经济持续稳定地发展，从而综合提高农村各产业的经济效益、社会效益和生态效益。

#### 2.3.5.4 以设施和特色农业为辅助

在生态农业与农业产业化相结合的生产经营模式下，在生物生产的某些环节上，根据需要采用适当的现代化农业设施，可以达到提高太阳能利用率或提高生物能转化率的目的，从而提高农产品产量、质量和农业效益。

可以通过发展特色农业、“一乡一品”起步，但决不可停留在一个特色品种上；然后，必须向前或向后延长食物链或加工链，开发系列农产品、食品，充分提高当地资源利用率、生物能利用率、废弃物利用率，走生态农业与农业产业化相结合的道路。总之，14 亿中国人吃饭和最广大农民致富只能通过发展生态农业与农业产业化相结合的高效农业生产经营模式，大幅度提升资源产出率、土地生产率、劳动生产率，生产系列质量安全农产品；防治污染、保护资源，实现农业可持续发展，逐步建设一个资源节约型、经营集约化、生产商品化和产品优质化的现代化农业。从当地资源条件出发，以国内、国际市场为导向，实行生态农业与农业产业化相结合，辅之设施农业和特色农业，生产系列更多、品种更全、数量更大、质量更优的符合标准的质量安全植物、动物、微生物产品、食品，创造名、特、优品牌，实现经济效益、生态效益和社会效益全面提高，才是真正的高效农业。

# 第 3 章　水资源及其高效利用

## 3.1　我国水资源及其利用概况

### 3.1.1　我国水资源总量

#### 3.1.1.1　水资源的含义

广义的水资源指自然界一切形态的水，包括固态的、液态的和气态的。狭义的水资源指地球上可利用的或者可能被利用的、具有一定数量和质量保证的、在一定时间内可以更新的那部分淡水。地球上水的总量中，海水约占 97.2%，淡水资源只有约 2.8%。淡水里面 3/4 左右主要又是以积雪和极地冰川形式存在，这部分是人们很难利用到的。人们可以利用的淡水只有地表水和地下水，这部分水量不到水资源总量的 1%。

通常所讲的水资源是在一定技术经济条件下，可以被人类利用的水量(包括数量和质量)、水域或水能资源。可以利用的水资源主要有：一是从大江大河通过渠系引水；二是天然雨雪降水；三是原有的水库、沟渠、溪河、堰塘存水；四是抽取地下水资源。因此，水资源数量的地域、时空差异十分明显，但是在一定的时空条件下，水资源总量是有限的。

由于不同质量的水资源的功效不同，所以在确定水资源时需要根据具体的用途来框定其范围。根据《中华人民共和国地表水环境质量标准》(GB 3838—2002)，水资源质量的分类标准是：Ⅰ类主要适用于源头水、国家自然保护区；Ⅱ类主要适用于集中式生活饮用水地表水源地一级保护区、珍稀水生生物栖息地、鱼虾类产卵场、仔稚幼鱼的索饵场等；Ⅲ类主要适用于集中式生活饮用水地表水源地二级保护区、鱼虾类越冬场、水产养殖区等渔业水域及游泳区；Ⅳ类为重污染；Ⅴ类为严重污染；超过Ⅴ类为废水。

#### 3.1.1.2　我国水资源概况

我国水资源总量大，人均、地均水资源量偏少；水资源季节性分布不均，年际变化大；水资源空间分布不均，水土资源不匹配。截至 2023 年，我国拥有 14.12 亿人口，占世界人口的 20%左右，其中 8 亿多是农民。耕地面积 12758.0 万 $hm^2$，占世界耕地总面积的10%左右。水资源总量2.71万亿 $m^3$，居世界第6位，但人均淡水资源仅有2200 $m^3$，仅为世界人均水平的1/4，是世界上13个贫水国之一。

根据2005年对全国长度为109700 km的河流进行的评价，符合《地面水环境质量标准》的Ⅰ、Ⅱ类标准只占33.8%（河段统计），符合Ⅲ类标准的占27.1%，属于Ⅳ、Ⅴ类标准的占17.8%，超Ⅴ类标准的占21.3%，如果将Ⅲ类标准也作为污染水统计，则我国河流长度中有70.6%被污染，占监测河段长度的2/3以上。由此可见，我国地表水资源污染问题相当严峻。改革开放以后，工农业生产发展迅速，大量的生活用水、工业污水未经处理直接排入了江河湖泊，严重污染了水体，水体自净能力不断降低。以黄河流域为例，20世纪90年代初与80年代初相比，黄河流域的城镇废水排放量增加了63%。干流污染物浓度上升2～3倍。1999年，位于黄河下游的济南市黄河水厂两次因水质污染不能取水。2000年，河南省三门峡市则出现了市民"守着黄河买水吃"的怪事，原因就是因为黄河水质差。虽经严格的净化处理仍有异味（陈志恺，2000）。

2000年，水利部的一项水资源质量评价结果表明，水污染正从东部向西部发展。从支流向干流延伸，从城市向农村蔓延，从地表向地下渗透，从区域向流域扩散。这些流域水资源的严重污染直接影响到人民的身体健康和工农业生产，同时，也加剧了水资源紧缺的矛盾。

### 3.1.2　农业水资源结构状况

在水资源相对贫乏的我国，随着社会经济持续稳定的发展和人们生活水平的提高，城市化进程的不断加快，工业用水和生活用水的需求量将会出现急剧上升，在总量有限的条件下，农业用水势必减少。从这个意义上说，农业水资源将出现零增长，甚至是负增长（表3.1）。农业水资源的短缺将是21世纪我国农业生产所面临的重大挑战。我国水资源分布状况极不均衡，主要体现在以下几个方面（国土资源部，2005）。

**表3.1　2023年水资源一级区主要用水指标**

| 水资源一级区 | 人均综合用水量/$m^3$ | 万元国内生产总值用水量/$m^3$ | 耕地实际灌溉亩均用水量/$m^3$ | 人均生活用水量/(L/d) | 人均居民生活用水量/(L/d) | 万元工业增加值用水量/$m^3$ |
|---|---|---|---|---|---|---|
| 全国 | 419 | 46.9 | 347 | 177 | 125 | 24.3 |
| 松花江区 | 766 | 137.1 | 368 | 137 | 102 | 43.4 |
| 辽河区 | 379 | 55.9 | 232 | 164 | 114 | 16.2 |
| 海河区 | 249 | 28.5 | 161 | 130 | 93 | 11.6 |
| 黄河区 | 316 | 41.3 | 258 | 128 | 93 | 11.8 |

续表

| 水资源一级区 | 人均综合用水量/$m^3$ | 万元国内生产总值用水量/$m^3$ | 耕地实际灌溉亩均用水量/$m^3$ | 人均生活用水量/(L/d) | 人均居民生活用水量/(L/d) | 万元工业增加值用水量/$m^3$ |
|---|---|---|---|---|---|---|
| 淮河区 | 283 | 34.9 | 215 | 134 | 102 | 12.8 |
| 长江区 | 438 | 45.3 | 408 | 202 | 139 | 42.5 |
| 太湖流域 | 502 | 27.8 | 450 | 249 | 152 | 51.2 |
| 东南诸河区 | 312 | 25.2 | 457 | 205 | 137 | 12.7 |
| 珠江区 | 369 | 41.7 | 658 | 226 | 159 | 19.5 |
| 西南诸河区 | 504 | 92.4 | 409 | 159 | 113 | 26.3 |
| 西北诸河区 | 2146 | 285.3 | 497 | 191 | 153 | 19.3 |

来源:2023 年《中国水资源公报》。

#### 3.1.2.1　水资源分布与其他资源分布、经济发展格局不匹配

从地区来看,由于降雨的时空分布与年内差异,我国水资源的分布与人口、耕地的分布极不匹配。长江及以南地区人多地少,经济发达,水资源丰富;而北方人多地多,经济相对发达,但水资源紧缺。相对沿海地区,内陆地广人稀,经济欠发达,水资源也比较紧缺。长江流域及其以南地区的面积只占国土总面积的 36.5%,水资源量却占全国水资源总量的 81%;淮河及其以北的面积占国土总面积的 63.5%,而水资源量只占全国水资源总量的 19%。按国际上一般承认的标准,人均水资源量少于 1700 $m^3$ 的为用水紧张的国家或地区。按此标准,我国的许多地区用水紧张。如黄河中上游地区(包括陕西、甘肃、宁夏、山西及内蒙古的大部分地区)的年人均水资源占有量仅 678 $m^3$,黄淮海地区(包括河北、河南、山东、苏北、皖北和京、津两市)人均水资源占有量仅为 363 $m^3$。可见,水资源供应是制约我国区域社会经济可持续发展的关键因素之一。

#### 3.1.2.2　时空分布上极不均衡

我国水资源空间分布是降水地带性显著,区域差异明显;时间分布是年际变化大、年内分配不均衡。由于中国处于大陆性季风气候带中,在此影响下,降水从东到西是递减的。多雨丰水带主要集中在东南沿海,这个区域主要是热带作物的地带。湿润多水带主要集中在长江以南,是主要农作区。半湿润过渡带主要是旱作农业区,半干旱少水带主要是牧区,干旱干涸带是荒漠化的地区。这说明我国水资源在空间上分配不均衡。在大陆性季风气候作用下,我国的降水主要集中在夏季且年际差异很大,很多地区的夏季降水都占年降水的 60%以上。我国降水的年际变化大是造成农业水旱灾害的很严重的一个原因。

全国淡水资源有63.35%分布在南方四区，而该地区属于人多、地少、经济发达、水资源相对丰富的地区。北方六区水资源量仅占全国的36.65%，属于人多、地多、经济相对发达、水资源短缺的地区。例如，河北省，2023年，人均综合用水量252 $m^3$，远低于湖北的576 $m^3$，这将严重制约当地经济的发展。

1949—1991年的43年中，全国每年平均受灾面积780万$km^2$，成灾面积431万$km^2$。1998年，长江、嫩江及松花江暴发百年不遇的洪水，连续70 d超警戒水位，农田受灾面积0.254亿$km^2$，成灾面积0.156亿$km^2$，直接经济损失2642亿元。干旱缺水是我国经济社会发展的主要障碍，每年因缺水影响工业产值约2300亿元。农业受旱面积由20世纪70年代的0.11亿$km^2$增加到1997年的0.33亿$km^2$。进入21世纪，由水资源缺乏而引起的旱灾在一些地区，如松辽平原、黄土高原、云贵高原等，年减产粮食200万～300万t。2022年，全国有6000万人口严重缺水。20世纪90年代以来，一些地区水资源供需矛盾日益突出，缺水范围扩大，程度加剧。正常年份全国灌区年缺水300亿$m^3$，城市缺水60亿$m^3$。根据分析，在今后的50年内，黄河每年可能缺水40亿～160亿$m^3$，如果黄河流域干旱频率增大，黄河中下游泥沙淤积量增多，有可能进一步加重水资源短缺与治黄难度。

#### 3.1.2.3 农业用水所占比例过大

农业用水主要是农林灌溉用水和渔业用水。我国的灌溉用水占农业用水的90%以上。农业是我国用水第一大户。1949年，我国农业用水量约为1001亿$m^3$。约占全国总用水量(1103亿$m^3$)的90.8%。进入21世纪，由于我国二、三产业的不断发展，农业用水比例逐年下降，2004年农业用水占全国总用水量的比例降低为70%；但农业用水总量增加到3900亿$m^3$，2010—2018年，农业用水总量也有逐年增加的趋势，水资源紧缺现象日益突出(表3.2、表3.3)。

**表3.2　2013—2018年我国农业用水总量**

| 年份 | 农业用水总量/(亿 $m^3$) |
|---|---|
| 2010 | 3689.14 |
| 2011 | 3743.60 |
| 2012 | 3902.50 |
| 2013 | 3921.52 |
| 2014 | 3868.98 |
| 2015 | 3852.20 |
| 2016 | 3768.00 |
| 2017 | 3766.40 |
| 2018 | 3807.00 |

表 3.3　2023 年水资源一级区供水量和用水量　单位:亿 $m^3$

| 水资源一级区 | 供水量 | | | | 用水量 | | | | | |
|---|---|---|---|---|---|---|---|---|---|---|
| | 地表水 | 地下水 | 非常规水源 | 供水总量 | 生活 | 工业 | 直流火(核)电 | 农业 | 人工生态环境补水 | 用水总量 |
| 全国 | 4874.7 | 819.5 | 212.3 | 5906.5 | 909.8 | 970.2 | 490.0 | 3672.4 | 354.1 | 5906.5 |
| 北方 6 区 | 1786.2 | 769.7 | 132.3 | 2688.2 | 310.7 | 205.7 | 13.7 | 1946.4 | 225.4 | 2688.2 |
| 南方 4 区 | 3088.5 | 49.8 | 80.0 | 3218.3 | 599.1 | 764.5 | 476.3 | 1726.0 | 128.7 | 3218.3 |
| 松花江区 | 273.3 | 134.2 | 6.6 | 414.0 | 27.1 | 20.8 | 6.6 | 346.1 | 20.1 | 414.0 |
| 辽河区 | 86.1 | 103.5 | 9.3 | 198.8 | 31.4 | 17.7 | 0.1 | 137.3 | 12.3 | 198.8 |
| 海河区 | 199.7 | 129.1 | 43.6 | 372.4 | 71.2 | 39.4 | 0.2 | 184.9 | 77.0 | 372.4 |
| 黄河区 | 248.2 | 109.5 | 25.6 | 383.3 | 56.4 | 43.6 | 0.0 | 251.5 | 31.8 | 383.3 |
| 淮河区 | 431.6 | 122.1 | 30.5 | 584.2 | 100.8 | 66.7 | 6.7 | 378.6 | 38.1 | 584.2 |
| 长江区 | 1974.0 | 30.9 | 48.8 | 2053.7 | 346.0 | 589.2 | 413.8 | 1035.5 | 83.0 | 2053.7 |
| 太湖流域 | 334.6 | 0.0 | 8.8 | 343.4 | 62.1 | 211.9 | 174.8 | 59.8 | 9.6 | 343.4 |
| 东南诸河区 | 273.1 | 2.2 | 10.3 | 285.7 | 68.7 | 51.5 | 10.4 | 144.6 | 20.9 | 285.7 |
| 珠江区 | 738.9 | 13.8 | 19.6 | 772.4 | 172.2 | 118.6 | 52.1 | 458.6 | 23.0 | 772.4 |
| 西南诸河区 | 102.4 | 2.9 | 1.2 | 106.5 | 12.3 | 5.1 | 0.0 | 87.4 | 1.7 | 106.5 |
| 西北诸河区 | 547.2 | 171.3 | 16.8 | 735.4 | 23.8 | 17.5 | 0.2 | 647.8 | 46.2 | 735.4 |

来源:2023 年《中国水资源公报》。

注:北方六区指松花江区、辽河区、海河区、黄河区、淮河区、西北诸河区;南方四区指长江区(含太湖流域)、东南诸河区、珠江区、西南诸河区。

### 3.1.3　农村水利设施建设情况

灌溉在农业生产中发挥着至关重要的作用,农业生产的增长与灌溉面积的增加是息息相关的。我国自古以农立国,历朝安邦定国、发展生产都离不开兴修水利。历史上有一些水利工程历经两千年而不衰,并一直沿用至今,如春秋战国时期秦国蜀郡郡守李冰主持修建的都江堰,成为世界水利史上的奇迹。

新中国成立后,我国建成了大量的农业灌溉工程,这些工程对农业生产乃至国民经济的发展发挥了巨大的作用。1950 年农业部召开农田水利工作会议,确定农田水利工作方针是“广泛发动群众,大力恢复兴修和整理农田水利工程,有计划有重点地运用国际投资、贷款,大力组织群众资金和吸收私人资金投入农田水利事业,帮助改善原有管理机构,加强灌溉管理,逐步达到合理使用,并建立健全各种制度”。

改革开放后,农村实行家庭联产承包责任制,灌溉工程建设与管理改革没有跟上,农田水利灌溉设施一度出现管理者缺位、老化失修、供给不足的状况,加上国家建设重点、投资结构调整,水利投入大幅度减少,灌溉面积在 20 世纪 70—80 年代出现徘徊不前甚至萎缩的现象。

1996 年起，国家投资实施了大型灌区以节水为中心的续建配套改造项目建设。在灌区现代化方面，采用现代化的手段、装备、信息技术、计算机技术和人工智能技术等建立水资源、水环境、水文水情实时监控管理系统，进而实现水资源管理现代化，具体表现为水资源调度与水工设计自动化、水环境监测网络化、防洪抢险机动化、工程施工机械化。通过除险加固，对改善工程状况、遏制效益衰减趋势起到了积极作用。

2023 年 5 月 26 日，国务院新闻办公厅就“加快推进国家水网建设 提高国家水安全保障能力”举行发布会，国家发展和改革委员会农村经济司司长吴晓在会上表示，党的十八大以来，我们加快推进大中型灌区建设和改造，累计恢复和新增灌溉面积达到了 6000 万亩，改善灌溉面积近 3 亿亩，全国农田有效灌溉面积从 9.37 亿亩增加到 10.44 亿亩，新增粮食综合生产能力约 300 亿 kg。现阶段，我国农田灌溉面积占耕地面积的 54%，但是却生产了全国 75%的粮食和 90%以上的经济作物，为“把中国人的饭碗牢牢端在自己手中”奠定了坚实基础。

对于水安全问题来说，水利工程是很好的一个措施，但是同样要看到它所带来的生态环境问题。水利工程会产生生态环境影响，对库区的影响主要包括以下几个方面：一是淹没土地，这不仅是耕地减少的问题，还会导致当地的一些优势物种和珍贵物种的消失。二是泥沙沉积，几年后整个水库都可能被废弃。三是强制移民，我国在修建三峡水利工程时遇到的一个问题就是移民问题。四是诱发地质灾害，在实施工程时，可能会导致坍塌、泥石流。五是对下游的影响，工程可能会改变下游的水文过程和水环境，从而改变下游的生态环境，如鱼类不能洄游、鸟类栖息地的环境改变等。六是对灌区的影响，最严重的影响就是土壤盐碱化。

## 3.2 水资源利用中存在的主要问题及对策

当今世界面临的四大问题是人口、资源、环境、生态。水作为一种资源，除太阳和土地外是第一位的。水是生态系统的重要组成部分，水是一种自然资源，也是一种社会物品和有价物品。水资源的数量和质量决定了它的用途和性质。为此目的，考虑到水生态系统的运行和水资源的持续性，对水资源必须予以保护，以便满足和协调人类活动对水的需求，水是可供量有限且易受破坏的资源。

水是直接影响人类生存和社会发展的最基本的资源之一。世界上许多大河都以其丰沛的水资源孕育了人类早期的辉煌文明。在所有的自然资源中，水是人类发展中最重要的有限资源(图 3.1)。人类的各种经济活动，包括人类和其他生物的生存都依赖充分可靠的水资源。直到现在，江河流域以及三角洲地带由于具有人类定居所需的土地、水和热能的良好组合，仍然是发展农业最为适宜的地域。

水是经济发展的基本要素。水在经济活动中有两个基本因素存在。一是水作为

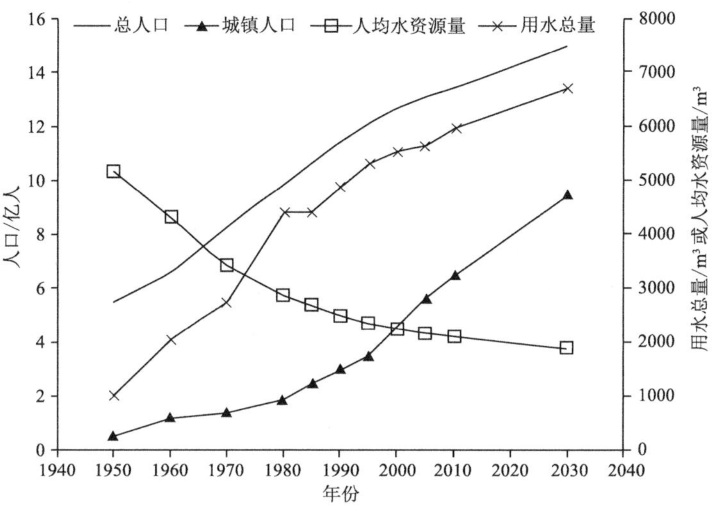


图 3.1　我国人口与用水量变化分析

最主要的基本生产力要素，是一切生命存在的基本条件，而人类是经济活动中最重要的主体。没有水也就没有了这个主体，也就没有了整个经济活动。二是水是现代农业、工业及一切现代化经济活动的最基本要素之一。代表现代工业的生物生命工程，没水根本不可能实现。虽然所有社会和经济活动都严重依赖淡水的供应与质量，但是一些人仍然认识不到水资源的开发与利用对于经济生产力和社会福利有多大的贡献。随着人口与经济活动的不断增长，许多国家很快出现了缺水问题或面临水对经济发展的制约。

我国是一个水资源短缺的国家，淡水资源总量为 28000 亿 $m^3$，人均只有 2300 $m^3$。人均水资源占有量仅为世界平均水平的 1/4，年缺水总量为 300 亿～400 亿 $m^3$。全国每年因缺水造成的直接经济损失共达 2000 亿元，被联合国列为世界 13 个贫水国之一。扣除难以利用的洪水径流和散布在偏远地区的地下水资源后，现实可利用的淡水资源量则更少，仅为 11000 亿 $m^3$ 左右，人均可利用的水资源量约为 900 $m^3$。另外，我国水资源地域分布不均，北方一些地区严重不足，这已经严重威胁到当地人的生存与发展。因此，保护、节约水资源，加快治理水污染，实现水资源的可持续利用是摆在我们面前重要而紧迫的任务，是我国实施可持续发展的关键。

### 3.2.1　水资源短缺与浪费现象并存

人为的水资源浪费、污染和管理不善，加剧了水资源危机。我国工业用水重复率仅 40%左右，而发达国家达 76%～80%；许多人节约用水意识淡薄，浪费水的现象时有发生，如超量用水、不及时关闭水龙头等。由于一些单位和人员节水观念淡薄，使用浪费、用水器具效率低下，管网渗漏、城市环境建设不考虑水资源的制约，盲目扩大绿地，不科学选择人工植被等原因，导致我国城市人均综合用水量几乎比一些发达国家城市高1倍以上。

### 3.2.2 农业用水的灌溉方式不合理

我国农田灌溉需水量为3672.4亿 $m^3$，约占全国总水量5906.5亿 $m^3$ 的62%，但由于水资源有限，农业缺水300亿 $m^3$ 左右，部分地区生态环境恶化、抗旱能力下降。另外，我国农业灌溉和用水管理方法很落后，农业用水呈现粗放式状态。农村灌溉用水中缺水、浪费水、生态环境恶化等现象同时并存，成为我国农业可持续发展的一大瓶颈。灌溉方式的不合理具体体现在以下几个方面。

#### 3.2.2.1 灌溉设施不能满足改善农业生产条件的需要

当前，灌溉面积只占到耕地面积的4成多，且发展极不平衡。浙江、江苏等少数地区的灌溉面积占到耕地面积的65%，而吉林、贵州、甘肃等地的灌溉面积仅占耕地的25%。北方不少地区还受到干旱的严重威胁。现有的耕地中，约有1/3的面积是受到缺水、涝、渍、盐碱危害的中低产田。总体而言，农业还没有摆脱“靠天吃饭”的局面，农村水资源的供给数量和质量还不能适应农业结构调整和农村经济发展的需要。

#### 3.2.2.2 农村水资源利用效率低下

由于输水方式、灌溉方式、农田水利基础设施、耕作制度、栽培方式等方面的问题，我国农业用水的利用率很低，渠道灌溉区只有60%，与一些发达国家(达80%)相比存在很大差距。同时，我国目前农业用水利用率也很低，每单位净耗水的粮食生产效率不足1 $kg/m^3$，与一些发达国家单位净耗水2～3 $kg/m^3$ 的水平相比差距很大。

以石家庄为例进行分析。石家庄十年九旱，是全国最缺水的地区之一，多年平均降水量约520 mm，且降水量年际变化较大。全市水资源总量22.4亿 $m^3$，其中地下水16.8亿 $m^3$，人均为248 $m^3$，每公顷平均仅为0.378万 $m^3$，分别是全国平均值的1/8和1/9。由于连年干旱少雨造成地表水不足，一些农民为了增加粮食产量，以牺牲生态环境为代价，掠夺式超采地下深层淡水，造成地下水严重超采，地下水漏斗面积越来越大，全市地下水位平均埋深44.47 m，机泵更新换代频繁，提水成本急剧增加，农民负担越来越重。水资源紧缺已严重制约了石家庄经济的发展。农业用水浪费现象严重，在渠灌区仍存在大水漫灌现象，深层渗漏严重，田间水利用系数低；平原机井灌区虽然大部分实行了小畦灌溉，但没有严格的灌溉制度及定额控制进畦水量，灌溉次数和灌水量随意性较大，在实施了节水措施的井灌区，由于年久失修或管理不善造成设备报废或闲置，达不到预期的节水效果。

#### 3.2.2.3 水资源设施管理不到位

由于政府灌溉管理机构管理职责不清、运行成本高、设施维护不力，农村社区缺乏足够的资金维护、更新、改造水资源设施，依靠行政动员难以组织起集体行动，属于集体管理的那一部分水利设施，农民不愿管，集体又管不好，大量工程老化失修。由于水资源设施管理不到位，水资源使用过程中矛盾频繁，纠纷不断，现有的灌溉工程相当一部分是 20 世纪 50 年代或 60 年代初建的，建设标准低、质量差、配套不全，经过长期运行很多已经严重老化失修，渗漏十分严重，灌溉系数只有 0.4 左右。渠道输水是中国农田灌溉的主要输水方式。传统的土渠输水渠系水利用系数一般为 0.4～0.5，差的仅为 0.3 左右。也就是说，大部分水都渗漏和蒸发损失掉了。

### 3.2.3 水土流失严重

水土流失是指在水力、风力、重力等外引力作用下，山丘区及风沙区水土资源和土地生产力的破坏和损失，包括土壤侵蚀及水的损失，也称水土损失。由于自然条件的限制和人类长期活动的结果，我国森林覆盖率只有 12%，居世界第 120 位，水土流失相当严重。

土地资源是人类生存和发展的重要物质基础，是进行农业生产的最基本物质条件，由于特殊的自然地理和社会经济条件，加之不合理的开发利用，我国水土流失分布范围广、面积大，侵蚀种类多、危害重。

西北黄土高原区、东北黑土漫岗区、南方红壤丘陵区、北方土石山区、南方石质山区以水力侵蚀为主，西北干旱半干旱的农牧交错带则是风蚀水蚀共同作用区。水力侵蚀以长江、黄河两大流域最为严重，水土流失面积分别为 3370 万 $km^2$ 和 2627 万 $km^2$，分别占流域总面积的 18%和 34%。

由于水土流失，我国每年流失的土壤总量达 50 亿 t，占世界年流失量的 19.2%。全国约有 1/3 的耕地受到水土流失的危害。水土流失毁掉的耕地达 4000 万亩，所流失的土壤养分相当于 4000 万 t 标准化肥，即全国一年生产的化肥中氮、磷、钾的含量。

另外，由于水力侵蚀产生的大量泥沙淤积在下游河道，引起江河堵塞，加大下游的洪灾风险，给当地人民生命财产和经济建设造成巨大的威胁。黄河流域的黄土高原地区年均输入黄河泥沙 16 亿 t，约 4 亿 t 淤积在下游河床，致使河床每年抬高 8～10 cm。黄河下游每年平均需舍弃 200 亿～300 亿 $m^3$ 的水资源用于冲沙入海，降低河床。部分黄河干支流水库采用蓄清排浑的方式减轻泥沙淤积造成的库容损失，使大量的水资源泥沙排入河道，特别是小型蓄水库坝，大部分在建成 5～10 年就丧失了调蓄能力。同时水土流失也加剧了水污染。

土壤侵蚀还是非点源污染的重要形式。在侵蚀和径流发生时，养分和农药也同时随径流及其所携带的泥沙进入河流与湖泊，造成水体污染等一系列生态环境问题。

### 3.2.4 水源污染严重

农村水源污染比较严重，其中又以无人看管的集体水资源更加明显。具体来看，农村水资源污染主要包括生活污染、农业生产污染、养殖业污染、乡镇企业污染、城市污染向农村的渗透等。

#### 3.2.4.1 生活污染

农村生活垃圾是一个重要的污染源。由于农村生活污水集中处理设施和垃圾收集处理设施的建设明显滞后于农村聚居点的建设，农村生活污染造成的危害与日俱增，在很多农村社区池塘中，随处可见垃圾废物、动物尸体、杂物废料等，造成水体富营养化而变质、发臭。有的社区组织职能缺位，没有相应的管理主体来组织农民对公共水利设施进行清淤、维修，使河道、沟渠、灌溉排水受阻，污染物越积越多，导致水被污染，最终变成臭水沟。

#### 3.2.4.2 农业生产污染

农业生产活动是产生农村水污染的另一重要原因。

(1)种植业带来的污染。现代农业大量使用化学农药和化肥。使相当一部分化学物质进入了水体，造成水质污染和水体富营养化。2021 年，我国农药总施用量达 131.2 万 t(成药)，平均每亩施用 931.3 g，比发达国家高出 1 倍。特别是随着种植结构的改变，蔬菜和瓜果的播种面积大幅度增长，这些作物的农药用量可超过 100 $kg/hm^2$，较粮食作物高出 1～2 倍。我国化肥年使用量为 4124 万 t，平均每公顷施用量在 400 kg 以上，远超出发达国家每公顷 225 kg 的安全上限。据专家测算，农药使用后只有 10%～30%对农作物产生作用，化肥有效利用率只 30%左右。我国目前农用化肥和农药的使用效率在 40%以下，其中相当一部分流失而进入地表径流，造成水资源的污染。

(2)养殖业带来的污染。2000 年国家环保总局组织全国 23 个省(区、市)进行规模化畜禽养殖业污染情况调查。调查结果显示，规模化畜禽养殖业污染呈现三大突出问题：一是粪便排放量大，1999 年约 19 亿 t，是工业固体废弃物的 2.4 倍，其中规模化养殖产生的粪便相当于工业固体废弃物的 30%，山东、湖南等地则占到本地区工业固体废弃物的 40%；二是畜禽污染物波及面广且危害大，畜禽粪便的化学需氧量(COD)排放量已达 7118 万 t，远超过工业与生活污水排放量之和；三是呈现较为严重的生态压力。由于多种因素，畜禽养殖业污染防治和环境管理工作严重滞后于产业的发展，已经成为农村面源污染的主要因素。

## 3.3 水资源可持续利用的生产模式

在可持续发展理念的指导下，特别是 1992 年联合国环境与发展大会正式发布

《里约热内卢环境与发展宣言》(简称《里约宣言》)以来,我国在水资源合理开发、高效利用、有效保护和综合管理等方面进行了大量实践探索,确立可持续发展的治水新思路,着力解决农村饮水安全,推进节水型社会建设,开展水生态系统保护和修复,完善城乡供水系统,推行公众参与式管理,以占全球 6%的水资源量支撑了 22%的人口和近 10%的经济增长速率。受水资源自然条件、经济社会规模与发展阶段以及全球气候变化等因素的综合影响,我国正面临着水资源供需矛盾、水环境污染、水生态退化以及极端与突发事件频繁等突出问题。中国政府对此高度重视,科学制定水资源可持续利用战略,进一步完善水资源基础设施体系,改革水资源管理公共政策与管理系统,切实保障国家水资源安全,以水资源可持续利用支撑经济社会的可持续发展,实现途径主要包括全面建设节水防污型社会、实行最严格的水资源管理制度、强化水资源与生态环境保护、建立水资源风险管理体系以及强化水资源的科技支撑等。随着我国社会经济的进一步发展,水资源短缺问题将进一步突出,对水资源的超负荷开发也势必会影响到水资源的可持续利用。为了有效缓解水资源短缺的矛盾,需要对水资源利用过程中所存在的问题进行分析,并采取切实可行的措施加强水资源的利用和管理,从而使水资源得以持续性利用和发展。

### 3.3.1　加强水的立法与水资源管理机制

进入 21 世纪后,人们更加关心中国的水资源能否支撑庞大人口规模的食物供应,能否支撑社会经济的平稳较快发展,能否解决缺水、水污染和生态退化问题,能否妥善应对气候变化的影响。为此,中国政府和专家学者积极探索水资源可持续利用战略与思路,提出了以“水资源的可持续利用支撑中国社会经济可持续发展的水资源”的总体战略,确定了从传统水利向现代水利、可持续发展水利转变的新时期治水新思路,其核心内容是:坚持以人为本,把解决和改善民生问题放在首要的位置;坚持人与自然和谐相处,保障生态环境用水,促进生态文明建设;建立自律式和集约式水资源开发利用模式,全面建设节水型社会;推进水资源合理配置和多渠道开源,切实提升城乡供水安全保障能力;坚持统筹兼顾,加强改革创新,建立和完善推进水资源现代化管理保障系统。概括地说,就是通过水资源的合理开发、高效利用、优化配置、全面节约、有效保护、综合治理和统一管理,满足经济社会发展对水资源的需求,以水资源的可持续利用支持经济社会的可持续发展。

水资源是国民经济的基础,水资源的自然规律以及水资源流动的不可分割性,为水资源的统一管理带来了困难,但并不是不可作为。可根据水本身的特殊性并参照土地、矿产管理的一些做法,制定相应的管理办法。比如:实行国有水资源的统一管理和具体开发管理方式的区分,可以“多龙治水”,但能只“一龙管水”,即国家对水资源实行统一管理。完善水法规体系,要以立法的形式为发展循环经济铺平道路,用法律的手段为循环经济的发展保驾护航。依法促进废物减量化、资源化、无害化、循环利用化等。根据循环经济的理念建立健全水资源开发利用与水环境保护管理制度，完善国家有关水环境保护和水资源综合利用的相关政策。建立水资源循环经济发展的政府激励机制及水资源循环经济评估体系，有效地评估水资源循环的经济和社会效益。

发挥政府在发展循环经济中的作用，积极探索水资源循环经济新模式。政府是产业发展、产业结构整合和循环经济发展的推动者，发展循环经济需要体制、观念和制度的配套创新，政府要优先设计制度框架，明确水环境因素作为社会经济发展和人类生存要素的地位。同时政府要在发展循环经济中明确各利益实体的权责，要兼顾效率与公平原则。在推进循环经济发展过程中，既要充分发挥政府的服务职能，又要把循环经济发展与政府业绩考核相挂钩，为促进循环经济的发展提供坚强的体制后盾。

### 3.3.2 积极开展节水型社会建设

以建立节水型社会和相应的国民经济产业体系为目标，研究全社会各行各业合理需水的质和量，对稀缺的水资源按市场导向科学配置，这是水利行业实现根本转变，走向市场的基本任务。建立节水型社会是解决我国水资源供需矛盾的有效措施，节水型社会就是人们在生活和生产的全过程中具有节水意识和观念，在水资源开发利用的各个环节，贯穿对水资源的节约和保护，逐步杜绝用水的结构型、生产型、消费型浪费，使有限的水资源用于保障人民饮水安全和生产的供水；发挥更大的社会、经济效益，创造更多的物质财富。合理地治水、调水、用水、节水、保水是我国农业和整个国民经济可持续发展的基础，也是解决西部贫困地区经济发展的关键，可见，水已成为我国农业和整个国民经济可持续发展的战略重点。实行计划用水要与实行取水许可证制度、节约用水措施结合起来。建立起取水、节水、用水三者的协调关系，以充分保护用水户合法权益，提高用水户主动权、使命感和安全感，也可以在调整水源工程投资政策的同时，调动各方面的积极因素，多方集资促进新水资源工程的实施。

国家可视各地的供水情况、产业结构、地下水开采等情况，对供水进行宏观调控、合理布局，如控制某一地区对地下水的超采，防止地下水位持续下降，可采取调整地下水源开采措施，压缩超采区的地下水开采量，多用地表水源。对于水资源本来就紧张的地区，国家有关部门就应当加以指导，严禁新上耗水巨大和污染严重的产业和企业，确保这些地区经济发展和人民生活的质量。从我国用水的分配比例来看，2022年，农业用水占用水量的63％，工业生活和生态用水比例只占37％，因此不仅工业和城市用水要节约，农业用水的节约更应列为重点。农田灌溉用水占农业用水的95％，因此，农田灌溉节水要放在首要地位。对于干旱地区，要充分利用地貌和降水条件，兴建蓄水、集水、引水工程，将雨季降水、泉水及时收集储存起来，以便防旱排涝。要进一步重视工业节水和水污染防治。按我国产业发展现状以及水资源污染情况，加大工业生产技术含量，扩大资源综合利用，控制污染排放总量，实行绿色工程计划。工业节水的重要环节是提高水的重复利用率。许多国家把城市废水加以利用，如美国加利福尼亚州奥兰多对下水道污水进行科学处理后，用来灌溉农田、冲洗盐碱地，已收到良好效益。

农业灌溉将水源输送到农田，以满足作物生长需水。这个过程可以划分为 3 个环节：第 1 个环节是通过灌溉输配水系统，将水源引至田间；第 2 个环节是在田间地表水渗入土壤中，在土壤中再分配转化为土壤水，而后被作物吸收利用；第 3 个环节是作物吸收水分后通过光合作用将辐射能转化为化学能，最后形成有机物质——碳水化合物。高效用水的目标是极大地提高 3 个环节水的转化和产出效率，既节水又高产。在第 1 个环节上，要提高输水的效率，其措施是通过工程的投入，实行输水渠道的配套、防渗，将来实行输配水管道化，从而大幅度减少渗漏损失和蒸发损失。在第 2 个环节上，要合理地调控农田水分状况，使引进田间的水最大限度地为农作物所利用。在第 3 个环节上，要调控土壤和地表面附近的大气环境，使农作物的生长有一个良好的外在环境。对于第 2 个、第 3 个环节，要逐步推广喷灌、滴灌等先进灌溉技术、田间覆盖保墒技术，并加强田间用水管理。

节水农业是一个科学的概念，不能把节水农业仅仅理解为节约灌溉用水。节水农业是提高用水有效性的农业，是水、土、作物资源综合开发利用的系统工程。衡量节水农业的标准是作物的产量及品质、用水的利用率及生产率。节水农业是一个新的概念，不同学派和学者对其内涵的解释不尽相同。在以往，按农业供水条件将农业分为灌溉农业和旱作农业两种类型（刘作新，2004）。

#### 3.3.2.1　节水农业生产方式的优点

(1)节约了土地。以往传统的灌溉方法是水通过干渠、支渠、斗渠、毛渠四级渠道输送到田间的，而在田间还要挖大量的埂、畦、沟渠，这样真正有效的种植面积只有 70%～80%，而采用喷、微灌取消了田埂、沟渠，可增加种植面积 15%～20%，这就是节约了土地。

(2)经济效益好。农民增产、增收：一方面，采用节水灌溉节约的水能扩大可灌溉的农田面积，以此来增加产量；另一方面，采用节水灌溉有利于运用科学的方法进行灌溉，因为采用节水灌溉是可以根据作物生长需求按时按量进行灌溉，有利于作物的生长，因此，总的说来，采用节水灌溉技术能显著增加农业产量。当然，由于节水灌溉的方法很多，各有不同的优缺点，必须因地制宜地做出正确的选择，并采取科学的管理办法，才能达到增产的目的。采用节水灌溉普遍能取得节水、节能、节地，省工、省肥、省钱，增产、增收的效果。因此，群众总结节水灌溉有“三节、三省、二增”的显著优点。如河南省平舆县在 7.8 万亩项目区内打 1575 眼井，配套喷灌机 1000 套，与非项目区相比每亩净增收 159 元，一季作物增收的效益就可回收投资 90%。吉林、黑龙江西部分地区每投资 1 元钱，可以增产 2 kg 粮食。

(3)减轻了农田水利建设的工作量，促进了农业现代化的发展。采用传统的地面沟灌、畦灌、自流漫灌，需要平整土地，这就加大了农田水利基本建设的工作量。采用喷灌后，土地基本不需平整，大幅度减轻了水利建设的工作量，有力促进了农业向机械化、产业化、现代化方向发展。

(4)有利于保护环境。渠道防渗，田间实行节水灌溉，就能有效地防止由大水漫灌造成的土壤次生盐碱化，缓解了由地下水超采和大量引用河水带来的环境问题(王永强 等，2023)。

#### 3.3.2.2 节水灌溉

节水灌溉就是要改变千百年来人们浇地的传统习惯，按照作物的最佳需水量进行灌溉，用少量的水取得较高的经济效益，是使传统农业向高产、优质、高效的现代农业转变的必要措施。节水灌溉不仅节约水源，而且能够带来许多其他相关效益，这些效益包括生产率提高、单产产量提高、作物品质提高、病虫害减少、施肥量节省、电力能源节省、劳动力大量节省、耕地节省及环境效益提升等。目前，节水工程技术有喷灌、滴灌、渗灌，渠道防渗、低压管道输水，膜上灌溉等。

**[案例分析 3.1]**

### 广东省节水灌溉每年创直接效益 13 亿元①

**一、案例内容**

广东省年降水量的时空分布极不均匀，不可支配水资源达 75%～90%，用水管理技术差、水利工程的调节性能低。广东省水利厅对苦旱②的廉江市等 5 个点试行节水灌溉技术，5 年完成了节水灌溉面积 3.752 万 $hm^2$，每年可节水 1.48 亿 $m^3$，增加粮食产量 9344 万 kg，粮食增产率约 18.5%，农民增加产值 1 亿元左右。与此同时，在全省推广应用节水技术，全省节水灌溉面积 44 万 $hm^2$，年节约农业用水量 13 亿 $m^3$，增加农产品出口创汇 10 多亿元。

**二、案例分析问题**

以广东省廉江市等 5 个示范点为例，论述该地区在资源可持续利用的探索进程中，水资源的高效利用对策及其可能对农业产量的影响。

---

① 来自：广东省水利厅官网，http://slt.gd.gov.cn/yszx/。

② 苦旱：形容非常干旱。

## 三、对策分析

我国以全球10%的耕地和6%的水资源，养活了全球20%的人口，提供了占全球25%的粮食总量。我国水资源总量仅占世界的6%，人均不足世界平均水平的25%，水资源短缺已成为制约当前我国农业可持续发展的关键因素。随着工业化、城镇化进程的日益加快，越来越多的水资源被配置到工业生产、城镇生活和景观灌溉中，农业生产特别是粮食生产所需要的水资源面临严峻挑战。节水灌溉技术可以较好地解决水资源短缺与农业用水的矛盾，保障粮食安全。

现代节水灌溉技术具有鲜明的集成特点，涉及多个参与主体，整个节水灌溉技术使用过程涉及购买节水设备、铺设、维护和回收多个环节，农户采纳节水灌溉技术面临较高的技术门槛。节水灌溉服务可以有效破除大田种植户采纳节水灌溉技术时面临的技术信息获取难、技术知识储备不足的约束，建议政府为种植户提供节水灌溉的社会化服务。王永强等(2023)研究表明：

(1)社会化服务供给显著促进了大田种植户采纳节水灌溉技术。相较于无节水灌溉服务地区，有节水灌溉服务地区农户采纳节水灌溉技术的概率提升了5.833%。信息获取在社会化服务对农户节水灌溉技术采纳行为的影响中发挥部分中介作用，中介效应占比为11.248%。社会化服务组织对节水灌溉技术的宣传和农户节水装备的培训拓宽了农户获取节水灌溉技术的信息渠道，有效的信息获取提高了农户的技术认知，有效降低了节水灌溉技术的使用不确定性。

(2)社会化服务供给对深井区大田种植户的节水灌溉技术采纳行为促进作用更为明显。有节水灌溉服务地区农户采纳节水灌溉技术的概率较无相关服务地区的农户提高了8.944%。

(3)政府激励可以有效降低大田种植户采纳节水灌溉技术的成本压力，缓解农户技术知识经验不足的约束。技术补贴、政府宣传、技术培训分别将农户采纳节水灌溉的概率提升了6.704%、5.662%、3.973%。农户组织化程度的提高、经营规模的扩大有力地促进了节水灌溉技术规模效益的实现，参加合作组织将农户采纳节水灌溉技术的概率提升了5%，经营规模每增加100亩将农户采纳节水灌溉技术的概率提升1.1%。

## 四、建议

科技部有关专家认为，节水灌溉的推广应用为丰水的南方提供了一条有效利用水的新路子，研究成果对促进南方节水灌溉的发展应用具有重要的意义。按照节水灌溉规划，2022年6月，广东省政府办公厅发布关于广东省“十四五”用水总量和强度管理方案。方案指出，到2025年，全省用水总量控制在435亿 $m^3$ 以内，其中地下水取水量控制在13.03亿 $m^3$ 以内，非常规水资源利用量不低于8亿 $m^3$；万元地区生产总值用水量和万元工业增加值用水量较2020年降幅分别不低于20%和10%，农田灌溉水有效利用系数不低于0.535。基本建立与广东省经济社会高质量发展相适应的科学、高效的用水总量管控体系。

到2030年，全省用水总量控制在450.18亿 $m^3$，水资源集约安全利用的能力及水平走在全国前列，有力支撑广东省经济社会高质量发展。

**五、结论**

广东省廉江市等5个点试行节水灌溉技术，5年完成了节水灌溉面积3.752万 $hm^2$，每年可节水1.48亿 $m^3$，增加粮食产量9344万kg，粮食增产率约18.5%，农民增加产值1亿元左右。通过10年来示范项目的建设与运行管理，节水工程以当地自然、经济条件为基础，因地制宜，科学地选择多种形式节水灌溉技术和发展模式，并为适应高新节水技术提供广阔的应用前景，以促进节水技术的更新发展，达到节水模式、效益等方面的可持续发展。截至2005年，节水工程受益面积13004 $hm^2$，建成的示范项目受益面积保持程度达97.12%，较常规灌溉年节水480万 $m^3$，增地面积1250 $hm^2$，项目区年增收1500余万元，基本实现了节水灌溉、节水增效的目的。

## [案例分析 3.2]

### 缺水地区优先发展节水灌溉技术①

**一、案例内容**

在缺水地区尤其是山丘地区发展常规灌溉，不仅受水资源的限制，而且因地形复杂，工程艰巨。山西省阳城县大李村针对丘陵地区地形复杂、土地破碎、土层薄的特点发展滴灌。自1985年以来，452亩滴灌示范区年均灌溉定额130 $m^3$/亩，比畦灌减少121.2 $m^3$/亩；滴灌地亩产值721.7元，比畦灌增加15%左右。在先进国家，喷灌、微灌等节水灌溉技术已成为灌溉发展的主流。据统计，全世界喷灌面积1937年仅为150万亩，1987年已达3亿亩，年增长率11.4%；全世界微灌面积1981年为666万亩，1991年达2653.5万亩，10年增长了3.3倍。

**二、案例分析问题**

以山西省阳城县大李村为例，论述该地区在滴灌技术的探索进程中，节水灌溉造成的影响。

**三、对策分析**

以山西省阳城县大李村该年用滴灌方式得到的产值、作物品质等与往年利用其他灌溉方式的产量、品质进行对比分析，进而获得滴灌技术对农业高产优质种植的促

---

① 来自：中国绿发会，https://baijiahao.baidu.com/s?id=1790036737419101291&wfr=spider&for=pc。

进作用。

**四、建议**

田间工程和平整土地投入大，发展节水灌溉技术既可以节省田间工程建设、平整土地的投入，节水增产，减少亩均水源工程费用，又可促进“两高一优”农业的发展。

**五、结论**

近年来，山西阳城县以“政银互派”为抓手，积极联络乡镇扎实开展滴灌工程。截至 2023 年，在阳城县北留镇，利用 1800 万元资金助农兴业，昔日的黄土地铺上了漫山遍野的“黄金花”，5300 亩连翘争妍斗艳，300 余户农户就业增收，万亩连翘产业示范基地成为北留人走向共同富裕的“黄金山”。在先进国家，喷灌、微观等节水灌溉技术已成为灌溉发展的主流。

**小知识：节水工程技术的方法**

1. 喷灌技术：利用成套的动力机、水泵给水加压，或利用水的自然落差将水通过管道输送到灌区，由管道上的喷头喷射到空中散成水滴，均匀地散布在田间进行灌溉。喷灌几乎适用于所有的旱作物。

2. 微灌技术：包括滴灌、微喷灌、脉冲灌、涌来灌等。滴灌又根据设备工作压力不同分为常压滴管和重力滴灌。根据设备铺设的方式不同又可分为地下灌溉和地表灌溉。它可根据作物的需水要求，通过灌溉控制、过滤系统及管道和安装在管道上的特制喷水器(滴头、微喷头、稳流器、分水器、滴灌带、喷水带等)，将水和作物所需要的肥料、养分以较小的流量均匀、准确地直接输送到作物的根部附近的土壤中。微灌主要用于局部灌溉。

3. 渠道防渗技术：为了减少渠床土壤透水性或建立不易透水的防护层而采取的各种技术措施。常用的有混凝土衬砌、浆砌、石块衬砌、塑料薄膜防渗和混合材料防渗等。

4. 低压管道输水技术：利用机泵抽取井水，通过管道系统把水输送到田间对农田灌溉，水进入田间后仍属于地面灌溉的范畴。

5. 行走式节水灌溉技术：利用农村已有的农用动力机械兼作灌溉动力，配套使用的灌溉设备，以增加流动灌溉的适应性。行走式节水灌溉机不要求田间工程设备，只要有水源就可以实现灌溉。该机是组装式的，装拆方便，一遇干旱，就可以迅速组装一批灌水机具、配套使用的拖拉机，可以实施行走式灌溉，以达到补水灌溉的目的。

### 3.3.2.3　节水种植

节水种植是以最少水量达到增加农作物产量目标的栽培技术措施，任务是在农作物增产、稳产的前提下探求最充分地利用天然降水和土壤蓄水，减少灌溉用水量。这是旱地农业发展的一条新途径。

[案例分析 3.3]

## 节水种植水稻亩产增加 16.6%①

### 一、案例内容

实收面积 0.0997 亩，实收毛谷 80.75 kg，风干扬净后折干(标准含水量 13.5%)亩产为 622.6 kg。2007 年由四川省科技厅主持并邀请有关专家，对四川省承担的现代节水农业技术示范项目——双流彭镇常存村的农业示范点进行了田间现场验收。在栽培过程中应用了包衣旱育秧、连免高桩抛秧、平衡施肥、杂糯间栽等节水高产高效技术。验收结果证明，通过节水技术种植的水稻，不仅每亩节水80 $m^3$，而且亩产比邻近的水田还增加了 16.6%，这标志着四川省试点水稻节水种植取得了初步成功，其有极高的推广价值。

专家组在彭镇常存村的农业示范片区选择有代表性的 2 个田块，第一个为节水示范田，实收面积 0.0997 亩，实收毛谷 80.75 kg，风干扬净后折干亩产为 622.6 kg，第二个为邻田对照，实收面积 0.1368 亩，实收毛谷 96.25 kg，风干扬净后折干亩产为 533.8 kg。数据表明，节水示范田比邻田对照增产 16.6%。专家组一致认为，以旱育秧和免耕秸秆立体覆盖为核心的节水技术模式先进、实用，应进一步在四川省类似生态区加大推广应用该技术。

### 二、案例分析问题

以双流彭镇常存村示范点为例，论述该地区在农业资源可持续发展进程中，气候资源、土地资源以及水资源等的高效利用对策。

### 三、对策分析

双流彭镇常存村作为一个典型的农业示范村，拥有丰富的土地资源和特定的气候优势。为实现资源的可持续利用，提高农业生产效益，提出相应的对策分析。

(1)推广节水灌溉技术：根据常存村的气候条件和土壤特性，推广滴灌、喷灌等高效节水灌溉技术，减少水资源浪费，提高灌溉效率。

(2)优化作物种植结构：选择耐旱、节水型作物品种，调整作物种植结构，减少高耗水作物的种植面积，提高水资源利用效率。

(3)建设水利设施：加强农田水利基础设施建设，如修建蓄水塘坝、雨水收集利用设施等，增强水资源储备和调控能力。

(4)强化农业面源污染治理：采取农田氮磷流失治理措施，减少化肥、农药的使用

① 来自：四川新闻网，https://news.sina.com.cn/s/2007-09-21/054412608168s.shtml。

量，推广有机肥替代化肥，降低农业面源污染。实施农村生活污水治理：建设农村生活污水处理设施，提高污水收集和处理率，防止污水直接排放对土地和水体造成污染。

(5)加强土壤保护与修复：实施土壤改良和修复工程，提高土壤肥力，减少土壤侵蚀和退化，保护土地资源。

通过对双流彭镇常存村的土地、气候资源高效利用对策分析，可以看到，节水农业、环境治理和美丽乡村建设是相互促进、相互依存的。通过实施这些对策，不仅可以提高农业生产效益，保护生态环境，还可以推动美丽乡村建设，实现乡村振兴的目标。

**四、建议**

在乡村振兴背景下，应准确把握城郊融合型乡村的实际，挖掘乡村资源文化内涵，通过产业导入、文化提魂、品牌塑造等建立新型理想村，实现一、二、三产业融合互动发展，创新理念和模式，走特色化乡村振兴道路，实现城郊融合型乡村农业强、农村美、农民富，加大资金投放，强化相关工程的建设，减少水资源的浪费，实现水资源可持续利用。

**五、结论**

2007 年由四川省科技厅主持并邀请有关专家，对四川省承担的现代节水农业技术示范项目进行了田间现场验收。数据表明，节水示范田比邻田对照增产 16.6%。专家组一致认为，以旱育秧和免耕秸秆立体覆盖为核心的节水技术模式先进、实用，应进一步在四川省类似生态区加大推广应用该技术。

资源的可持续利用，人是发展的主要承担者。所以，在资源可持续利用的战略下，农村人力资源的发展，应从以下几点着手：减少人力资源的大量流失，增加农村人口就近就业的机会；强化农村的教育工作，尤其是在提高人口素质方面，要从思想教育、农业技术教育等方面入手，以提高务农人员的生产效率；政府出台相关的保农政策，或加大农业科技投入，广泛推广农业新技术。

3.3.2.4　节水耕作

节水农业不仅要抓灌水，还要抓保水保土。对于水土流失严重的贫瘠田、干旱田，这方面的技术更为重要。因为这是最大限度利用雨水、利用自然的科学措施。抗旱保水技术主要包括农田推广使用国产的抗旱剂、保水剂，以及通过地膜和秸秆覆盖等农艺措施增加土壤对天然降雨的蓄积能力和保墒能力，减少作物水分蒸腾，提高抗旱能力。秸秆覆盖免耕栽培技术、秸秆压沙保水技术、深松机耕作技术和轮作措施等，都可以起到保水保土的作用。

“坐水种”也是一种很好的方式。在一些干旱缺水地区，尤其是东北地区，春播时常因春旱出不了苗或出苗不齐，为保全苗，采用机械或用水箱、水袋拉水，在播种时进行点灌，俗称“坐水种”。这种方法投资少、简单易行。

3.3.2.5 咸水灌溉模式

利用矿化度大于 2 g/L 的咸水灌溉农田，使作物得以生长发育的技术措施。在淡水资源短缺的干旱半干旱地区，为了抗旱增产，许多国家(如突尼斯、意大利、美国等)都有咸水灌溉的实践。

咸水灌溉主要包括用不同水质的水混灌和轮灌，此外，还可依据电渗透作用原理利用地下咸水进行灌溉。混灌是将两种不同的灌溉水混合使用，包括咸淡混灌、咸碱混灌和两种不同盐渍度的咸水混灌，目的是降低灌溉水的总盐渍度或改变盐分组成。轮灌是根据水资源分布状况、作物种类及其耐盐性以及作物生育阶段等，交替使用咸、淡水进行灌溉的一种方法。

3.3.2.6 合理安排种植结构模式

不同作物的需水量、用水时间不同，因此可以根据水资源的可利用量、降雨的季节分布等来安排种植结构。在雨量丰沛的地区种植耗水多的作物，在雨量较少的地区发展节水作物。在降雨集中的季节种植耗水作物，在降雨稀少的季节种植耐旱作物。同时要根据作物生产对水的需要以及降雨的时间分布来安排种植结构，这样就可以达到充分利用天然降水、减少地下水开采的目的。

### 3.3.3 广开水源及跨流域调水

人类在经济与发展的进程中，经济发展对水资源的需求增加，尤其是现代农业和现代工业发展对水的需求大幅增度增加；人类生活水平的提高和文明的进步加速了对水的需求增加；城市化进程和公共卫生工程加速了对水的需求增加。用科学发展观来说，我们应倡导合理用水、科学管理、综合发展和保持平衡的原则，科学合理开发和利用水资源，以促进社会的发展和进步。然而，这又是一个系统工程，首先，这一发展观应该奉行开源与节流并举的方针。开源是为了满足社会经济发展的需求，节流是为了确保水资源的可持续利用。跨流域调水在某种程度上也缓解了我国水资源分布不均的矛盾和水资源短缺的危机。南水北调工程不仅缓解了我国北方地区水资源短缺，还成为优化农业资源合理配置的有效途径，也保障了国家粮食安全，维护了社会稳定，成为促进社会经济可持续发展的重大举措。

在开源上应开阔视野，除了大型的远距离引调水工程之外(如中国的南水北调工程和美国加利福尼亚州的北水南调工程)，还应在开发再生水资源(中水利用)、海水利用、雨水采集等方面采取积极有效、因地制宜的措施，通过这些措施去替代更为宝贵的淡水资源。如采用雨水储存、劣质水优化利用、海水淡化利用、拦截雨水回补地下水、储备洪水变成生态水等各种方式广开水源；以再生水资源开发取代部分的冲厕用水、景观用水、绿化用水、工业用水和农业、养殖业用水。过去，在对海水利用方面主要是沿海城市中利用海水对淡水资源的替代，如香港特别行政区的冲厕用水就是海水。这一方式应全面考虑由此而派生出的污水处理方式的改变与排放目标的实现，可能污水处理成本居高不下；用再生水冲厕方式成本较海水冲厕要低，应优先考虑。另外，还应积极关注海水淡化处理工艺的发展，如海水淡化成本可以从 2006 年的 0.7 美元/$m^3$ 降至 0.3 美元/$m^3$，那么市场前景将十分可观。关于雨水采集，对季节性缺水、干旱性缺水和区域性缺水地区是一项十分有效的工作。在节流方面，应从 5 个方面入手：(1)降低农产品、工业产品单位产品耗水量，提高工业水循环使用率和农业用水灌溉水利用率。(2)降低供水企业管网水损率和自用水率。(3)以新技术对生活配套设施进行改造，降低居民生活用水损耗，提高和满足使用效果。(4)以价格改革的经济杠杆作用，促进节水意识的提高。(5)加大对水资源管理的力度和环境保护力度。这就要求政府建立一套科学、合理的监管体系，从国家发展战略的高度制订符合科学发展观的政策，在管理和技术上给予支持，从而在社会上引发一场“用水革命”。

### 3.3.4　重视高新技术在高效用水农业中的作用

水资源领域发展循环经济，关键是要按照“减量化、再使用、再循环”的原则，对水资源实行综合勘查、综合评价、综合开发、综合利用，鼓励和支持水资源的高效利用。现代农业是以现代科学高新技术的应用为标志，通过引入先进科学技术实现水资源的循环利用和污水、废水、中水利用，减少水资源的浪费，合理调整产业结构，积极发展绿色工业，加强节水技术在生活生产等各方面的应用。例如，建立田间墒情监测网系统，对全国的农田墒情进行监测，为农业灌溉用水和抗旱减灾服务。根据及时提供的用水信息，实现农业灌溉的科学化、精准化管理。

#### 3.3.4.1　雨水汇集利用模式

开发利用雨水就是将自然降水通过某种手段汇集存贮并加以利用的一种技术。开发利用雨水并不是新技术，它是一项古老的传统技术。近年来，雨水利用技术能够得到复兴，客观上存在两方面原因：一是已有的水资源开发规模和能力难以满足人口增长、城市化、工业化和灌溉面积发展等带来的巨大的水需求；二是建设跨流域调水工程将引起一系列自然环境和社会经济问题，而且工程造价高，年运行费用大，解决问题有限；三是雨水自天而降，分布极广，水质好、无污染，转化为土壤水后，植物可直接吸收利用，收集、存储后可直接供给生活、灌溉和工业利用；四是雨水收集的利用技术简单易行，工程投资小，维护管理方便，尤其是近年来，雨水收集、输送、存储和利用技术体系研究的深化和新型材料的应用，使得雨水利用技术得到迅速普及并为更多的人所接受。雨水资源的利用不但可以缓解干旱缺水问题，而且由于对雨水进行直接调控，减少了降雨所产生的地表径流，消除了水土流失的动力，减轻了水土流失风险。

开发利用雨水技术的核心在于对雨水的直接利用，技术的关键在于将雨水通过某种手段汇集存贮起来。该技术的实施除了雨水水源之外，必须具备以下三个条件（或设施）。其一是雨水汇集，其二是雨水存贮，其三是雨水利用。从汇集雨水角度出发，人们总是想方设法产生较多的地表径流，且使地表径流不会流失。从存贮雨水角度出发，首先必须要有存贮雨水的容器或设施，当然这种容器可能是天然的，也可能是人工修筑的；其次，这种容器必须最大限度地减少雨水存贮过程中的损失。从利用的角度出发，必须尽一切可能使得雨水利用率和利用效率达到最大。在干旱缺水的丘陵山区，选择有一定产流能力的坡面、路面、屋顶或经过夯实防渗处理的地方，作为雨水汇集区，将雨水引入位置较低的水塘或水窖内储存。经过净化处理，供农村饮用和农作物灌溉使用，应用集雨节水技术的地区多数是水资源十分短缺的地区，因此集雨节水灌溉一般采取修建集雨水窖蓄水、道路聚集雨水、棚帐结露蓄水等技术推施。我国北方的各种铺装道路，有着很大的集雨面积。一条宽 30 m 的柏油路，如能与水窖集雨配套设计施工，按年降雨量 300 mm 计，每千米长柏油路可集雨水 9000 t。

#### 3.3.4.2 污水资源开发模式

生活排水、工业排水的回收利用，不仅可以提高水的利用率，还可以肥田，减少污染、改善环境。人类在生活和生产活动中，要使用大量的水，水在使用过程中会受到不同程度的污染，被污染的水称为污水。按照来源不同，污水可分为生活污水、工业废水和降水三类。

生活污水是人类日常生活中用过的水，包括厕所、厨房、浴室、洗衣房等处排出的水，来自住宅、公共场所、机关、学校、医院、商店以及工厂中的生活场所排出的水。生活污水含有较多的有机物，如蛋白质、动植物脂肪、碳水化合物和氨氮等，还含有肥皂和洗涤剂以及病原微生物菌、寄生虫卵等。这类污水需经处理后才能排入水体、灌溉农田或再利用，工业废水是在工业生产中排出的污水，主要来自车间和矿场。由于生产类别、工艺过程和使用原材料不同，工业废水的水质繁杂多样。其中的冷却水，只受轻度污染或只是水温较高，稍做处理即可回用，它们被称为生产废水。而使用过程中受到较严重污染的水一般有很大的危害性，如含有大量的氰化物、汞、铅、铬等有毒物质的污水，含合成有机物质的污水，含放射性物质的污水等。另外，也有物理性状十分恶劣的工业废水，如有臭味、有色，产生泡沫等，这些称为生产污水。生产污水大多需经适当处理后才能排放或回用。生产污水中所含的有毒有害物质往往也是宝贵的原料，应尽量回收利用。

#### 3.3.4.3 饮用水集中供应模式

农村饮水困难的地区多属山区、半山区、少数民族聚居区和边远贫困地区。这些地区交通不便、村寨分散、文化经济比较落后，人畜饮水多利用地面水和地下水及降水。

地面水多采用江、河水及水库水。江、河水流速及流量受季节和降水量影响较大，其浑浊度和细菌含量较高，水质有明显的季节变化，暴雨时泥沙含量剧增，细菌含量亦急骤增高。山区箐沟水流速较快，流量一般不大，水质较好。而水库蓄水量受气候条件及农业用水影响较大，一年之中水位变幅大，水质一般较好，浑浊度较低。这是目前农村饮水多采用的方式之一。

地下水水源与水位及地形、地质情况有关。地下水分浅层地下水、深层地下水和泉水。浅层地下水补给水源较近，短时间内大量取水时，水位急剧下降，限制了供水量。水质易受地面污染物污染，与周围环境有密切关系，浑浊度较低，一般无色，硬度偏高，部分地区铁、钴含量超标。深层地下水补给水源较远，水量充沛且较稳定，水质大多无色透明，细菌含量通常符合卫生标准。但往往硬度较高，铁、锰、氟化合物含量超标。泉水水量因地形、地质情况差异很大，水质较好，常含与地层有关的某些化学元素。

可见，不同时间，不同地点水资源的质量差异是很大的。这就需要取水者能够测量水的质量，并根据水的质量来采取相应的措施，以保证饮用水的安全。

在一家一户分散取水的情况下，由于分散的农户对于水的认识能力、改造能力有限，农户无法知晓自己饮用水的质量，即使知道也难以进行改造。因而其饮水水量和水质没有保证。另外，一家一户的分散取水十分“不经济”，一是居民点到取水点的水平距离大，取水时间成本高；二是过去修建的饮水工程大多为水井、水窖、水池等小型、分散工程，供水保证率低，遇到连续干旱就会重新出现饮水困难。

解决农村居民饮水问题的关键措施是实施集中供应。一是集中供应可以集中村民和政府的力量，完善水利设施，保障饮水数量与安全；二是在集中供水的情况下，水质的监测、控制、处理也比较容易，可以保障各户用水的质量安全；三是集中供水可以将水直接送到家里，节约农民的劳动，方便卫生(赵金龙 等，2009)。

虽然农村经济得到发展，温饱问题基本解决，居住、电力、交通等条件已逐步得到改善，生活水平普遍提高，但农村饮水设施建设基本还停留在较低水平，明显滞后于其他基础设施建设，大部分饮水工程缺乏水处理设施，水质达不到规定的标准。饮水不安全对人民群众的身心健康构成了威胁。水利部介绍，截至 2023 年 6 月底，全国已经动态排查并妥善解决了农村临时饮水困难人口累计 87 万人，而且在饮用水相关维修养护工程方面，正式启动了 42287 处，有 6820 万人从中获益。

### 3.3.5 流域管理

受人口增长、经济社会发展方式粗放以及气候变化等因素的影响，水资源与水生态环境保护任务艰巨，我国需要积极推进最严格的水资源管理制度，加强对水资源的合理利用和有效保护。(1)以用水总量控制为核心，进行水资源合理配置，强化水资源统一调度，保证水生态系统的合理用水需求；(2)以水功能区管理为载体，加强水资源保护。强化水功能区和饮用水源保护监督管理，完善水质监测和信息通报制度。划定地下水超采区，逐步削减开采量，遏制地下水过度开发。维持河流合理生态流量，维持湖泊、水库和地下水的合理水位，防止水源枯竭和水体污染；(3)以提高用水效率和效益为目标，减少水资源开发利用和污水排放，减轻对水生态系统的影响；(4)以必要的河湖连通工程、调水补水工程、底泥疏浚工程等水利工程设施建设为手段，因地制宜地做好水生态系统修复与保护；(5)以落实法律法规和执法监督为保障，开展地下水资源管理和水资源保护等方面的立法工作，规范水资源管理行为，强化监督管理。

近20年来，我国水资源管理逐渐转变“政府主导”的传统模式，在政策的公开、公众参与方面进行了大量有益的探索，积极实践《里约宣言》倡导的“应广泛地提供信息，从而促进和鼓励公众的了解和参与”。(1)积极加强政务公开，提高水行政行为的透明度和办事效率，要求除涉及国家秘密、依法受到保护的商业秘密和个人隐私外，各级水行政主管部门对各类行政管理和公共服务事项都要如实公开；(2)积极推行农民用水者协会制度，明确农民用水户的权力与职责，界定农民用水者协会与管理机构的关系，促进农民用水户参与利益关系密切的灌排项目规划、水量调配、水价制定、工程建设与管理等事务；(3)不断扩大征询、听证、专家论证、多方协商等制度和形式，扩大公众参与的深度和广度，如遍布全国各大城市的水价听证制度，圆明园湖底覆膜事件的公众参与，怒江水电开发中的民间组织参与和专家论证等。

人类社会在进步与发展进程中，如何在对水资源需求中找到平衡是确保水资源可持续发展的关键。当某些地区或部分区域的资源失衡后，人类应该进行反思，并积极地做出补救，才能确保社会的进步和发展与自然界的和谐共存。

# 第 4 章　气候资源及其利用

气候资源，通常是指光、热、水、风、大气成分等，作为人类生产生活必不可少的主要自然资源，可被人类直接或间接利用，或在一定的技术和经济条件下为人类提供物质及能量。气候资源分为热量资源、光能资源、水分资源、风能资源和大气成分资源等，具有普遍性、清洁性和可再生性，已被广泛应用于国计民生的各个方面，在人类可持续发展中占据重要地位和作用。

随着经济社会的快速发展和人民生活水平的不断提高，气候资源已成为基础性的自然资源、战略性的经济资源和公共性的社会资源，对我国的可持续发展起到了强有力的支撑作用。在促进气候资源的开发利用上，我国已做了大量工作，比如成立风能、太阳能资源评估中心，建立风能资源评估系统和风电功率预报系统。在科研合作上，中国参加并完成欧盟-中国能源环境项目："中国近海风能资源评估和近海风电场开发可行性研究"以及"台风对中国近海风能资源的影响研究"等。气候资源的开发及其利用是社会快速稳定发展的能源基础之一，了解并研究气候资源也十分有必要。

## 4.1　气候资源的概念与特征

### 4.1.1　气候资源的概念

地球上一切生命现象的产生、存在和发展，都是以气候为基本条件的。从现代科学技术观点来看，气候条件有节律性的周期变化，即形成了可供人们开发利用的重要资源。气候作为一种宝贵的自然资源，是指它为人类生存和生产发展提供的自然条件、物质能源及其潜在的能力，它是各种气候因子的综合，包括太阳辐射、热量、降水和大气及其运动规律。在自然界中，各气候因子都有自己的特性，而且彼此之间密切联系，发挥着特有的功能，这对人类生存和经济发展起着特定的作用。同时，气候也是农业生产过程中不可缺少的极其宝贵的资源。

光、热、水、气等气候因子是农作物生长发育所必需的条件，缺一不可，不能代替。光能是农作物进行光合作用，积累有机物质的能量源泉；热量使植物体内生化反应得以进行，是作物生长发育的重要环境条件；水是植物生活必需的物质，参与光合作用和能量贮存；大气的运动性和含碳性是作物生存的重要因素；风促进热量和水汽的交换、土壤和植物的蒸发与蒸腾；二氧化碳是光合作用必需的原料，是植物体干物质中碳的来源。因此，这些气候因子不仅是农作物生长发育的外界环境条件，而且直接为农作物生产提供物质基础和能量源泉，直接制约着作物生育和产量形成，所以称其为农业气候资源。由此可知，农业气候资源是指一个地区的气候条件对农业生产所提供的各种天然物质和能源及对农业生产发展的潜在能力。

农业气候资源具体是指：生长期的长短（气候资源在单位时间内对某些作物生长的限制）、无霜冻期日数、热量和降水量的多少；光照时数、太阳辐射强度和光质状况；以及影响这些资源有效利用的农业气象灾害情况（姚亚庆，2016）。

### 4.1.2 气候资源的特征

气候作为一种农业资源，受到日地运动规律的制约，有其独特的规律，在时间和空间上有不同尺度的错综复杂的变化。农业气候资源的基本特征如下。

#### 4.1.2.1 无限的循环性和单位时段的有限性

由于日地位置及其运动特点，地球上大部分地区总是四季交替，昼夜轮回，表现出周而复始的循环现象。光、热、水资源均有明显的周期性季节变化。因此，从总体上看，农业气候资源是取之不尽、用之不竭的，是一种可更新的资源。但在某一具体时段又是有限的，每年农业生产都要受到季节性的限制，必须因时制宜，不误农时。

#### 4.1.2.2 波动性和相对稳定性

气候因素并非一成不变地进行周期循环，由于天文、地理因素的制约和影响，因而不断地发生波动。纵观 18 亿～20 亿年地球气候史，地球上一直冷暖交替变化，波浪式地向前发展。短期内气候要素的起伏波动显著地偏离近年来的平均状况时，称为气候异常或反常。这对作物生育和产量有显著的影响。尽管每年都发生不同程度的波动，各气象要素仍然是围绕着平均值起伏振荡，一般多呈现正态分布，所以有相对的稳定性。

#### 4.1.2.3 区域差异性和相似性

气候资源在空间上也有明显的地区差异和相似性。由于纬度、海陆分布以及地势、地貌与下垫面特性的不同，造成大范围的光、热、水资源的显著区域差异，就是在较小的范围内，由于有海拔高度和坡向、坡度等不同地形的影响，光、热、水资源在时间和空间分配上均存在显著差异，表现出小区域内农业气候资源分布的不平衡，常可形成多样的农业气候类型。同一农业气候类型在地理位置上可能不连续，但可用农业气候相似的原则进行区划，提出合理利用的途径，指导农业生产。

#### 4.1.2.4 相互依存性和可改造性

由于气候形成和近地气层物理过程的错综作用，光、热、水等诸要素并非是独立地发展变化，而是互相依存、互相影响和制约的，一种要素的变化会影响另一种要素的变化。因此，某一要素的过量或不足均显著影响气候资源的有效利用。

农业气候资源和土地、生物等自然资源是相互依赖共同存在和发展变化的。离开了其他自然资源也就无从谈起农业气候资源的开发利用。农业气候资源虽有相对的稳定性，但是随着自然条件的发展变化，也是发展变化的。目前，人类活动虽然难以大规模地改造大气候，但仍可施加影响，改造或改善局部气候和小气候。如植树造林、兴修水利、保持水土、防风固沙、培肥地力等，不仅形成有利的地方气候和小气候，而且能保持生态平衡，使环境因素协调发展。反之，如滥伐森林、破坏自然植被、不按自然规律办事，必将使整个自然环境条件和农业气候资源恶化。

## 4.2　我国气候资源特征及其对气候变化的响应

气候资源与气候变化息息相关。顾名思义，气候资源是从气候得来的，只需要通过人类的适当手段加以利用，便可获得可再生资源。气候是气候资源的直接来源，所以当气候发生变化时，气候资源就会受到直接影响。同时，气候资源的利用也会适当改变气候。

气候变化的原因可能是自然的内部进程，也可能是外部强迫或人为地持续对大气组成成分和土地利用的改变，既有自然因素，也有人为因素。在人为因素中，主要是由于工业革命以来人类活动特别是发达国家工业化过程的经济活动引起的。化石燃料燃烧和毁林、土地利用变化等人类活动所排放的温室气体导致大气温室气体浓度大幅度上升，温室效应增强，从而引起全球变暖。据美国橡树岭实验室研究报告，自 1750 年以来，全球累计排放了 1 万多亿吨二氧化碳，其中发达国家排放约占 80％。

基于全球变暖的气候变化，需要利用气候资源来响应这种气候变化。在气候资源中隐藏了丰厚的风能、太阳能、潮汐能等各种清洁可再生能源，通过这种积极有效的响应来减轻气候变化对我们社会的危害（郭建平 等，2022）。

### 4.2.1　光能资源

光能是光子运动对应的能量形式，是由太阳、蜡烛等发光物体所释放出的一种能量形式。光能是一种可再生资源，所以人类一直致力于光能的研究、开发及其利用，其中太阳能就是广为人知的光能应用形式。地球每年通过光接收的太阳能相当于 100 亿亿 kW · h 电，相当于每人 1.7 亿 kW · h 电，因此对光能的有效利用对推动社会发展、缓解能源压力等十分有益。

#### 4.2.1.1　生长季日照时数变化

我国东部作物生长季内日照时数由南向北递减，其中华南沿海、长江中下游、华北平原和辽河平原日照时数在 1500 h 以上，特别是云南南部一些地区日照时数可达

2200 h，以四川盆地为中心的川渝黔日照时数为 900～1200 h。中国西部地区作物生长季内日照时数由北向南逐步减少。新疆和内蒙古中西部日照时数在 1800 h 以上，向南至青藏高原日照时数不足 900 h。

从变化趋势来看，生长季全国平均日照时数呈显著减少趋势，减速为 18.40 h/(10 a)。20 世纪 60 年代初期至 70 年代末，全国平均日照时数普遍高于多年平均值，80 年代初以来，日照时数又低于平常年份。从变化趋势来看(图 4.1)，全国 393 个台站日照时数呈减少趋势，其中 40％的台站通过 0.05 的显著性水平检验。从变化的空间分布上看，辽河平原、华北平原和我国南方地区日照时数降速较大，一般为 30～50 h/(10 a)，而在三江平原、西北内陆和青藏高原日照时数有不同程度增加。

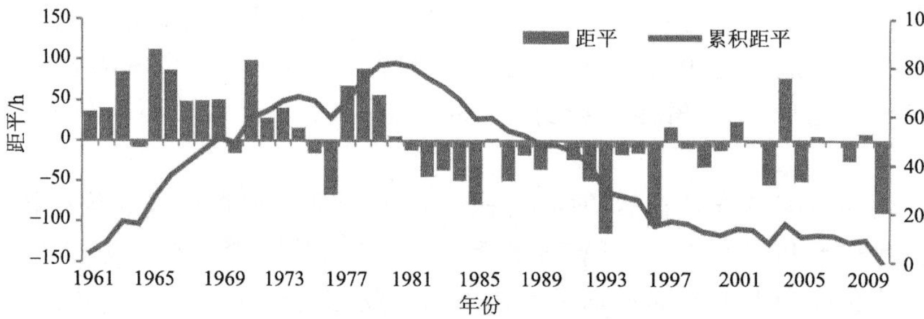


图 4.1　生长季全国平均日照时数距平及累积距平

4.2.1.2　生长季太阳辐射量变化

作物生长季全国太阳辐射总量在我国中东部地区由南向北逐步递减，在华南和云南南部生长季太阳辐射总量为 4400～4800 $MJ/m^2$，其中藏东南、云南南部和海南太阳辐射量能超过 4800 $MJ/m^2$，四川盆地太阳辐射量为4000～4400 $MJ/m^2$。长江中下游、华北平原和黄土高原太阳辐射量为 3600～4000 $MJ/m^2$，内蒙古东部和东北地区太阳辐射量为 2800～3600 $MJ/m^2$。在我国西部地区，太阳辐射量由北向南逐步递减。内蒙古西部、河西走廊和新疆太阳辐射量都在 4000 $MJ/m^2$ 以上，其中塔里木盆地、吐鲁番盆地达到 4400 $MJ/m^2$，青藏高原多数地区生长季太阳辐射量不足 3600 $MJ/m^2$。

从变化趋势来看，生长季全国平均太阳辐射量呈显著下降趋势，平均降速为 28.67 $MJ/(m^2 \cdot 10\ a)$。20 世纪 60 年代至 70 年代中期，全国平均太阳辐射量较高；70 年代中期至 90 年代初期，太阳辐射量有所减少；90 年代后期，太阳辐射量有所增加(图 4.2)。从变化趋势来看，全国约 2/3 的台站太阳辐射量呈下降趋势，其中 50％台站通过 0.05 的显著性水平检验。从变化的空间分布上看，新疆、华北、长江中下游、中南和华南地区太阳辐射量有所减少，而松辽平原、三江平原和青藏高原及川西

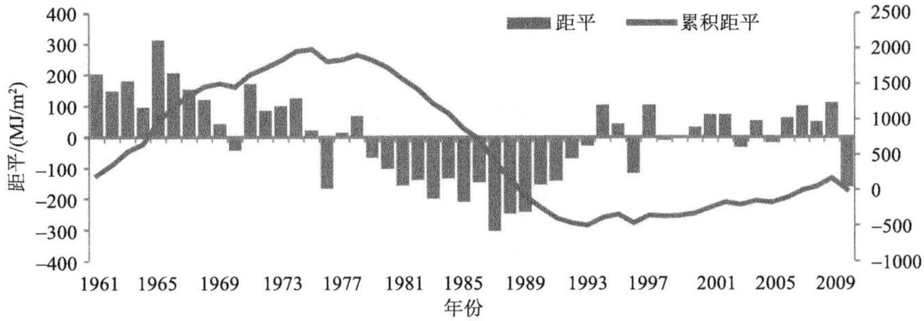


图 4.2　生长季全国平均太阳辐射量距平及累积距平

地区太阳辐射有所增加。

### 4.2.2　热量资源

热量，是指当系统状态的改变来源于热学平衡条件的破坏，也即来源于系统与外界间存在温度差时，我们就称系统与外界存在热学相互作用。作用的结果有能量从高温物体传递给低温物体，这时所传递的能量称为热量。热量是生物生存的必要条件，在自然界的所有活动中都存在一定热量的交换、热量与其他形式能量的转化，通过这些方式驱动地球生态系统的发展。

#### 4.2.2.1　稳定通过 5 ℃界限温度的时空变化规律

全国稳定通过 5 ℃界限温度持续天数呈由南到北、由东向西不断减少的趋势。藏东南、四川盆地、云南南部和南岭以南的地区稳定通过 5 ℃持续日数在 320 d 以上；秦岭—淮河以南≥5 ℃持续日数也在 280 d～320 d；华北平原、塔里木盆地、吐鲁番盆地和准格尔盆地≥5 ℃持续日数在 200～280 d；三江平原、松嫩平原、内蒙古中东部≥5 ℃持续日数在 160～200 d；海拔较高的青藏高原和天山山脉、阿勒泰山脉、大兴安岭地区≥5 ℃持续日数在 160 d 以下。从图 4.3 可知，稳定通过 5 ℃界限温度

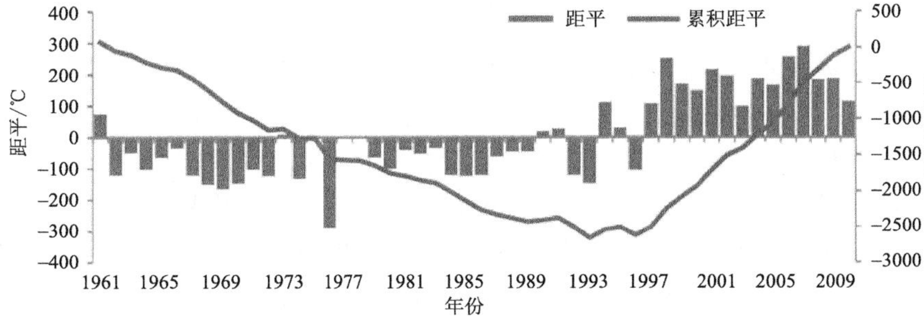


图 4.3　生长季全国≥5 ℃积温距平及累积距平

的初日空间分布与持续日数类似，即≥5 ℃初日由南向北、由平原向高原山区逐步推迟，而稳定通过 5 ℃界限温度的终日的空间分布与初日相反，即≥5 ℃终日由南向北、由平原向高原山区逐步提前。

从变化趋势来看，全国稳定≥5 ℃界限温度的初日显著提前、终日显著延后、持续日数显著增加，平均增速分别为 1.39 d/(10 a)、0.96 d/(10 a)、2.34 d/(10 a)。在所有气象台站中，有 534 个台站持续日数呈增加的趋势，其中 44.01%的台站持续日数增加通过 0.05 的显著性水平检验，在松嫩平原、东南沿海、川南、南疆和黄土高原≥5 ℃持续日数增速较大，多在 3 d/(10 a)以上；有 26 个台站持续日数呈减少趋势，但都不显著；有 32 个台站持续日数没有变化，主要分布在云南南部和华南地区。

从对光能资源的分析可以看出，在气候变化背景下，我国光能资源最丰富的青藏高原南部地区的光合有效辐射呈下降趋势。光合有效辐射以及日照时数对作物的生长发育有直接的影响。上述分析中提到的光合有效辐射下降的地区理论上作物生产潜力将有所下降，应注意协调温度、土壤和降水条件，充分利用光能资源或者选育优质品种。光合有效辐射上升的地区理论上作物生产潜力将有所上升，可以合理扩大种植规模。冬小麦为长日照作物，日照时数过短将不利于幼穗分化，华北平原为冬小麦主要种植区域之一，根据上述分析，日照时数将有所缩短，该区域应注意合理调整播种时间或合理优化种植品种。水稻为短日照作物，若日照过长则影响抽穗，上述日照时数延长的长江中下游、东北一季稻及华南双季稻局部种植区域应合理规划种植制度。

#### 4.2.2.2 作物生长季内热量资源变化趋势

(1)生长季≥5 ℃积温变化

全国作物生长季≥5 ℃的积温在空间分布上由南向北、由平原向高原逐步递减。云南南部和南岭以南≥5 ℃积温在 7000 ℃ · d 以上，四川盆地和秦岭—淮河以南的地区积温也在 5000 ℃ · d 以上，黄淮海、塔里木盆地和准格尔盆地积温在 4000～5000 ℃ · d，松嫩平原、黄土高原、河西走廊和内蒙古中部积温为 3000～4000 ℃ · d，内蒙古东部和三江平原积温为 2000～3000 ℃ · d，海拔较高的青藏高原≥5 ℃积温不足 2000 ℃ · d。

从变化趋势来看，生长季内全国平均≥ 5 ℃积温呈显著增加的趋势，增速为 68.63 ℃ · d/(10 a)。20 世纪 60 年代至 90 年代初期，全国生长季内积温都较平常年要低，从 20 世纪 90 年代中期至 2010 年，生长季内积温一直处于较高水平。从变化趋势来看，全国 575 个气象台站生长季内积温呈增加的趋势，其中约 82.4%的台站通过 0.05 的显著性水平检验，在大兴安岭地区、长江中下游及武陵山区、新疆积温增速较大，一般为 60～90 ℃ · d/(10 a)，四川盆地和青藏高原积温增速不到 50 ℃ · d/(10 a)(图 4.4)。

(2)生长季日平均气温变化

生长季内日平均气温在空间上由东向西逐步递减。燕山—太行山—武陵山以西的大片区域和四川盆地、塔里木盆地生长季日平均气温在 18～22 ℃,其中华南部分地区和海南岛日平均气温在 22 ℃以上;松辽平原、内蒙古中西部、黄土高原和河西走廊日平均气温在 15～18 ℃;青藏高原生长季日平均气温为 5～10 ℃。

从变化趋势来看,作物生长季全国日平均气温呈显著上升的趋势,升速0.12 ℃/(10 a)。从 20 世纪 60 年代初至 90 年代中期,生长季全国日平均气温较低。20 世纪 90 年代以来,日平均气温不断上升。从变化趋势来看,全国 525 个台站生长季全国日平均气温呈上升趋势,其中约 50%的台站升温显著。我国北方地区和华南沿海、云南南部生长季日平均气温升速较大,一般都在 0.1 ℃/(10 a)以上,而燕山—太行山以南、南岭以北包括四川盆地在内的我国南部地区日平均气温升速较小(图 4.4)。

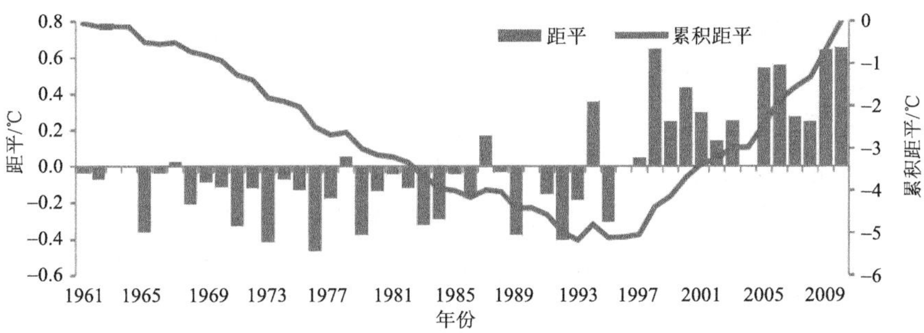


图 4.4　生长季全国日平均气温距平和累积距平

(3)生长季日较差变化

生长季平均日较差在空间上呈由东南向西北逐步增大的趋势。山东半岛、四川盆地和秦岭—淮河以南的地区日较差在 10 ℃以下,特别是东南沿海和四川盆地日较差仅为 6～8 ℃。云南、黄土高原南部和东北平原日较差在 10～12 ℃。大兴安岭、内蒙古中西部、青藏高原中东部日较差为 12～14 ℃,内蒙古西北、青藏高原西北部、新疆大部分地区日较差在 14 ℃以上。

从变化趋势来看,全国平均日较差在空间上呈显著下降的趋势,降速为 0.12 ℃/(10 a)。20 世纪 60 年代初至 70 年代末,全国平均日较差大都高于常年,而 80 年代初以来,全国平均日较差低于常年(图 4.5)。从变化趋势来看,全国 465 个台站生长季日较差都呈减小趋势,其中 39%台站通过 0.05 的显著性水平检验,在空间上我国北方地区日较差缩小速度较南方地区更大、更加显著(图 4.5)。

从对热量资源的分析可以看出,气候变化背景下,我国热量资源总体呈现显著上升趋势,而温度的上升将使作物生育期内高温热害发生频率增加,尤以长江中下游地区高温热害最为明显。与此同时,变暖还有利于病虫害的发生。积温增加也可能使

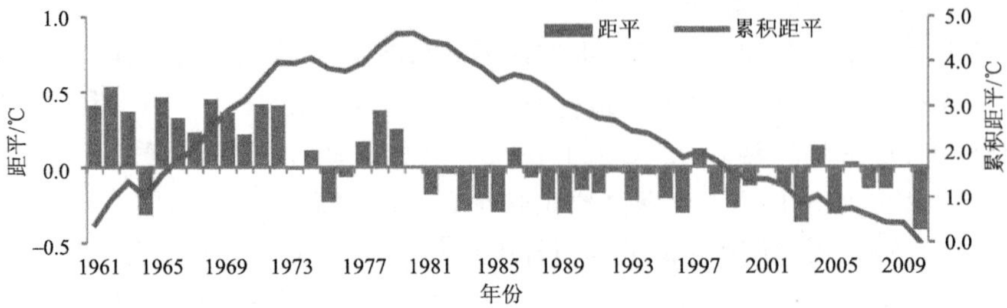


图 4.5 生长季全国平均日较差距平及累积距平

作物的生长期延长，种植区北界向北推进。

### 4.2.3 水分资源

水分资源，能被农业生产直接利用的降水、地表水、土壤水和地下水的总称。降水是地面水分资源的主要收入项，直接影响地表水和土壤水，间接影响地下水，在水分资源中占有重要地位。但降水量不能表达水分收入状况，更不能反映大气-土壤-植物系统中蒸散、地表径流及水分的支出，科学地评价一地的水分资源，不但要看它收入多少，而且还要看它支出多少。水分收入指降水、从区外流入的水和从地下抽出的水，水分支出指从江河流失的水、渗入地下的水以及土壤蒸发和植物蒸腾散失的水，只有对水分平衡方程各项进行分析，才能定量地揭示一个地区水分资源的规律及其在农业上的应用。

#### 4.2.3.1 生长季的降水量变化

作物生长季全国降水量在空间上呈由东南向西北逐步递减的趋势。华南沿海降水量最大，可达 1500～2000 mm。云南南部、四川盆地和长江以南的广大地区降水量为 1000～1500 mm。东北地区东部、黄淮海和陕南降水量为 400～800 mm。东北地区西部、内蒙古中东部和青藏高原东部降水量为 200～400 mm。西北内陆和青藏高原北部降水量最低，不足 200 mm。类似地，生长季的有效降水次数和有效降水量在空间上也呈由东南向西北逐步递减的趋势。

从变化趋势来看，作物生长季全国平均降水量变化并不明显，但各区域间降水量存在差异，东北地区、内蒙古中西部、华北、四川盆地降水量都有所减少，其中黄淮海地区和四川盆地降速达 8～15 mm/(10 a)；西北内陆、青藏高原、长江中下游和东南沿海降水量有所增加，其中长江中下游和东南沿海增速较大，达 9～17 mm/(10 a)，西北内陆和青藏高原增加较为显著，通过 0.05 的显著性水平检验。类似地，在西南—东北方向，生长季的有效降水次数和有效降水量在减少。在东南—西北方向，生长季的有效降水次数和有效降水量在增加。

4.2.3.2　生长季潜在蒸散量变化

我国东部地区，作物生长季潜在蒸散量由南向北逐步递减。华南沿海和云南南部潜在蒸散量最大，在 1000 mm 以上，其中海南岛潜在蒸散量可超过1200 mm。华北、长江中下游和中南地区潜在蒸散量为 800～1000 mm；东北平原、内蒙古东部、四川盆地潜在蒸散量为 600～800 mm，海拔较高的大兴安岭和长白山地区潜在蒸散量为 400～600 mm。我国西部，作物生长季潜在蒸散量由北向南、由海拔低处向海拔高处不断减小。内蒙古中西部、准格尔盆地、吐鲁番盆地和塔里木盆地潜在蒸散量为 800～1200 mm，青藏高原、天山山脉潜在蒸散量只有 200～600 mm。

从变化趋势来看，生长季全国平均潜在蒸散量变化不大，但潜在蒸散量在时间上和空间上存在明显的不同。从年代变化上看，20 世纪 60 年代初至 70 年代末，全国平均潜在蒸散量较高；80 年代初至 90 年代末，潜在蒸散量有所减小，21 世纪初期，潜在蒸散量又有所上升。从空间上看，新疆、辽河平原、黄淮海和四川盆地潜在蒸散量有所下降，其中新疆潜在蒸散量降速达 10～20 mm/(10 a)；东北地区北部和青藏高原潜在蒸散量有所增加，其中青藏高原增速在 10 mm/(10 a)以上（图 4.6、表 4.1）。

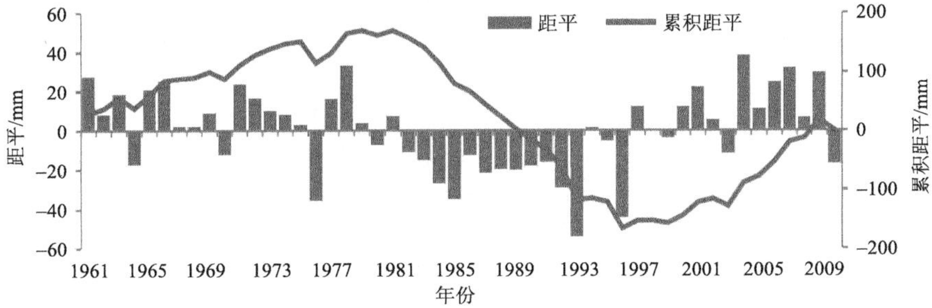


图 4.6　生长季全国平均潜在蒸散量距平及累积距平

从对水分资源的分析可以看出，我国东北、中南大部分地区、西北局部地区年降水量呈减少趋势，未来这些地区应注重干旱发生频率和强度等可能发生的变化，优化灌溉措施，增强应对干旱的能力，同时选育抗旱作物品种。也应注意极端强降水的发生，提升灾害响应和预警能力。华北平原是我国冬小麦、夏玉米重要种植区域，由分析看出，华北平原参考作物蒸散量有降低趋势，此外，华北平原水分有所亏缺，发生干旱的概率较大，相关部门应格外注意灌溉以达到高产稳产（康西言 等，2010）。

### 4.2.4　影响作物生长季水热资源变化的可能因素

作物生长季长短和各气象因子的变化都会影响作物生长季的水热资源变化。将作物生长季各水热资源要素因子与生长季时间因子（即≥5 ℃初日、终日和持续日数）

**表 4.1　生长季全国及十大农业区平均水热资源及其变化趋势**

| | 区域 | 有效降水量/mm | ≥5 ℃积温/℃ | 潜在蒸散量/mm | 日平均气温/℃ | 日较差/℃ | 日照时数/h | 太阳辐射量/($MJ/m^2$) | 降水量/mm | 有效降水次数/次 |
|---|---|---|---|---|---|---|---|---|---|---|
| 多年平均 | 全国 | 831.15 | 4466.13 | 610.81 | 17.5 | 10.85 | 1556.5 | 3990.49 | 748.83 | 37.91 |
| | 东北区 | 437.31 | 3128.2 | 653.76 | 16.81 | 11.73 | 1416.09 | 3116.99 | 526.24 | 30.27 |
| | 北部高原区 | 286.19 | 3180.2 | 752.45 | 16.37 | 12.87 | 1564.53 | 3657.07 | 365.6 | 22.19 |
| | 黄淮海区 | 512.22 | 4637.12 | 870.32 | 18.86 | 10 | 1711.02 | 3979.5 | 619.78 | 29.50 |
| | 长江中下游区 | 938.26 | 5545.38 | 876.52 | 19.67 | 8.12 | 1593.87 | 3887.56 | 1063.3 | 54.13 |
| | 南方丘陵区 | 1256.08 | 6300.63 | 931.19 | 19.86 | 8.4 | 1527.58 | 4223.03 | 1462.91 | 71.74 |
| | 华南区 | 1256.22 | 7927.9 | 1156.99 | 21.87 | 7.84 | 1927.81 | 5031.17 | 1603.98 | 61.76 |
| | 川陕盆地区 | 790.07 | 5348.47 | 775.08 | 17.74 | 8.48 | 1210.46 | 2637.86 | 1010.63 | 48.43 |
| | 云贵高原区 | 790.07 | 5392.34 | 775.08 | 17.26 | 9.52 | 1485.88 | 4771.04 | 1091.84 | 55.13 |
| | 西北绿洲区 | 71.37 | 3428.41 | 941.42 | 16.98 | 14.33 | 1819 | 4421.14 | 102.51 | 7.44 |
| | 青藏高原区 | 324.26 | 1619.14 | 484.84 | 10.37 | 12.78 | 998.64 | 3456.67 | 393.42 | 33.11 |
| 变化趋势/(/(10 a)) | 全国 | 0.27 | 68.63*** | −1.01 | 0.12*** | −0.12*** | −18.40*** | −28.67** | 1.75 | −0.02 |
| | 东北区 | −0.65 | 61.07*** | 0.39 | 0.13*** | −0.20*** | −5.64 | 20.68 | −7.54 | −0.02 |
| | 北部高原区 | −1.49 | 63.50*** | 3.13 | 0.16*** | −0.07* | −4.15 | −52.27*** | −8.77 | −0.05* |
| | 黄淮海区 | −1.07 | 57.84*** | −9.44* | 0.09** | −0.16*** | −51.93*** | −96.23*** | −11.47 | −0.06* |
| | 长江中下游区 | 1.37 | 92.76*** | −1.57 | 0.06 | −0.10*** | −47.05*** | −82.17** | 9.57 | 0.04 |
| | 南方丘陵区 | 0.75 | 81.85*** | −2.23 | 0.02 | −0.05 | −41.57*** | −46.66** | −16.67 | 0.02 |
| | 华南区 | 0.79 | 88.71*** | −1.62 | 0.19*** | −0.09*** | −42.90*** | −48.14** | 10.43 | −0.02 |
| | 川陕盆地区 | −1.71* | 60.35*** | −3.46 | 0.03 | 0.02 | −34.83*** | 60.75** | −15.54 | −0.10*** |
| | 云贵高原区 | −0.64 | 60.40*** | −0.93 | 0.03 | −0.10*** | −20.77** | 13.02 | −7.44 | −0.09** |
| | 西北绿洲区 | 3.18*** | 68.57*** | −4.89 | 0.18*** | −0.23*** | 7.71 | −15.81 | 4.43** | 0.04*** |
| | 青藏高原区 | 1.77*** | 59.14*** | 10.47*** | 0.14*** | −0.10** | 17.39*** | 13.8 | 7.92* | 0.06** |

注：* 表示通过 0.1 的显著性水平检验，** 表示通过 0.05 的显著性水平检验，*** 表示通过 0.01 的显著性水平检验。

和全年各气象因子做相关分析，对影响作物生长季水热资源要素变化的因素进行分析和讨论。作物生长季长短与生长季各资源要素量（除日较差外）呈正相关，即作物生长季越长，生长季的降水量、潜在蒸散量、日照时数、太阳辐射量等资源量越大，而作物生长季越短，生长季的资源要素量越少，其中≥5 ℃积温和潜在蒸散量与生长季长短呈显著负相关，且相关系数绝对值较大，说明这些因子受生长季长短变化的影响较大。具体来看，作物生长季的各资源要素因子与生长季的初日（即≥5 ℃初日）都呈负相关，而与生长季的终日（即≥5 ℃终日）都呈正相关，即生长季初日越早或终日越晚，将导致资源要素量都有所增大，而生长季初日越晚或终日越早，将导致资源要素量有所减少。

对比全年要素量、生长季长短对生长季要素量变化的影响，可知作物生长季要素量的变化主要受其本身变化的影响。生长季各要素量的变化与全年要素量的变化都呈显著正相关，相关系数在 0.7～0.9，其中生长季的降水量与全年的降水量相关系数高达 0.97。其次是生长季长短，其与生长季要素量相关系数为 0.12～0.89。

这种相关在区域上存在明显的不一致(表 4.2)。以生长季潜在蒸散量为例，生长季的潜在蒸散量与生长季持续时间的相关系数在空间上由东南向西北逐步增加，东南沿海相关系数不足 0.2，在内蒙古高原和东北地区相关系数达到 0.5～0.7，青藏高原北部地区相关系数都在 0.8 以上。同时，生长季的潜在蒸散量与年潜在蒸散量的相关在空间上呈由东南向西北逐步递减的趋势，东南沿海、长江中下游和黄淮海地区相关系数在 0.9 以上，四川盆地、河套和东北平原相关系数在 0.8～0.9，青藏高原相关系数不到 0.5。产生相关关系在区域上不一致的主要原因是各区域间温度的差异。华南沿海气温较高，生长季持续在 330 d 以上，甚至部分地区可达 360 d，所以生长季潜在蒸散量变化的主要影响因子是年潜在蒸散量，而在青藏高原地区，常年温度较低，生长季较短，生长季持续时间在 100～140 d，藏北少数地区甚至低于 80 d，所以引起生长季潜在蒸散量的主要影响因子是生长季的长短(杨晓琳 等，2012)。

**表 4.2　生长季水热资源要素与气象因子的相关系数**

| | 全年 | 作物生长季 | | | | |
|---|---|---|---|---|---|---|
| | | 降水量 | 潜在蒸散量 | ≥5 ℃积温 | 日照时数 | 太阳辐射量 |
| ≥5 ℃初日 | | −0.14 | −0.49*** | −0.74*** | −0.12 | −0.27* |
| ≥5 ℃终日 | | 0.16 | 0.22 | 0.63*** | 0.05 | 0.003 |
| ≥5 ℃持续日数 | | 0.19 | 0.48*** | 0.89*** | 0.12 | 0.21 |
| 降水量 | 0.97* | | | | | |
| 潜在蒸散量 | | 0.89*** | | | | |
| 日平均气温 | | | 0.94** | | | |
| 日照时数 | | | | 0.81*** | | |
| 太阳辐射量 | | | | | 0.89*** | |

注：*** 表示通过 0.01 的显著性水平检验，** 表示通过 0.05 的显著性水平检验，* 表示通过 0.1 的显著性水平检验。

### 4.2.5　干湿气候变化

从干湿气候的空间分布来看，长江中下游、南方丘陵区、云贵高原区、四川盆地及藏东南和长白山区属于气候湿润区，湿润指数＞1.0。黄淮海平原、东北平原、黄土高原南部和青藏高原东部的广大地区属于半湿润地区，湿润指数在 0.5～1.0。北部高原、黄土高原北部至青藏高原中东部和新疆伊犁、阿勒泰地区属于半干旱区，湿润指数为0.2～0.5。内蒙古西部、甘肃西北部、青藏高原西部和新疆大部分地区属于干旱区，湿润指数在0.2以下，其中南疆地区属于极干旱区，湿润指数在0.03以下。

从全国50年湿润指数的变化趋势可知，全国592个气象台站中有250个台站湿润指数呈下降的趋势，其中有28个台站通过0.05的显著性水平检验，这些台站主要分布在华北平原、黄土高原、四川盆地和云贵高原，东北地区北部和内蒙古东部地区湿润指数也有下降的趋势。此外，342个台站湿润指数呈增大的趋势，其中有47个台站通过0.05的显著性水平检验，这些台站主要分布在我国的南方丘陵、长江中下游、西北内陆和青藏高原(表4.3)。

**表4.3 全国10个农业区湿润指数及其变化趋势**

| 区域 | 湿润指数 | | 变化趋势 | |
|---|---|---|---|---|
| | 多年平均 | 干湿状态 | 倾向率/(/(10 a)) | 趋势 |
| 东北区 | 0.7275 | 半湿润区 | －0.0009 | 变干 |
| 北部高原区 | 0.4224 | 半湿润区 | －0.0111* | 变干 |
| 黄淮海区 | 0.6554 | 半湿润区 | －0.0062 | 变干 |
| 长江中下游区 | 1.2266 | 湿润区 | 0.0253 | 变湿 |
| 南方丘陵区 | 1.5910 | 湿润区 | 0.0198 | 变湿 |
| 华南区 | 1.3697 | 湿润区 | 0.0123 | 变湿 |
| 川陕盆地区 | 1.2271 | 湿润区 | －0.0146 | 变干 |
| 云贵高原区 | 1.1728 | 湿润区 | －0.0052 | 变干 |
| 西北绿洲区 | 0.1192 | 干旱区 | 0.0071*** | 变湿 |
| 青藏高原区 | 0.5751 | 半湿润区 | 0.0055 | 变湿 |

注：***表示通过0.01的显著性水平检验，*表示通过0.1的显著性水平检验。

比较20世纪60年代与21世纪初各类气候区变化发现，干旱区和湿润区面积都有所减小，半干旱区面积不断扩大。①极干旱区面积从20世纪60年代的27.90万$km^2$增至43.78万$km^2$，主要集中新疆和西藏交界处；②干旱区面积减小12.29%，其中8.16%干旱区转变为极干旱区，7.43%干旱区转变为半干旱区，这些转变区主要分布在北疆和河西走廊部分地区；③半干旱区面积增大28.14%，主要来自干旱区(8.21%)和半湿润地区(15.77%)，这些转变区主要分布在原干旱区的北疆和原半湿润区的东北大兴安岭和长城沿线；④半湿润区减小11.43%，主要转变为半干旱区；⑤湿润区面积减小1.44%，主要集中在四川盆地和云贵高原(图4.7)。

## 4.3 我国农业气象灾害的时空特征

我国气象灾害种类多、发生频率高、季节性强，区域特征明显，各种天气和气候因素自然变异和交互作用导致了种类繁多的气象灾害，对社会经济造成重大危害。据

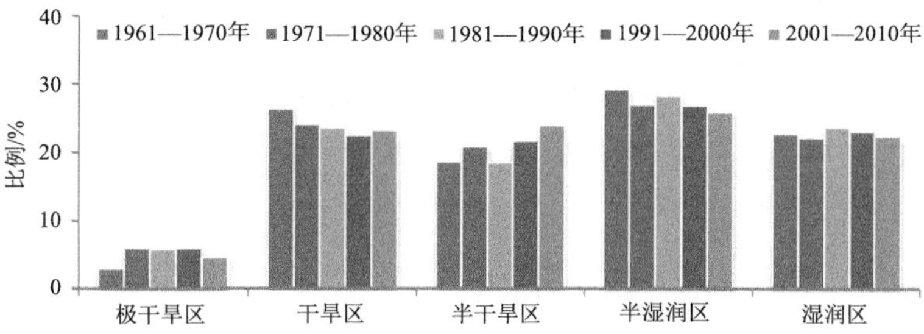


图 4.7　不同时期各类气候区面积占全国比例

《中国救灾史》记载，中国 206—1936 年曾发生各类自然灾害至少 5258 次，干旱灾害 1035 次，洪涝灾害 1037 次，旱涝灾害次数约占灾害总次数的 39.4%，干旱和洪涝是发生频率最高的两类自然灾害，平均每两年发生一次。比利时灾害流行病研究中心发布了 2006 年自然灾害损失的统计数据：2006 年全球共有 395 次灾害记录在案，其中 226 次由洪涝引发，66 次由暴风引发，30 次与极端温度事件有关。我国自然灾害区域分布格局存在着明显的南重北轻特征，南方地区灾种组合以洪涝、风雹和台风灾害为主，北方地区灾种组合以旱灾和风雹灾害为主。温度的升高不仅直接影响温度极端值的变化，而且导致高温干旱和暴雨洪涝等极端气候事件的发生频率与强度出现加剧的趋势。据估计，1991—2000 年，全球每年受到气象水文灾害的平均人数为 2.11 亿，是因战争冲突受到影响人数的 7 倍；全球气候变化及相关的极端气候事件所造成的经济损失在过去 40 年上升了近 10 倍，而且单个气候事件所导致的损失也与日俱增。

我国农作物播种面积较大的省份主要在中部和东北地区，四川、河南、山东和黑龙江是播种面积较大的几个省份。我国农业气象受灾情况较为严重的省份主要集中在北部，其中山东、内蒙古、四川等省份是受灾较严重的省份。综合 4 种灾害的受灾和成灾占总受灾/成灾比例来看，干旱所占比例最大，洪涝灾害次之，风雹和低温冻害较少。

近年来，有研究者提出，我国历史时期北方游牧民族几次南下中原与气候史上温暖和寒冷时期的交替出现吻合，说明气候的冷暖变化对人类文明的产生及其特点的影响，实际上反映了气候温暖时期和寒冷时期交替出现直接影响农牧生产。根据历史上各个时期重大气候灾害对人口发展影响的资料，有的研究者探讨了中国历史上死亡 1 万人以上的重大气候灾害的地域分布和历史进程，说明重大气候灾害易引起荒灾。

### 4.3.1　1978—2010 年主要农业气象灾害分析

1978 年以来，灾害资料数据相对比较完整。1978—2010 年全国农田平均每年受灾面积 45626.7 $hm^2$，成灾面积 23576.4 $hm^2$，成灾面积约占受灾面积的 52%。33 年里，全国受灾面积超过平均受灾面积的有 20 年，约占总年数的 61%，成灾面积超过平均成灾面积的有 17 年，约占总年数的 52%。按受灾面积大小，排名前五的年份依次为：1991 年、1994 年、2000 年、2003 年和 1997 年；按成灾面积大小，排名前五的年份依次为：2000 年、2003 年、2001 年、1994 年和 1991 年。

### 4.3.2 各省(区、市)受灾和成灾面积分析

根据各省（区、市）灾害资料，整理了 1978—2010 年多年平均受灾面积、成灾面积及相应的受灾率和成灾率。由表 4.4 可以看出，在全国受灾和成灾面积中，排名靠前的省份有黑龙江、山东、河南、四川、河北、内蒙古、湖南和湖北，从中可以发现受灾面积一般北方省份占有较大的比例，但部分南方省份，如四川、安徽、江苏、江西、广东和广西也占有一定的比例。从成灾率看，排名靠前的省份有山西、内蒙古、陕西、辽宁、甘肃和青海。同样可以看出一般北方省（区、市）成灾率要高于南方省（区、市）。但北方地区的北京和新疆成灾率较低，而南方地区的贵州、湖南、湖北、安徽、江苏和海南成灾率较高。

**表 4.4 各省(区、市)1978—2010 年平均受灾、成灾面积统计**

| 各省（区、市） | 受灾面积/（万 $hm^2$） | 成灾面积/（万 $hm^2$） | 受灾率/% | 成灾率/% | 各省（区、市） | 受灾面积/（万 $hm^2$） | 成灾面积/（万 $hm^2$） | 受灾率/% | 成灾率/% |
|---|---|---|---|---|---|---|---|---|---|
| 北京 | 11.15 | 5.17 | 22 | 10 | 河南 | 311.5.2 | 159.57 | 25 | 13 |
| 天津 | 17.48 | 8.53 | 31 | 15 | 湖北 | 244.3.7 | 127.52 | 33 | 17 |
| 河北 | 258.97 | 144.58 | 29 | 16 | 湖南 | 236.3.9 | 129.87 | 30 | 17 |
| 山西 | 196.23 | 100.38 | 50 | 25 | 广东 | 133.9.0 | 57.46 | 24 | 10 |
| 内蒙古 | 252.10 | 153.94 | 47 | 29 | 广西 | 139.9.0 | 71.44 | 25 | 13 |
| 辽宁 | 152.72 | 88.12 | 41 | 23 | 海南 | 29.5.6 | 8.89 | 35 | 11 |
| 吉林 | 183.21 | 103.72 | 42 | 24 | 重庆 | 108.8.4 | 24.71 | 32 | 7 |
| 黑龙江 | 338.22 | 168.53 | 36 | 18 | 四川 | 264.0.6 | 121.77 | 24 | 11 |
| 上海 | 7.67 | 1.71 | 13 | 3 | 贵州 | 103.6.8 | 54.27 | 26 | 14 |
| 江苏 | 219.39 | 91.89 | 27 | 11 | 云南 | 126.8.1 | 62.93 | 26 | 13 |
| 浙江 | 84.78 | 37.68 | 22 | 10 | 西藏 | 5.8.2 | 2.21 | 26 | 10 |
| 安徽 | 232.27 | 123.03 | 27 | 15 | 陕西 | 187.2.4 | 104.22 | 41 | 23 |
| 福建 | 62.85 | 28.48 | 24 | 11 | 甘肃 | 147.1.4 | 83.95 | 40 | 23 |
| 江西 | 133.47 | 72.84 | 24 | 13 | 青海 | 19.9.3 | 10.94 | 38 | 21 |
| 山东 | 326.57 | 157.49 | 30 | 15 | 宁夏 | 33.5.8 | 19.01 | 34 | 19 |
|  |  |  |  |  | 新疆 | 65.8.9 | 32.79 | 20 | 10 |

### 4.3.3　各大区受灾和成灾面积分析

灾害发生具有比较显著的地域性，在一个大流域的上、中、下游地区，由于所处的自然地理区域不同，其灾害发生的频次和严重程度往往存在较大的差异。为此，在各省（区、市）灾害资料的基础上，按 7 个大区进行资料汇总，并统计各大区 1978—1990 年、1991—2000 年和 2001—2010 年各时段的平均成灾率。北方各区的成灾率一般高于南方各区。在北方各区中，以华北和东北地区受灾率较高，而西北地区受灾率较低；南方各区中，以华东地区和西南地区受灾率较高，而华南地区受灾率较低。在全国 7 大区中，以华中区受灾率居中。从不同时段统计来看，东北地区、华北地区和西北地区在 3 个统计阶段平均受灾率最高，其次为华中地区，华南地区相对较低；同时，1991—2000 年，各大区的受灾率均比 1978—2010 年的平均受灾率高，且各大区平均受灾率最大值多数分布在 1991—2010 年，说明该时段全国范围内发生重大灾害事件多。

### 4.3.4　我国灾害发生频次的时空格局

2011—2015 年我国平均每年发生各种气象灾害 581 次，因灾死亡 821 人，受灾约 1.8 亿人次，作物累计受灾面积约 1688 万 $hm^2$，造成经济损失 1783 亿元。水灾、旱灾、风灾是影响我国最严重的三种气象灾害，而低温冷冻和雪灾影响较小。

我国干旱集中分布在 3—6 月；洪涝 6—8 月最为严重，7 月为高发期；风雹主要集中在 4—8 月；冻灾在 1—5 月均有发生，2 月最严重；雪灾主要发生在 1—2 月。

不同区域主要灾害不同，干旱灾害在华中地区和西南地区发生的频次多，华北和西北地区次之；洪涝灾害在西南地区发生的频次最多，其次是华东和华中地区；风雹灾害在华北和西北地区发生频次最多，西南地区次之，这是该区发生了中国最宽、最长的一个风灾带，从而灾害相对较重；低温冷冻多发生在华北、西北和西南地区；雪灾多发生在华北、西北和东北地区。

2011—2015 年造成我国农业气象灾害经济损失和受灾面积的地域差异明显，且各省份灾害结构不同。从经济损失看，云南受旱灾的影响最重，其余多为东北地区和华北地区；华南地区和东南沿海地区洪涝造成的经济损失最严重；新疆、甘肃和青海受风雹灾害的影响最重；青海、甘肃、山西和河北受低温冷冻灾害最严重；西藏受雪灾的影响最重；从受灾面积看，长江以北地区受干旱灾害影响大，以南洪涝造成的受灾面积最大，而风雹灾害多分布在我国西北地区和华北地区，其中新疆、西藏、甘肃和青海受影响最大。

## 4.4 农业气候资源的利用

### 4.4.1 农业气候资源利用的现状和存在的问题

新中国成立以来，中国共产党和人民政府一直比较重视农业气候资源的合理开发和利用。从20世纪50年代开始就进行了全国性的大量基础性考察研究工作。特别是20世纪70年代末至80年代中期，在全国各地开展了国家、省、地、县各级的农业气候资源考察和研究，并于1985年完成了《中国农业气候资源和农业气候区划》，基本上摸清了光、热、水等气候资源要素的分布特点和区域差异，为发展农业生产、制订农业区划提供了气候资源方面的科学依据。农业和气象部门对各种作物和耕作制度进行了农业气象、气候分析，对主要栽培作物种类和品种进行了农业气象鉴定，提出了农业气象指标，为作物布局、引种改制等农业措施提供了科学依据。

同时，在农业防灾抗灾中，广泛展开了旱涝、低温冷害的成因分析、危害类型、生理机制和气候特征等方面的研究，提出了许多行之有效的防御措施。特别是20世纪90年代中后期，随着设施农业在我国的兴起，塑料薄膜覆盖、塑料大棚、玻璃调温调光温室、喷灌、滴灌等在我国逐步推广，使我国在充分利用农业气候资源并对微域农业小气候的调控和农业抗御灾害等方面有了明显的提高。目前在我国广泛采用的地膜栽培，已从最初的以经济作物为主逐步普及到大田作物，面积迅速扩大。对农业节水抗旱、保水保墒、增产增收起到了巨大作用。

我国农业气候资源利用还存在一些问题，主要表现在以下几方面。

(1)农业中除种植业外的其他部门，如林、牧、渔等行业对气候资源利用很不充分，表现出农业内部对气候资源利用的不平衡性；在种植业内部，对农业气候的分析和研究往往比较强调光、热资源利用，而对其他气候因子有所忽视。

(2)一些地区在土地利用和农业发展规划上，未能科学地分析当地农业气候资源的特征，充分发挥本地农业气候资源的优势。

(3)在农业资源的综合开发上，比较重视经济效益和社会效益，对维护和改善农业气候资源则重视不够，并对农业资源综合开发对生态系统平衡的影响及这种影响是否导致气候环境恶化、气候资源衰退等缺乏科学的分析和认真的研究，对气候影响生态环境的问题也不够重视。

(4)防御气候灾害方面的工作比较薄弱，防御气候灾害的能力尚比较低，而且在防御气候灾害方面比较重视工程措施，对生物措施和农艺措施抗灾保产方面的作用及研究重视不够。对用改善生态的方法来防御和化解气候灾害方面还缺乏系统的研究和长期的规划。

### 4.4.2　农业气候资源的开发利用和保护

我国在开发利用气候资源方面做了大量的工作，取得了相当明显的成效。但从总体上看，全社会气候资源开发利用的意识还不强；气候资源开发利用水平与社会经济发展的需求不匹配；气候资源开发利用的规模和效益与实际可开发资源量以及其对社会经济可持续发展的潜在贡献率差距较大。为此，必须进一步采取措施，加强气候资源开发利用工作。

(1)加强领导，强化气候资源的管理。气候资源的管理具有多学科、跨部门的特点。涉及气象、海洋、农业、国土、能源、交通、环保、计划等诸多领域和部门，而且涉及如何动员全社会的力量，在统一规划、统一组织、统一布局下合理开发利用气候资源。因此，各级政府有必要进一步加强对这项工作的指导和协调。要通过政府加强管理，增强全社会的气候资源意识，拓宽气候资源的利用领域，提高气候资源的利用率，防止人类活动对气候资源的破坏，努力实现资源、环境和社会经济的可持续发展。

(2)加大投入，提高气候资源开发利用和对气候变化的监测服务能力。气候是一种重要的自然资源，也是极具应用价值的可再生资源。加强气候变化的监测，不断提高气候资源开发利用和气候变化监测、评估和服务能力，对于拓宽资源的利用领域，增强预见性，促进环境、资源、生态与经济的可持续发展有着十分重要的意义。建议国家和各级政府将合理开发利用气候资源纳入社会和国民经济发展规划和计划，加大投入。要充分利用和发挥我国已有的大气、海洋、陆地、生态等观测系统的作用，通过整合和完善，建立现代化的气候资源变化监测网络系统，加强气候资源影响评估系统和气候数值模式系统的建设，全面开展动态的气候区划分析业务和气候影响评估业务，建立气候资源开发利用的经济和生态评价指标体系，对气候资源敏感的开发利用工程开展气候可行性论证和效益评价工作。

(3)健全制度，促进气候资源的开发利用。要进一步促进气候资源的开发利用，必须进一步健全法律法规，要制定鼓励合理开发利用太阳能、风能及其他气候资源的法律法规，提供更加优惠的产业政策。在有关政策的制定上，必须统筹兼顾其产业经济效益和生态效益。要建立相关重大工程、重大开发项目的气候可行性论证条例或规范。制定气候系统资料共享的标准、政策和法规，保障全社会气候系统观测资料和信息的共享。

(4)加强合作，不断提高我国气候资源开发利用科技水平，要加强农业、生态环境、城市发展、经济建设等方面气候资源总体承载能力的研究，深入分析研究其变化对环境、生态和社会经济系统可能产生的影响，积极开展气候资源变化的研究，研究开发有利于环境、资源、生态与经济可持续发展产业布局和发展模式，并注意从战略的高度研究应对气候资源变化的中长期行动策略和计划。大力开发和改进气候能源(太阳能、风能)利用技术，不断研制气候能源高效利用和经济实用的产品。

### 4.4.3 正确认识和评价农业气候资源是合理开发气候资源的前提

合理开发利用农业气候资源，首先在生产实践中应对各类农业资源考察和区划。通过综合考察和评价，查明各地气候资源的分布状况及光、热、水等资源的变化和组合规律，在此基础上进行农业气候资源的可利用性分析，确定区域农业气候特征与开发利用方向。遵循客观规律布局农业生产，提高资源的利用效益，减少盲目性（吕厚荃 等，2011）。

### 4.4.4 因地制宜、扬长避短、发挥优势是合理利用农业气候资源的根本原则

不同作物要求的适宜农业气候条件不同，这是不以主观意志为转移的客观规律。在目前科学技术和生产力水平条件下，还不能在较大范围和规模上改变农业气候条件，人们只能在掌握气候规律的基础上，科学地适应气候资源条件，不断挖掘气候资源潜力。农业经营决策必须遵循自然规律和经济规律，因地因作物布局农业生产，既要考虑经济方面的需要，又要考虑实际条件方面的可行性，以最适宜的作物适应当地气候，方能达到发挥气候资源优势的目的。

因此，在全国大区域合理利用农业气候资源时应注意以下几点：

（1）东部季风区光、热、水配合较好，是全国气候生产能力最高的地区，特别是占有较大面积而尚未合理开发利用的亚热带丘陵地区以及产量基数低而光温条件好的黄淮海地区，发展潜力较大。利用改造难度小而见效快，应为今后农业发展战略重点地区之一。在东部地区应重点进行种植制度的改革，提高复种指数和建立高产优质的粮、棉、油、果、林的商品基地。在东部季风区气候资源的利用上应特别注意利用雨热同季优势发展喜温高产作物，大力开发亚热带山区气候资源，发展多种经营。在华南冬暖区建立“南种北运”的冬季蔬菜基地。在海南岛和西双版纳地区大力发展热带作物，使东部季风区的气候资源优势转化为农产品优势。

（2）西北干旱区降水分布极不平衡，水资源有限，干旱严重，大面积土地资源开发利用受到限制，因此在农业气候资源的利用上应注意如下几方面。

①以水资源的多少确定农业开发规模的大小，千方百计提高水的利用效率，以提高农业生产对光温的利用率，使单产进一步提高。

②进行太阳能和风能的开发利用。西北干旱区有非常丰富的太阳能和风能，而本区的能源相对较短缺，特别是生活用能紧张，应加强研究，逐步推广太阳能和风能发电、供热等较成熟的技术。

③发挥气候资源优势，根据新疆地域辽阔、绿洲分割、运输距离长、交通不便的特点，在新疆绿洲农业上应以发展名、贵、特的农产品商品，并合理完善农副产品的加工、贮藏、运输等环节。

④在西北干旱区发展季节性畜牧业，利用夏季较好的水热气候资源快速育肥牲

畜，在冬季到来前屠宰作为商品肉类，以扬“夏饱、秋肥”之长，避“冬瘦、春死”之短。

⑤在农牧交错区适宜经营放牧和家饲的牧业联合方式，利用干旱、半干旱地区的天然牧场进行粗育，长大后转移到农区进行育肥，既解决了西北干旱区牲畜越冬问题，也为农区粮食就地转化提供了一条新途径。

(3)青藏高寒气候区空气稀薄，热量资源少，温度低，日辐射很强，降水不多，形成了特殊的生态环境。本区农业气候资源的利用上首先必须充分考虑其特殊的生态环境，以不破坏本来就较脆弱的自然生态为前提，发挥其在物种保存和生物多样性方面的优势，集中发展一些适应本区气候的种植业和畜牧业。其次，云南和藏南处于低纬度且地形复杂，高低悬殊，立体气候明显，在垂直方向上具有好几个气候带特征，适宜建成地理播种、移栽的科学场所。第三，本区的农业生产所占比例不大，应因地制宜地发展，以提高产量和质量为主，不适宜大规模扩大面积，应发展一些喜凉耐寒的作物品种。

### 4.4.5　调节、控制和改良农田小气候是科学利用农业气候资源的有效手段

人们通过长期的科学试验和生产实践，在开发利用农业气候资源方面创造和积累了丰富的经验。调节、控制和改良农田小气候的能力已成为衡量农业现代化水平的重要标志之一。通过调控和改良农田小气候，可以提高作物光合利用率；可以调节土壤和近地层温度，改善农田热量状况，延长作物生长季，结合选育抗寒品种，使作物栽培向寒冷地区推移，可以减少土坡水分蒸发，改善土坡水分状况。在干旱地区或干旱季节进行生产，可以通过保护栽培，改变作物生育环境的光质、光量及二氧化碳的浓度，提高光合利用率。可按需要调控小气候，使部分经济作物和大田育苗向工厂化发展。

目前采用的调控和改良农田小气候的主要措施有：

①调节农田植被结构，改善通风透光条件，提高光合利用率。如高产作物群体结构向植株矮化方向发展；农田的间套、复种等。

②发展覆盖保护地栽培（如温室、塑料大棚等），并向大型化发展，有效地调控小气候。目前发展的有色薄膜、无架充气薄膜、有孔薄膜及二氧化碳施肥等。

③营造农田防护林，这是在较大范围内调控和改良农田小气候、防御自然灾害的积极有效措施。防护林的防护范围一般为树高的 25～30 倍。

### 4.4.6　提高复种指数，挖掘品种资源和气候资源潜力

我国有一年一熟、二年三熟、一年二熟、一年三熟等不同熟制，这是由多种因素造成的。其中气候因素起关键的作用。在目前科学技术和生产力水平下，在当地气候资源及其他自然和经济因素允许的范围内，尽量提高复种指数，选择适宜的播期、种植密度、品种和耕作制度等，是充分利用农业气候资源的有效、简便、易行的措施。

要注重不断挖掘品种资源和气候资源的潜力。栽种和培育适宜当地气候资源的作物品种,能够较充分发挥当地气候资源及品种资源的生产潜力,提高农作物产量。因此,除努力选育适宜当地的作物品种外,还要积极引进与本地区农业气候条件相似地区的国内外优良品种。

### 4.4.7 努力提高对不利气候条件的抗御能力

我国由于不利气候因素造成减产的现象比较严重。因此,提高农作物对不利气候条件的抗御能力,也是农业增产的重要有效途径。通过引种改制、科学栽培管理等措施,提高作物对不利气候因素的抗性。

(1)对某种或某几种气候因子过量时的抗性

气候因子过量一般出现在气候因素最高年值的年份或时段,如高温、降水过大、强日照等。

(2)对某种或某几种气候因子不足时的抗性

一般出现在最低值出现的年份或时段。如低温、寡照、降水不足等。

(3)对气候环境剧烈突变的抗性

如霜冻、冰雹、风灾等。

提高对不利气候的抗性,第一,要维护和改善农业气候环境,营造防护林,大力种草种树,扩大植被,改善生态环境,养护和改善气候资源。第二,要加强农业气象预报,准确、及时、针对性强的天气预报是抗御自然灾害、科学利用气候资源的重要保证措施。目前国际上农业气象预报的动向是以气候资源分析为背景,走向天气-产量预报模式化。第三,要选取培育抗逆性强的品种,加强科学栽培管理。

### 4.4.8 保护和改善气候环境,是经常性的战略任务

合理利用气候资源,要从国民经济的整体出发,以生态系统观点为指导,发挥气候资源优势,既要注意经济效益,又要注重生态效益,实现生态系统稳定的良性循环。不能单从本部门的局部利益出发,只着眼当前的气候资源利用,还要把保护和改善气候环境作为一切生产部门经常性的任务。更应兼顾长远的气候资源达到永续利用的根本目的,使气候资源更好地为我国农业生产创造更多的财富,让人类生存的环境越来越好。

# 第 5 章　生物资源高效利用

我国有许多世界独特的自然条件和资源，如青藏高原号称地球的“第三极”和“世界屋脊”，具有独特的岩石圈结构及生态环境，并且其对全球气候也有显著影响；东部濒临太平洋成矿带的构造运动和成矿条件也独具特色；西北部黄土高原黄土覆盖面之大，黄河泥沙含量之高举世闻名；我国还是板块内部地震活动性强的国家之一，历史地震资料甚多；我国海相碳酸盐岩覆盖区也很宽广，世界上许多大油田都与此类地层有关，但我国的碳酸盐岩经过后期构造运动改造，在这类地层中找油、气的问题一直未能解决；我国各个时代的地层都有，而且有些比较完整，化石丰富，陨石也不少。所有这些资源，均给我国地球科学研究带来便利和特色。

## 5.1　生物资源的利用

生物资源是指能为人类生活直接或间接地提供原料、食品及其他利益的生物的总称，是一种可更新资源，包括各种动物、植物、微生物，是自然环境的有机组成部分，是自然历史的产物。它们有生命，能根据自身的遗传特点不断地繁衍后代，具有更新和再生的能力。生物资源通常包括植物资源和动物资源。植物资源按照其外貌特征和环境的不同，又可以划分为森林资源、草场资源、水生植物资源及栽培植物资源；动物资源又可划分为森林动物、草原动物、水生动物和家禽家畜等资源。

生物资源是以物种的形式存在的。目前地球上大约有 1000 万个物种，高等植物有 23 万多种，我国拥有高等植物 27000 余种，常见的栽培植物有百余种，主要粮食作物有 20 多种。在动物资源中，我国陆生脊椎动物有 156 科 714 属 2100 多种，鱼类中海生的有 1500 多种，江河湖泊淡水生的有 700 多种。

我国生物资源丰富，发展潜力大，但开发利用差。有些生物品种原为我国特有，而国际市场却被别人占领；有些品种无论单产或是总产或栽培历史原来都是独占鳌头，现在却退居其后，这应引起我们的深思。在今后农业资源的研究中，对生物资源的研究应给予重视和适当的倾斜。对于一个区域的生物资源优势，应通过全方位、全过程的研究，开发利用，形成规模产业，占领市场，取得经济、社会、生态效益。加强生物资源的研究与开发应成为今后我国农业资源研究的重点。

农业生产的对象是生物生产，是人们利用生物的生命活动，将太阳能和农业自然资源进行直接和间接的积累、转化和利用，提供人们所需的各种农、畜、水产品。因此，农业生产是以生物资源为中心，农业生产系统的各组成要素又可各自形成一个子系统，如农田生态系统、草地生态系统、水域生态系统以及森林、野生动植物生态系统等，相应形成了种植业、畜牧业、水产业等大农业的生产。此外，微生物在农业生态系统中对物质的循环、能量的转化起着非常重要的作用，也是一项重要的生物资源。我国地域辽阔，生态条件复杂多样，生物资源丰富多彩，本章主要介绍生物资源中的种植业、畜牧业、水产业等各项资源的结构、分布特点和合理开发利用（梁存柱 等，2016）。

### 5.1.1 种植业资源的结构、分布特点及利用

我国现有耕地 20.83 亿亩，人均不足 2 亩，我国从南到北，跨热带、亚热带、暖温带、中温带和寒温带，气候条件复杂，适宜多种农作物的生长，有着极丰富的种植业资源。种植业是人类社会赖以生存的最基本的产业部门，种植业生产一般是指粮、棉、油、糖、麻、烟、茶、桑、果、菜、药、杂类作物等生产。这些农产品不仅是人类的能量来源，而且也是动物的能量来源，通过人类、动物和微生物利用、消耗、循环、运转，其生产过程连续不断。

#### 5.1.1.1 种植业资源概况

我国国民经济快速发展，城市化进程不断加快，工业化水平不断提高，随之带来的是人口的剧增与对资源消耗的加剧，更加助长了资源短缺与需求量不断增加的矛盾。比如耕地资源的主要矛盾是总量和质量不足，由于全球变暖、气象灾害和病虫害发生频繁且严重，加剧了对种植业生产的影响。

种植业生产是由多种农作物生产组成的综合体，其内部的各种作物之间呈现出复杂的相互作用关系，种植业的发展受到种植业内部作物结构、比例的影响，还受到生产要素如化肥、农药、农机、农膜、排灌及良种等的制约。

我国种植业由三大类作物组成：第一类是粮食作物，包括稻谷、小麦、玉米、薯类、豆类及其他杂粮；第二类是经济作物，包括棉花、油料作物、麻类作物、糖类作物及烟草、桑、茶、果等；第三类是其他作物，包括蔬菜、饲料及绿肥等。我国种植业生产的结构是以粮食作物生产为主体，围绕粮食作物、经济作物和其他作物三大门类进行安排，重点在于粮食作物和经济作物比例的合理安排，各类作物之间又呈现出相互依赖、相互制约、不可分割的关系。我国最突出的问题是地少人多，耕地极为有限，根据国家统计局数据显示：2021 年我国粮食播种面积为 1.18 亿 $hm^2$，产量为 6.83 亿 t。如果粮食作物种植面积过大，会限制经济作物的发展，使得粮食作物和经济作物之间面积的调整余地较小。新中国成立初期以后，粮食作物的种植面积占总播种面积的比例呈下降趋势，经济作物的播种面积总体呈上升趋势。我国种植业的发展，按照“决不放松粮食生产，积极开展多种经营”的方针和“因地制宜，发挥优势，扬长避短，

趋利避害”的原则，各种植区在结构、布局的调整上都取得了显著成绩，经济作物的占比上长较快，棉、糖、油料作物的面积有了较大增长，促进了农业综合生产力的提高。

我国的国情决定了种植业生产结构，在今后一段时间内，粮食作物、经济作物和其他作物之间的比例关系仍将保持在接近 8∶1∶1 的水平上。近几年的调整，使经济作物占比明显上升，各种主要经济作物总产量和单位面积产量大幅度上升。但经济作物的增长发展也要受到粮食作物的制约，还要受到消费、流通渠道、加工能力的约束等，经济作物比例也不能过度增大，发展过程中需考虑经济规律和价格政策的作用。在粮食作物和经济作物争地矛盾突出的情况下，要根据需要和可能合理安排相应的种植面积，把各类作物放在最适宜的种植区域和种植季节，使之相互协调，相互促进，全面发展。

#### 5.1.1.2　种植业生产的特点

(1)人多耕地少，继承和发扬了精耕细作的优良传统

我国人均耕地只有世界上人均耕地面积的 1/4～1/3，农村劳动力资源又极为丰富，发展种植业生产应走集约种植、精耕细作、科学管理、提高单产的路子。精耕细作是我国农业生产的优良传统，但广大农业科技人员在吸收传统的同时，应结合现代科学技术，从选育良种、因土种植、合理施肥、防治病虫害等方面形成了一套主要农作物高产稳产和低成本的综合栽培技术措施。通过精耕细作，可以发挥土地的增产潜力。

(2)地域辽阔，农作物种类繁多，品种资源丰富

我国东南部属湿润、半湿润区，雨热同季，适宜于大量作物的生长，是农业集中的富饶区域；而在西北部，属干旱、半干旱区，由于雨量较小，水土流失较为严重，农业生产相对较为落后，但适宜畜牧业的发展。我国的种子植物有 2700 属 3 万多种之多，世界上有被子植物的木本属有 95% 在我国可以见到。我国是多种大田作物(如稻、粟、荞麦、大豆、小豆及豇豆等)的起源地之一。据 1979 年的统计，我国保存有大田粮食作物 43 种，品种资源 30 万份左右。经济作物及果类方面有茶、桑、苎麻、柑橘、荔枝、梨、枣、杏、李、板栗、樱桃、山楂、杨梅、猕猴桃等；还有许多蔬菜品种、药用植物都起源于我国。此外，还从国外引进一些农作物品种，加之我国不断培育的新品种，这极大地丰富了我国的种植业品种资源。

(3)有多种形式的间、套、复种、轮作制度

我国目前各地的耕作制度类型主要有以下 4 种：①南方稻区水旱轮作复种制。由于各地生长条件不同，水旱轮作方式也不一样，一般有麦稻、油稻三熟复种轮作，稻棉、稻薯、稻蔗轮作，水稻花生轮作等。除了实行年间水旱轮作复种外，还有年内水旱换茬，如春生晚稻，双季稻等。②北方棉、麦换茬轮作和麦田的间、套、复种耕作制。华北平原一带是我国小麦、玉米、大豆、棉花的集中产区，光热资源可满足一年两熟或三熟，通常采用春玉米间作大豆(第一年)，冬小麦套种夏玉米，再间作夏大豆(第二年)；冬小麦后复种夏玉米或夏大豆，次年再与棉花地换茬轮作；谷子、大豆间套作；花

生、甘薯、土豆间作玉米，花生间作芝麻，高粱间作黑豆等。其目的在于经济利用空间、土地和光能。

### 5.1.2 种植业的区域分布特点

#### 5.1.2.1 粮食作物的分布特点

我国粮食作物多种多样，有些作物几乎遍及全国。但由于各类作物所具有的生态适应性，形成了各类作物的主产区。我国粮食生产是以地方性自给为主，尽力避免远距离大调大运。

(1)水稻

水稻是我国最重要的粮食作物之一，种植面积占粮食作物面积的近1/3。由于水热条件的差异，分布特点是南方多而集中，北方少而分散。根据全国稻作区域的自然条件、品种类型分布，以种植制度的地带性为基础，积温作为分带的重要指标，我国划分为6个稻作带：①华南双季稻作带，包括华南各省的大部分地区，种植制度以双季稻连作为主；栽培品种以籼稻为主。②华中单双季稻作带，这是全国最大的稻作带，单产最高，总产也最多，位于秦岭—淮河以南，成都平原以东，种植制度分为两种情况，江南稻区多为一年三熟制，江北稻区多为一年稻麦两熟制；栽培品种以籼稻占多数，太湖平原的单季稻和双季后季稻又以粳稻为主。③华北单季稻作带，位于秦岭—淮河以北，长城以南，种植制度多为单季稻和一年稻麦两熟；品种以中粳稻为主，搭配中籼、杂交稻和糯稻。④东北早熟稻作带，位于长城以北、大兴安岭以东，均为一年一熟制栽培。③西北干燥区稻作带，位于大兴安岭以西，长城、祁连山以北；栽培制度为一年一熟制；通常采用耐旱性较强的早粳品种。⑥西南高原稻作带，位于我国大陆西南部，品种资源丰富是本稻作区的特色；种植制度较为复杂，主要是单季稻，海拔1800 m以上种粳稻，海拔1400 m以下种籼稻。

(2)小麦

我国的小麦栽培几乎遍及全国，种植面积仅次于水稻。小麦适应性强、分布广，根据各地自然条件和小麦品种类型、生产技术特点，小麦划分为8个产区。即黄淮平原麦区、北部麦区、西北麦区、东北麦区、长江中下游麦区、长江上游麦区、华南麦区、西藏高原麦区。小麦是北方的主要高产稳产作物，但北方冬小麦区需适当调减一部分晚熟低产麦田；南方冬小麦区在基本稳定面积的条件下，局部地区要适当调减；我国的春小麦区产量差异大，有相当部分单产较低，随着种植技术水平的提高，春麦区还有发展潜力，可逐步扩大春小麦的生产。

(3)玉米

玉米是我国北方和西南山区的主要粮食作物之一，同时也是发展畜牧业的重要饲料和食品工业原料。玉米是粮食作物中仅次于水稻、小麦的第三大作物。玉米从南美引进我国400多年来，发展极快，比较集中分布在从东北地区沿辽河、冀北、晋东南、陕南、豫西、鄂北、四川盆地四周及黔、桂西部，直到滇西南，呈东北—西南走向的半山丘陵地带。玉米是一种高产作物，间、套、复种是我国玉米栽培的主要特点。根据自然生态和间套复种种植制度的不同特点，玉米划分为 6 个区，其中前 3 个为主产区，后 3 个为副产区，即北方春玉米区、黄淮海套复夏玉米区、西南山地套种玉米区、南方丘陵玉米区、西北灌溉玉米区、青藏高原玉米区。

(4)甘薯、高粱、谷子

甘薯原产于南美，传入我国后，因适应性强，几乎遍及全国。按气候条件、栽种时间、耕作制度的不同，甘薯分为东北春薯区，北方春、夏薯区，南方夏薯区及华南秋、冬薯区 4 个区域。高粱分为春播早熟高粱区、春播晚熟高粱区、春夏兼播高粱区及南方高粱区 4 个区域。谷子分为东北平原区、华北平原区、内蒙古高原区及黄土高原区 4 个区域。

除以上粮食作物外，我国还有许多传统粮食作物，如大豆、大麦等，在当地的生态条件下，在漫长的系统发育过程中形成了适合某些特殊条件的特性，成为地方性作物。

#### 5.1.2.2　大田经济作物的分布特点

棉、麻、油、糖、烟是我国主要的大田经济作物，其中又以油料作物在近年的发展最快、面积最大、分布最广，约占经济作物总播种面积的 1/2；棉花次之，约占 1/3；糖料作物居于第三。大田经济作物既有商品性生产，又有自给性生产；其分布既有主产区，又有广泛的分散产区；随着经济作物生产水平的提高和经济的发展，集中产区的规模会逐步扩大，因集中产区不仅产量高，而且商品率也高。大田经济作物需在适宜产区尽量集中，尽快扭转过于分散、商品率低的局面。

(1)棉花

棉花是我国主要经济作物之一，原产于热带、亚热带。由南向北，我国有五大棉区：长江流域棉区是全国五大棉区棉花单产最高的主产区，面积约为 206 万 $hm^2$，占全国棉田的 42%左右，本区大多实行粮与棉套种，一年两熟，适宜栽培中熟陆地棉；黄河流域棉区，是全国面积最大的主产区，本区植棉以一年一熟为主，适于种植中早熟陆地棉；西北内陆棉区，虽种植面积小，但此区种植历史悠久，大有开发前途，可种植中早熟海岛棉；北部特早熟棉区，本区热量条件差，产量低，通常为一年一熟，棉田均为一年一熟，可种植特早熟陆地棉；华南棉区，本区位于南岭以南，棉花生长季高温高湿，病虫害严重，不利于棉花产量和品质的提高。

(2)油料作物

我国栽培的油料作物种类很多，如油菜、花生、芝麻、胡麻、向日葵、苏子、红花、油莎豆等，但前 3 种作物的种植面积大，总产量高。其中油菜的栽培面积超过油料作物总面积的 1/3，在植物油的生产中占首位。

我国是白菜类型和芥菜类型油菜的原产地之一，油菜适宜性广，有冬、春油菜之分，我国油菜生产以冬油菜为主。冬油菜区分布以长江流域为中心，包括华北长城以南、黄河中下游地区、长江中下游地区、四川盆地、云贵高原、华南沿海诸省、陕西关中平原、渭北高原及新疆南部地区。面积约占全国油菜面积的85%，产量占总产量的90%左右。春油菜主要分布在气候寒冷、油菜不能安全越冬的西北高原、青藏高原、华北长城一带及东北地区。

在我国不同的自然生态区域内，花生的生态类型多种多样，分布较为广泛。花生的种植面积约为302万$hm^2$，按我国各地的地理、气候、栽培制度及品种类型、特点，可大致分为以下几个区域：即黄河流域花生区、长江流域花生区、东南沿海花生区、云贵高原花生区、东北花生区及西北花生区。

我国糖类作物一是甘蔗、二是甜菜。甘蔗的种植主要集中在北回归线以南的热带及南亚热带的福建、广东、广西、台湾，其次是云南、四川、江西、贵州、湖南等省，划分的三大蔗区是：华南蔗区、华中蔗区、西南蔗区。甜菜与喜温的甘蔗相反，耐低温、耐旱，是长日照作物，我国有四大甜菜主产区：东北甜菜区、华北甜菜区、西北甜菜区和黄淮平原甜菜区。福建东南沿海和广东省东中部是甘蔗的主产区和高产区；西北甜菜区是我国甜菜产量最高、含糖最高的区域。

(3)烟草

烟草原产于中、南美洲，具有喜温的特点。由于其适应性强，在我国各地广泛栽培，是一种增加农村收入、积累国家建设资金的重要经济作物。种植面积约113万$hm^2$，烟草类型有烤烟、晒烟、晾烟、白肋烟、雪茄烟、香料烟、黄花烟等。根据自然条件，我国烟区划分为黄淮烟区、西南烟区、华南烟区、华中烟区、东北烟区、西北烟区。其中包括河南、山东、河北等省的黄淮烟区，是我国最大烟草产区，以烤烟为主，占全国烤烟面积的一半，其次是包括云南、贵州、四川的西南烟区，是第二大产区，云南烤烟以品质优良而闻名。

### 5.1.3 种植业资源的开发利用

西方发达国家在20世纪60—70年代，将现代科学技术进一步引入农业，用现代工业武装农业，尤其是对现代化农业起支配作用的农业机械、化肥、农药等引入农业后，农业专业化生产得到加强。

新中国成立几十年来，我国的种植业生产发展很快，粮食生产水平得到很大提高，商品量大幅度增长，种植业的基本条件如排灌、农业机械、化肥、农药等也有了明显的改善。农业科学研究和技术的推广促进了种植业的发展，各种农作物育成的新品种达3000多个，其中菜、茶、果等作物品种300多个。这些优良品种在生产中的推广运用，大幅度提高了种植业的水平，但种植业的资源利用中也存在一系列的问题，与世界先进水平相比，仍有较大的差距。要使农业生产有一个更大的发展，有待于进一步合理开发利用种植业资源(徐靖 等，2013)。

#### 5.1.3.1　种植业资源利用中存在的主要问题

(1)主要粮食作物的单产水平和商品率不高

我国主要粮食作物水稻、小麦、玉米、大豆等平均单产与单产最高的一些国家相比,其水平仍然较低。主要原因是低产区所占比较大,如果能对有潜力的低产区或中产区给予一定的扶持,加大投入,花大力气进行整治,则中低产区的粮食作物产量会成倍乃至几倍地增长,如黄淮海旱涝盐碱地带 300 万 $hm^2$ 的盐碱地,一部分通过治理已初见成效,如果加大力度进行综合整治,把着眼点放在提高单产上,充分挖掘单位面积的增产潜力,使该区丰富的气候、土壤、水利资源得到充分的利用,不论单产或是商品率都会大幅度增长。我国能够进入国际市场的主要粮食作物产区在珠江三角洲、闽南三角地区和太湖平原。

(2)主要经济作物的布局还需进一步调整

我国农产品主要出口贸易基地有太湖平原、闽南三角地区和珠江三角洲。目前,我国主要经济作物生产布局不尽合理,种植也不够集中,形成一些零星分散的产区,商品率不高,使最适宜地区的优势不能充分发挥。其原因有几个方面,一是有些经济作物本身布局不合理;二是粮食作物和经济作物争地矛盾突出;三是受当地社会经济技术条件和种植习惯的限制。经济作物的布局受粮食布局的影响和多种综合因素的制约,例如,北方有大面积适宜种花生的沙土,因粮食紧张,只能小面积种植;南方广大丘陵区适宜发展芝麻,由于加工能力不足,优势得不到充分发挥;又如广东、广西、福建适合发展菠萝、香蕉、荔枝、龙眼等,也是由于粮食的制约而难以扩大种植。

(3)种植业生产抵御自然灾害能力低,低产田和旱作农业面积大

我国农业总产值中种植业约占 2/3,畜牧业、渔业等所占比例很小,种植业内一半以上是不灌溉的旱作地,耕作粗放,生产水平低,正是这种不平衡和不稳定阻碍着种植业的发展。我国种植业生产区几乎每年都有自然灾害发生。进一步加强农田基本建设,扩大旱涝保丰收面积,改善种植业的生产条件仍是一项不容忽视的艰巨任务。

(4)部分地区农田生态平衡受到破坏,作物产量低,经济效益差

一些地区农田生态失衡,农、林、牧比例失调,种植业不能为饲养业提供充足的饲料、饲草;饲养业也不能为种植业提供充分的有机肥料,使之饲料、燃料和肥料间的矛盾更加尖锐;用地和养地的脱节,豆科作物比例的下降,使土壤有机质含量下降,地力衰退。随着化肥、农药用量的增加,土壤受污染日趋严重。此外,农业投入不足,加上水土流失严重,也制约着种植业资源优势的发挥。

#### 5.1.3.2　种植业资源开发利用的潜力

2021 年,世界小麦产量排名中,中国以 1.36 亿 t 为产量位居世界第一。单位面积产量为 5810.12 $kg/hm^2$,在全球范围内具有一定领先优势。但是,大豆、玉米的单

产还略低于世界平均水平。由此可见，我国许多农作物的单产潜力还是很大。据近年来的统计，我国的耕地面积中，高、中、低产田的面积大约各占 1/3，中低产田土的面积大、分布广，仅黄淮海平原的盐碱地就超过 333 万 $hm^2$。在南方红黄壤丘陵地带以及西南山区还零星分布有较大量的瘠薄地，若经过综合治理、合理开发利用，单位面积耕地的增产潜力很大。

据研究，全国种植业要素投入对种植业总产值影响排序居首位的是灌溉，对粮食产量贡献排序居首位的是化肥，出现要素排序变化的原因是棉花、蔬菜等经济作物在总产值中的比重较大。水和肥始终是决定作物有无收成和收成多少的关键要素。这两个要素合计对粮食产出的贡献率达 50%左右，我国在化肥的投入量与发达国家有较大差距。从与世界其他国家的对比来看，《中国统计年鉴 2015》给出的数据是，我国单位耕地面积平均施肥量 446 $kg/hm^2$，这一数据是世界平均施肥量 109 $kg/hm^2$ 的 4 倍。

品种资源的潜力很大，良种增产的效果十分明显，推广使用优良品种也是挖掘种植业增产潜力的有效措施之一。几十年来，我国育成的 2000 多个作物新品种在提高农作物产量、质量方面发挥了积极的作用。以杂交优势为例，水稻每公顷增产 1320 kg，玉米每公顷增产 750 kg，小麦每公顷增产 375 kg。据估算，在现有粮食播种面积不变和其他措施配合下，只要普遍更新一次良种，全国一年即可增产粮食 400 亿 kg、棉花 4 亿 kg。专家预测，每次良种更换可增产 10%左右。

5.1.3.3　合理开发利用种植业资源的措施

(1)稳定粮食作物面积，合理安排粮食作物和经济作物的比例

采用合理的耕作制度解决粮食问题一直是我国面临的一项重大任务。从近年来粮食增产的速度与人均占有量和需求量的增长来看，粮食仍处于紧张状态，粮食和经济作物的结构、布局和调整还要考虑战备需要，要考虑一定的贮备。可以根据国家的需要，建立相应规模的商品粮基地。我国增加粮食总产量的途径主要是走提高单位面积产量和适当扩大复种面积的路子。把各种粮食作物按一定比例布局在合理的地域，是提高单产的重要基础。同时，改善粮食作物的品质，逐步提高水稻和豆类作物的比例，恢复一部分谷子、高粱种植，把粮食作物和养地豆科作物适当搭配起来，建立科学的耕作制度，各地充分利用当地的农业资源条件，保证适当的高产作物比例，兼顾经济作物的种植面积，尽可能做到产销平衡、因地制宜、统筹兼顾、全面发展。

采用合理耕作制度要处理好几方面的关系：首先，要处理好地块间作物种植与年度间作物换茬的关系，其次，处理好种植业生产中全局与局部的关系，然后还要处理好发展种植业与多种经营的关系，每个区域具体制度的确定，要根据实际条件灵活变通，耕作制度的改革要在反复研究和不断修正补充下才能不断地完善(卢代富 等，2013)。

(2)不断改善种植业的基本生产条件，促进优势的发挥

加强农业基础设施建设，适当增加投入。种植业基础设施包括良种繁育体系和

农业技术推广体系，这两个体系的建设关系到我国农业技术水平的提高。

适当增加化肥用量，重视科学施肥。化肥在粮食增产中的贡献排第一位，是重要的物质投入，为满足生活水平不断提高、物质需求不断增长的要求，就需要增加化肥的投入，但这种投入的增加并不是同总产值或粮食总产量的增加呈线性关系的，随着耕种时间的延长或其他措施不力，又可能出现化肥投入回报率递减，因而，科学平衡地施肥极为重要。当前需进一步改善化肥的结构，提高复合肥的比例，继续提倡施用有机肥料，持续增进地力，是纠正氮、磷、钾比例失调和弥补化肥供应不足的有效途径。

发展多品种农膜、开发高效低毒农药农膜的使用，能使农作物的适作区向北推移2～3个纬度，并为改革耕作制度、增加复种指数、合理调整农作物布局、充分利用现有耕地资源提供重要条件，开发以植物纤维为原料的农膜，研究改进光质的有色膜，是高效发展种植业的手段之一；农药的使用每年可挽回大量的损失，但农药产品结构不合理，除莠剂少、杀虫剂多，品种不足。应大力发展高效、低毒、安全、经济、使用方便的品种。

改革传统育种技术，不断培育推广使用优良品种，满足种植户对优良品种的要求。不仅高产，还要优质，把推广良种与区域化、规范化、配套化的增产技术结合起来，与现代科学技术和手段结合起来，在扩大良种面积的同时，不断挖掘良种的增产潜力。

(3)大力开展农田水利建设，积极发展农田灌溉

我国的降雨量和地表水分布不均，给农业生产带来较大威胁，在水利设施不很完善的地区，一年之中常呈现旱涝交替发生的局面，在以地面水灌溉为主的农耕地区配套工程不全、管理混乱，灌溉水的有效利用系数极低、浪费惊人。在发展过程中，逐步完善沟渠配套，把新的灌溉技术如喷灌、滴灌、渗灌等逐步运用到生产上，并制定行之有效的节约用水措施，充分挖潜，才能与种植业的高速发展相适应。

(4)拓展农副产品的综合利用

为了充分利用种植业资源，必须拓展农副产品的综合利用，许多农产品都具有多种利用价值，如棉花就是一种纤维、油脂、蛋白质兼产的多用作物，其主、副产品的加工利用途径很多，综合利用的价值大；再如玉米、油菜、甘蔗等，除食用外，还可加工一系列的副产品，因此，应对大部分的农产品进行加工、精制、重复利用，充分发挥其经济效益，改变单纯出售原材料的状况。各地区在种植业的发展过程中，要广开门路，发展多种经营。如一些山货野果不耐贮藏和运输，经加工后，提高了产品的附加值；又如甘蔗制糖后，其副产品还可以酿酒、制造人造丝、纸板等，蔗渣和废糖蜜可以利用，国内外正朝着综合生产多种产品的方向发展。许多作物全身都是宝，在有条件的地方也可创办一些农副产品加工厂，为农村多种经营广开门路。

(5)推广运用新的科学研究成果，增强农业发展后劲

我国种植业的技术改造有自身的特点，既发扬传统农业精耕细作、节能低耗、保

持生态平衡的优点，又在各方面吸收现代技术和先进管理方法。在种植业中日益广泛有效地采用先进的科学技术，把各项技术经济指标提高到全新的水平，是保证种植业现代化的根本途径。今后的农业增产、增收中将更多地依赖技术进步，所以要着重研究不同类型地区主要农作物的生态适应性、产量形成及其调节控制的规律、田间诊断技术，注意发展节水灌溉技术和科学施肥技术，逐步建立与农业机械化相适应、保证稳产高产和提高劳动生产率、降低物质消耗的耕作栽培体系，实行科学种田、合理布局、集约经营，利用丰富多样的作物品种资源，既生产出多种多样的农产品，又增加经济收入，以适应种植业生产日益迅速发展的需要(陈燕娟，2010)。

(6)发挥农业资源优势，建设绿色生态型循环经济

一要保护农业环境。提倡施用沼渣、沼液，施用经过充分腐熟的有机肥，大力推广秸秆过腹还田、秸秆覆盖技术，改善土壤质地，提高农产品品质；推广测土配方施肥，提高肥料利用率，氮、磷、钾按比例配方施用，减少对环境的污染，提高农产品品质，保证增产增收。二要严禁使用剧毒农药，尽量使用高效低残留农药，减轻农药污染；科学防治植物病虫害，提倡以虫治虫、以菌抑菌，运用生物防治技术。三要防止白色污染，大力提倡农膜、地膜反复多次利用，最后回收作为再生资源；微膜尽量捡完收净，集中进行无害化处理或销毁。四要建设绿色无公害农产品生产基地，不断提高绿色无公害农产品的生产技术水平，建立无公害粮油、水果、蔬菜等基地，增强农产品竞争力，增加农民收入。五要利用稻田养鱼、养鸭，水旱轮作，推广粮粮、粮经、粮饲等种植模式，提高土地综合利用率，以获得最大的经济效益和生态效应(白蕴芳 等，2010)。

## 5.2 草地资源的利用

### 5.2.1 草地资源的特点与类型

草地是指草类和其他生物的土地构成的综合自然体。草地包括天然草地和栽培草地，前者是自然形成的，后者是人工建成的。草地是地球上一项巨大的自然资源，它既是人类发展畜牧业的基地，也是稳定地球陆地环境的重要条件。草地与人类生活的关系非常密切，我国草地面积近 4 亿 $hm^2$，它通过家畜为人类提供乳、肉、脂肪、毛皮及其他物质；还为人们提供旅游观光、运动及娱乐场地，同时也为人类保持一个良好的生存环境。

#### 5.2.1.1 草地资源的特点

草地资源是一种生物资源，具有可再生性，有如下基本特点。

(1)草地资源分布范围广

世界草地资源在各大洲的分布不平衡，非洲、亚洲、拉丁美洲和大洋洲所占比例较大，欧洲最小。草本植物通过长期的自然选择过程，具有很强的适应性和抗逆性，

因而其分布极为广泛，跨越多种水平气候区和垂直气候带。在陆地生态系统中，它往往伴随着植物群落演替的全过程，它既是裸地的最早入侵者，又是演替顶级阶段陆地生态系统中植物群落的重要组成部分，因而不仅是分布广，而且资源量也十分可观。世界陆地面积 134 亿 $hm^2$ 中，草地面积约 29 亿 $hm^2$，约占世界陆地面积的 21.6%，约为农业用地的 2 倍。

(2)草地资源的地域性差异

自然条件的地域分异规律决定了草地资源类型分布具有地域性，如在我国南方的热带地区、北方的干旱地区、新疆的荒漠地区以及青藏高原的高寒地区所形成的草地资源，在类型上存在很大的差异，即使在同一地区，由于海拔、坡度、坡向等不同，草地资源的数量、品质、组合特征和生产性能也明显不同，这就决定了草地资源在利用形式上的多种多样。

如果从全球来看，北美草原典型的类型是普列利草原。其分布从加拿大南部经美国直到墨西哥北部。美国的普列利草原以 100°W 为界，此线以东为高草区，主要的禾草为须芒草；此线以西为短草区，主要草种有野牛草、格拉马草等；此线左右为混合普列利草原，高草和短草兼有之。欧洲草原面积约 8278.3 万 $hm^2$，主要分布在东欧平原的南部，以禾本科植物为主。南乌克兰、北克里木、下伏尔加等地属于干草原，植被稀疏，除针茅属、羊茅属植物以外，还有蒿属、冰草属植物。亚洲草原面积为 75944.5 万 $hm^2$，主要分布在中哈萨克斯坦、蒙古国和我国的西北、内蒙古、东北大平原北部。自然植被主要是丛生禾草(针茅、羊茅、隐子草)等组成的温带草原，并混生多种双子叶杂类草。

(3)草地资源数量的有限性和草地生态系统的脆弱性

在一定的社会经济基础和技术条件下，人们能够利用草地资源的范围、类型和手段是有限的，当然，人们也可以通过植草、培育良种草而提高光能利用率和改善草地生产条件来增加与提高草地资源的数量与质量。草地资源在自然与人为因素的参与下不断进行新陈代谢，草地资源的质量和数量都处于一种动态的变化之中。人们合理地利用，能使草地资源的数量与质量都得到提高；相反，人类的干预不当或对草地的利用超过草地生态系统弹性很小的阈值，就会导致草地生态系统的破坏，高产草地也会变成低产草地。如现在全球性的草地退化现象，主要就是由于人类过度放牧引起的。

(4)草地生产力在时间顺序上的不稳定性

草地生产力是指单位面积草地在单位时间内(通常以年或日计算)生产的有机物质的量。不同的草地生态系统类型生产力的水平即草本植物生长的质和量是不同的，要受到气候节律变化的影响，其生产量具有节律性变化。以杂草为主的森林草原，通常夏季饲草贮量最高，其次是秋季，而冬季和春季一般相对较低；若以禾草、半灌木为主的干旱草原和荒漠草原，则是秋季贮量最高，如以此时的生产力作为 100%，则夏季为 90%～85%，冬季为 65%～60%，春季为 45%～40%。在不同季节，牧草的品种和营养成分也有较大差异。

#### 5.2.1.2　草地资源的基本功能

(1)生产功能

草地资源是畜牧业生产的物质基础。尤其是饲草具有较高的营养价值，是食草动物的食物，虽然有些食肉动物并不直接利用草地资源，但在整个食物链中，草地资源是基础。草地资源的利用有两种方式，一是放牧利用，二是割草利用。人类虽没有直接利用大部分草地资源，但却通过各种产业部门间接地获得各种所需产品。大力发展畜牧业生产，草地资源的生产功能是不容忽视的。

(2)防护功能

草地资源是一种生物资源，有独特的生态系统，还具有调节气候、防风固沙、涵养水源、保持水土等防护功能。据测定，在草地上夏季能降温 3～5 ℃，冬季则能增温 6～6.5 ℃；草地的温度一般比裸地高 5%～18%。草可以降低风速，草本植物对地面的覆盖还能防止沙丘的移动；草本植物发达的根系对土壤有较高的吸附保持能力，对防止水土流失有一定的效果，所以植草也是建立绿色防护工程的重要组成部分。

(3)环境功能

绿色草本植物可以美化环境、净化空气、防止公害，植草是维护和改善人类生存环境的重要手段。据计算，每人若有 25 $m^2$的草地，就可使每昼夜呼出的二氧化碳全部还原为氧气；若与灌木、乔木等组成防护带，可减轻噪声 10～15 dB；草地的含尘量也大幅度低于裸地。因而，城市中建设草地、草坪是改善环境的重要内容之一。

#### 5.2.1.3　草地资源的类型

我国草地分布在广阔的领域内，受自然条件和经济活动的综合影响，繁多的植物种类组成复杂多样的草地类型。通常有森林草原、荒漠、草丛、草甸以及沼泽等类型。一般形成大面积天然草地的地区，多具有地处内陆、地势高寒、生长季短、气候干旱、温度变化剧烈或土壤肥力条件差等特点。这些地区不适宜耕作和生态系统的进一步演替，禾本科草类往往是其演替的顶级群落。

(1)草原草地

草原是大面积保持着草本植物或灌木植被的地区，草原、草场是草地的同义词，但又有其区别：草场是指草地的利用形式，而草原是指在温带气候条件下形成的以旱生禾本科草本为主的一种植被类型。根据草原的植被、地形、气候、土壤、水分等条件，以及草原植被的经济价值，可将草原分为四类。

①草甸草原：出现在森林附近，是在雨水适中、气候适宜的条件下形成的，其植被类型主要由旱生的、多年生丛生禾草及根茎性禾草占优势所构成的草原植被，通常牧草发育茂盛、产草量高、质量良好，是我国主要的天然割草场和放牧场。

②干旱草原：具有广阔开朗的景观，植被具有均匀一致性，是在半干旱气候条件

下形成的，植被主要是旱生的，多年生丛生草本植物占优势，混生一定数量的旱生小灌木；分布广、面积大，约占草原面积的 45%，也是优良的天然牧场，其生产力略低于草甸草原。

③荒漠草原：这是在干旱的气候条件下形成的，植物具有明显的旱生特征，是以非常稀疏的真旱生的多年生草本植物为主，并混有大量旱生小半灌木组成的植被类型；生产力低，产草量不稳定，面积约占草原面积的 36%。

④高寒草原：在青藏高原东北部海拔 4000 m 以上的地区多有发育，是在寒冷干燥的气候条件下形成的，以寒旱生多年生丛生禾草为主要成分，混生垫状植物、匍匐状植物和高寒灌丛，多数为高寒特有种；产草量不高，主要为夏季牧场。

(2)草山与草坡

主要分布在我国南方亚热带的常绿或落叶阔叶林区以及热带的季雨林区，面积约 6000 万 $hm^2$，由于自然条件较好，水热资源较为丰富，雨热同期，年降雨量 800～1500 mm，特别有利于牧草的生长，牧草覆盖率 80%～90%；山丘草丛主要由喜温热的多年生草本植物为优势组成，经常伴有喜光性的灌木和稀疏的乔木；山丘草丛产量高，鲜草产量一般为每公顷 3750～7500 kg；牧草种类多，生长旺盛，牧草前期草质良好，为我国南方良好的天然草地，有草丛草场、灌丛草场、疏林草场三大类。

(3)滩涂草地

滩涂又称海涂，是指河流或海流夹杂的泥沙在地势较平坦的河流入海处或海岸附近沉积而形成的浅海滩。滩涂草地主要分布在我国东南沿海一带，可利用面积的比例较大。滩涂草地的草层较高，覆盖率 60%～90%，草丛繁密，可用于割草或临时放牧，但牧草品质差，适口性差，牲畜不喜食，有待于开发并改造，潜力较大。

(4)农田草地

包括草田轮作以及田间杂草，属于非永久性草地。在人工栽培的条件下，田草轮作具有品种单一、产量高、质量好的特点，是农区畜牧业的重要饲料来源；田间杂草具有产量低又零星分布的特点，多作小家畜的饲料来源。

草地的类型按照其不同的形成可以划分为天然草地、人工草地；按照其用途可划分为放牧草地、割草草地、轮作草地、永久性草地、补充性草地等。

### 5.2.2　草地资源的分布

根据草地植被和自然环境因素，我国的草地可大致分为以下五大区域。

#### 5.2.2.1　东北草原区

东北草原区是大陆性季风气候和海洋气流交错的地区，草地类型多样，植物种类丰富，约有 900 种植物，区系成分混杂，东北、华北及蒙古区系植物交错生长。草原类型主要有：羊草草原、贝加尔针茅草原、兔毛蒿草原。该区土壤肥沃，牧草产量较高，牧用价值也高；草原地势平坦，一望无际，与北美东部草原有一定的相似性，适于大牲畜的群牧。但东北草原区内陆河流较多，土壤盐渍化较为普遍，所以区域内有一定数量的沙生植被和盐生植被，并有广泛的草甸植被分布。

沙生植被是在松散沙土上，由具有特殊适应能力的沙生植物所构成的植物群落。可以跨越不同的自然地带而分布，属非地带性植被，如仙人掌等。盐生植被是由适盐、耐盐或抗盐特性的盐生植物组成的群落类型，主要分布在温带及亚热带干旱、半干旱地区及滨海盐土地区。类型根据植被特点分为红树林、盐生草甸、盐生灌丛和盐生荒漠等类型。

#### 5.2.2.2 蒙宁甘草地区

本区包括内蒙古高原、大兴安岭以西、阴山山脉以北、鄂尔多斯高原以及宁夏、甘肃的一部分。本区气候处于东南季风区的边缘地带，受海洋气流影响较少，大陆性气候特点比较明显，冬季严寒漫长，夏季温暖短促，气温变化剧烈，日照充足，积温有效性高。由于半干旱、干旱气候的影响，促成草原和荒漠植被广泛发育，是我国最大的草原之一，也是主要畜牧业基地之一。该区由东向西，旱情加重，水热条件和土壤肥力均不相同，生产力差异较大，东部产草量高，割草场较丰富；西部产草量低，贮备冬草困难，限制了牲畜的自然分布；丰、歉年产草量变化很大，使牧业生产不稳定。

#### 5.2.2.3 新疆草地区

新疆地处大陆中心，周围高山环绕，形成干燥大陆性气候。该区降雨量小，而蒸发量大，南疆盆地辐射强烈，气温较高，冬夏季较长，春秋季短促，有明显的沙漠气候特征，其降水量是全国最少的地区，年降水量基本在 100 mm 以下，而盆地北部边缘降水较多，属草原气候，植物生长较为茂盛。新疆南部的昆仑山、中间的天山及北部的阿尔泰山均为梯状上升的断块山脉，山间广阔的河谷与盆地沉积了深厚的黄土状物质，这是草原发育的基础，再加上山区充分的降水，形成新疆地区优良的山地草原牧场。随地势的不同，各种植被出现在山地垂直带上，有高山草甸带和冰沼带。该区的草地利用上有明显的季节性，草地的类型随气候、地形的变化而不同，因而牲畜的构成和利用方式多种多样。

#### 5.2.2.4 青藏草地区

青藏高原四周大山环绕，中间山岭重叠、河流交织，由高山、山原、湖盆和谷地组成复杂的地形。由于地形的影响，气候的干湿季和冷暖季变化分明。干冷季长，温湿季短，太阳辐射强，日照充足。由东南向西北降水量逐渐降低，气候逐渐寒冷干燥，土壤和植被的形成呈现出有规律的水平带状更替。该区草地类型多种多样，草地面积广阔，适宜于从事牧业生产。

#### 5.2.2.5 南方的草山

我国南方草山草坡，主要包括亚热带和热带地区的山地及自然生长可供畜牧业利用的各类草地。该区温热丰富、雨量充沛；其山区草山草坡的形成是由于森林长期遭受破坏，土地反复地农耕或弃耕，地面严重侵蚀，森林植被不能恢复，长期的次生植被发育成大面积的草山草坡。因季风环流的活动，植被有明显的冷暖变化，群落组成有相对的稳定性，以中生、旱中生或旱生的多年生禾本科草类为主要成分，并混生一定的灌木种类。由多年生草本组成的草山、草坡，群落较简单，草层高，优势种明显，产草量较高，可以放牧或割草利用，也是畜牧业利用的重要草地。

### 5.2.3　草地资源的利用

天然草地在自然条件和人类活动的影响下，不断发展和变化，在其发展过程中，草地都处于一定的生产状况下，表现出一定的生产力。利用过程中，因内外因素作用的结果，可能向着有利于提高草地生产力的方向发展，但不合理的利用也可能引起向不利的方向演变，使草地退化。

我国是天然草地面积较大的国家之一，天然草地面积占全部草地面积的 97%以上，放牧是我国草地利用的主要形式，天然草地资源是我国发展畜牧业的支柱。草地利用中除了以放牧利用外，由于牧草生长的不稳定性，使畜牧业的发展很不稳定，因而，割草利用是放牧利用的一种补充形式。几十年来，我国在建立人工草地方面也取得了一定成绩，人工种草、改良牧草品种、提高牧草的经济价值等已成为发展畜牧业的一个主要内容。我国畜牧业饲料资源丰富多样，因受自然、技术和经济等因素的影响，其饲料资源的开发利用受到限制，可利用的没有充分利用，已利用的有部分存在不合理，甚至造成浪费。

#### 5.2.3.1　草地资源利用中存在的主要问题

改革开放 40 多年来，畜牧业的发展经历了快速恢复阶段、产量扩充阶段、转型发展阶段和生态健康养殖阶段，在实现畜牧产业体量扩大，扭转畜产品供给不足局面的同时，推动了产能、生产方式的转变，实现了质量的显著提升。但也应该看到，畜牧业发展中的饲草料、牲畜产品等依然存在质量安全隐患，废弃物资源化利用还没有从根本上得到解决，这些都是新发展阶段实现畜牧业高质量发展必须解决的关键问题。

(1)畜牧业发展结构不合理。欧美澳等农业发达国家肉奶供给主要以草食动物为主，草食畜牧业产值占畜牧业总产值的 50%以上，部分国家如澳大利亚和新西兰达 80%以上。我国长期受“猪粮安天下”思想的影响，猪禽产业一枝独秀，占畜牧业的 80%以上。草畜业生产供给能力严重不足，2022 年牛肉供给缺口超过 320 万 t。

(2)草食畜牧业生产方式有待转变。“种养结合”是发达国家草食畜牧业发展的主要方式，包括美国、阿根廷、巴西等主要大豆出口国，草对畜产品的贡献率高达 60%～90%。我国长期是耗粮型畜牧业，目前玉米和大豆种植面积已达 7.8 亿亩，占比超过耕地总面积的 43%，自产玉米和大豆绝大部分用于满足饲料粮需求，仍供不应求。人畜争粮的发展方式加剧了我国粮食结构性缺口，2020 年大豆进口量超过 1 亿 t，极大地增加了肉奶供给对外依存风险。

(3)饲草产业发展缓慢。优质饲草充足与否决定着草食家畜未来养殖水平和规模化养殖水平的提升空间。发达国家农业基本上构建了合理的“粮—经—饲”三元种植结构,饲草业约占种植业的三分之一。紫花苜蓿是美国的第四大作物,种植面积近1000万$hm^2$,我国苜蓿、燕麦和黑麦草等优质饲草种植面积约为1650万亩,年缺口达5000万t。草种业严重滞后于其他种业,牧草品种60%以上依赖进口。此外,由于饲草产业发展整体起步较晚,政策保障、科技研发、技术装备、生产经营等体系尚不完善。

(4)饲草加工水平低,尚未建成稳定完善的饲草料生产体系。优质饲草产品是连接草产业与畜牧业的纽带,我国饲草加工贮存方面存在的损失大、营养提升有限、草产品质量和安全控制难等一系列重要瓶颈问题,以及草产业发展方面面临标准化、商品化、产业化、市场化、智能化程度不够等问题,限制了优质草产业的健康发展。产品类型少,60%以干草捆为主,青贮、草粉等草产品类型数量有限。“草畜两张皮”局面极大地影响了生态草牧业核心产业链条的形成和健康发展。

**[案例分析 5.1]**

## 阿拉善左旗的退耕还草①

### 一、案例内容

阿拉善左旗是国家实施草场生态补偿的重点地区,同时也是全国范围“禁牧”的源头和示范工程。阿拉善左旗位于内蒙古自治区贺兰山西麓,全旗土地总面积11998.65万亩,其中草原面积7874万亩,但因过度放牧导致生态被严重破坏。阿拉善左旗从20世纪末开始先后实施了贺兰山天然林保护工程、退牧还草工程,随着国家生态奖励政策的出台,阿拉善左旗的生态补偿政策在之前的基础上继续推进,截至2016年,阿拉善左旗草原补偿项目区总面积为7100.45万亩(约占草原总面积的90.2%),其中禁牧区面积4884.2万亩(约占草原总面积的62.0%)、草畜平衡区面积2216.25万亩(约占草原总面积的28.1%)。

### 二、案例分析问题

如何将草地资源作为内蒙古阿拉善左旗的经济转型升级的“生态型”“民生型”的朝阳产业,为推进内蒙古自治区生态循环发展和经济社会发展打造新样板。

---

① 来自:阿拉善左旗人民政府官网,https://www.alszq.gov.cn/art/2020/4/26/art_2081_287114.html。

**三、结论**

持续开展农村环境综合整治，紧盯农村人居环境整治行动目标任务，推进绿色发展。持续加强生态环境保护，深入实施草原生态保护补助奖励政策，全面落实草原生态保护任务，打好蓝天、碧水、净土保卫战，进一步夯实高质量发展根基。

**四、对策分析**

立足全旗草场禁牧实际，以培育特色产业深入实施乡村振兴战略为抓手，抓实产业转型，在做大做强现有合作社的基础上，发挥协会和品牌的双重效应，鼓励牧民成立专业合作组织，助推畜牧业增产增收。将发展特色产业作为助推集体经济壮大的突破口，采取"合作社＋互联网"的发展思路，大力发展设施养殖、奶制品加工、饲草收割销售、马产业发展及民族旅游服务为主的特色产业，不断拉长产业链条，让牧民从产业化经营中得到更多的实惠。聚焦全旗禁牧的实际，紧紧依托草原优质的旅游资源，大力发展民俗旅游。

**五、建议**

牢固树立"绿水青山就是金山银山"的绿色发展理念和"生态优先、立草为业、草畜一体、循环发展"的总体思路，把草业开发和草畜一体化作为区域经济发展和生态建设的推手，以草兴业，既优化了产业结构，又保护了生态环境。

(3)盲目开垦草地，造成草地生态系统的失衡

20 世纪 70 年代，我国草地开垦的现象极为普遍，而开垦的草地大部分是地势平坦、气候较暖、牧草优良和水源较近的冬春草场，使本来面积就小的冬春草场进一步减小，草地负担加重。其盲目开垦的结果是草地生态系统失衡，农牧业两败俱伤，最后还得弃耕还草，但要使这些撂荒地上的草本植被得到恢复，往往需花很长的时间。

(4)基本草牧场建设投入不足，发展缓慢

基本草牧场是经过人工建设，实现高产、稳产的人工草场。建立人工草地，不仅可以提高牧草产量，解决冬季缺草，保证饲草的平稳供应，同时也为科学养畜创造良好的条件，但在草地的改良上，资金的投入不能与畜牧业的发展相适应，在牧区草地中，人工草地的比例仅占百分之几，畜牧业生产仍处于靠天养畜、手工操作的阶段。

#### 5.2.3.2　合理开发利用草地资源的途径

(1)搞好草地资源的调查和综合规划

草地是一项重要的农业生物资源，面积分布广泛，类型复杂多样，为了充分合理地利用好草地资源，首要的任务是对草地资源的调查，并在此基础上制定出开发利用的总体规划。其调查的主要内容有：与草地有关的各种自然因素和社会经济条件；草地类型的特征和分布规律；各类草地的面积、产草量、质量、生产能力、载畜量；草地的利用方式和现状。总体规划的内容包括草地的区划、分区利用方式、放牧场轮换与划分季节放牧场、草地载畜量、定居点、营盘点、饮水点的布局等。

(2)采取科学的放牧利用制度

①正确掌握放牧时间。每一草地均有其最适宜的放牧始期和放牧结束期，始牧期的确定需要考虑牧草生长的高度、发育阶段和草地水分状况等。放牧过早，牧草幼嫩，一经啃食植被生长难以恢复；放牧过迟，牧草衰老，营养价值和适口性均会下降。放牧结束期以不影响来年的产草量、草被能够恢复到原状为宜。一般最适宜的始牧期是牧草处于分蘖期至拔节期；终期是植物生长结束前 30 d 左右较为适宜。

②确定合理的放牧次数。通常放牧次数越多越好，牧草再生次数越多，草场产草量越多，但草场中各种植被的再生能力不同，因而不同类型的草地适宜放牧利用的次数也不相同。一般荒漠草原全年可利用 1～2 次；干旱草原可利用 2～3 次；草甸草原可利用 3～4 次。

③放牧场轮换和季节放牧场的划分。放牧场轮换就是把放牧场按一定的顺序，施行不同年份和一年之内不同季节进行更换利用的制度；季节放牧场按季节适宜性进行划分，随着四季的更替，顺序地、年复一年地进行轮流利用，以适应不同季节条件下牲畜的需要。划区轮牧的利用方式较为科学，畜牧业发达的国家及高产地区多采用这种方式，因它可以提高放牧场的生产力，改进放牧场植被营养成分和草群品质，防止牲畜寄生虫的传播，利于畜群和放牧场的管理，能提高畜产品的数量和质量。季节放牧场可以根据各地的地形、地势、植被、水源和管理等划分为两季、三季、四季牧场。

④确定合理的载畜量，实现草畜综合平衡的牧场载畜量是指在一定放牧时期内，一定草场面积上在不影响草场生产及保证家畜正常生长发育条件下，所能容纳放牧牲畜的数量。

以草定牧是科学合理利用草地资源的方式，确定载畜量的实质是控制草地的利用程度，其指标包括，放牧适度：牧草的可利用率与家畜的采食率相等；轻度放牧：可利用率大于或等于采食率；过度放牧：可利用率小于采食率。可利用率是一个变数，是计算载畜量的重要指标之一。

$$牧草可利用率(\%)=(适当采食率/某区域总产量)\times 100\%$$

⑤合理利用割草场。建立割草场是为了解决草地资源利用中存在的季节不平衡，加强割草地的改良和管理，以便能获得高产优质的干草，应做到适时采收、合理干燥以及便于加工和贮存。这可在一定程度上解决冬季牧草不足的问题。

(3)加强草地的改良建设，改善生产条件

①增加投入，大力发展人工草地。由于人工草地的生产能力、营养价值等方面比天然草地高，在发展畜牧业的过程中，要重视其人工草地的建设。我国的人工草地面积超过 600 万 $hm^2$，占草地的比例约 2%，这与新西兰的 66%、澳大利亚的 5.8%、加拿大的 24%、俄罗斯的 16.6%、美国的 9.5%相比，都存在较大距离。就人工草地的干草产量而言，也只有西欧国家的 1/2 左右。全国宜农荒地中适合人工建立草地的面积约超过 1600 万 $hm^2$，如果适当增加投入，建立更多的人工草场，人工草场的比例

若能提高到 3.5%左右,我国天然草场超载的现象将会得到改观。

②大搞草地水利建设,开展灭鼠防虫保护草原工作。草地的水分条件不仅关系到草被的生长发育,也关系到家畜的放牧,影响到草地的利用。我国大部分天然草原分布于干旱或半干旱区域,缺水已成为草场利用的一个主要限制因素,积极推进草地水利建设,保证人畜饮水,可提高草地的载畜量,但草地的灌溉要因地制宜,不同的地区、条件应采取不同的方法。鼠害和虫灾是草地退化的主要因素之一,对草地资源的破坏程度相当严重。鼠类对草地的破坏体现在 3 个方面:即与家畜争草;引起草地退化;降低饲草贮备量。此外,草地的虫害对草地具有毁灭性的破坏,我国主要的虫害是草原毛虫和蝗虫,其危害极大,因而,应大面积进行防治工作。

总之,在开发利用草地资源的过程中,采用现代科学技术手段,不断加大投入的力度,实现集约经营,就能促进畜牧业稳步发展。

## 5.3 森林与野生生物资源的利用

森林作为陆地生态系统的主体和自然界功能最完善的资源库、基因库、蓄水库、碳库以及能源库,对改善生态环境、维护生态平衡起着决定性的作用。同时,森林也是人类生存与发展不可缺少的自然资源之一,人类与森林的关系是相互依存、共存共荣的关系。森林资源是林业可持续发展的基础和重点,发达的林业已成为国家富足、民族繁荣、社会文明的重要标志。森林资源的数量与质量也直接影响着野生生物种类的生存。在当今世界森林面积减少的同时,沙漠化正威胁着世界 1/3 的陆地表面,许多生物种灭绝或濒临灭绝。在世界人口增长的同时,如何保持资源、环境与经济的协调发展是全人类面临的一个重要而紧迫的问题。森林在实现这种协调发展中具有不可替代的地位和作用。

### 5.3.1 森林资源的现状及特点

#### 5.3.1.1 森林资源的概念与意义

森林是人类的宝贵资源和财富,人类的生存繁衍离不开森林。史前时期的人类曾经全面依赖森林以维持他们的生存,是“森林哺育了人类”。森林与人类的关系体现在两个方面:第一,森林能够维护和改善人类赖以生存的生态环境。森林能保持水土、涵养水源、调节陆地水分循环和小气候、增加区域性降水;能防风固沙、调节空气与土壤温度和湿度、改良土壤、保障农牧业增产;能净化空气、消除噪声、吸尘灭菌、美化环境、维护和促进生态环境的良性循环、增进人类的身心健康。第二,森林不断为人类提供木材、能源和各种动植物林副产品等国家现代化建设和人民生活中衣、食、住、行各方面不可缺少的物资。随着社会经济的发展、社会文明的进步,人们愈来愈深刻地认识到森林在维护人类生存环境方面的重要价值及保持国家生态安全的战略地位。

森林资源是自然资源的重要组成部分。从广义上讲，森林生态系统中一切为人们所认识，并具有一定生态效益、经济效益和社会效益的物质，均属森林资源的范畴，包括林地以及林区内野生植物和动物等。如木材资源、林副产品及其他森林植被资源，即森林中除木材以外的其他植物性物质，如林木和各种植物的根、茎、叶、花、果实和种子，以及树皮、树液、树脂、药材等；森林动物资源，包括在森林中栖息繁育的各种野生动物及其提供的毛、羽、皮、肉、蛋、药材等大量林副产品；土壤及岩石资源，蕴藏量不大由当地林场经营利用的一般矿产资源；水资源，包括一般水质与特异水质，如温泉，含不同化学成分的其他水质等水资源；气象资源，包括日光、大气温度、湿度等；景观及旅游资源，包括林区的地貌与其他景观，以及由水资源、气象资源、景观资源构成的引人入胜的森林环境。虽然森林资源从广义概念和其功能来理解，范畴非常广泛，但林木、林地资源仍是构成森林资源的主体。林木是森林中所有乔木的总称，它决定森林的外貌与内部特征，以及森林的经营意义和影响环境的作用，是森林经营管理的主要对象。林地是林业用地的简称，指郁闭度 0.3 以上的乔木林地、疏林地、灌木林地、采伐迹地、火烧迹地、苗圃用地和国家规划的宜林地。林地资源是森林资源及野生动植物资源的载体，是土地资源的重要组成部分，也是森林资源不可分割的部分。因此，在一般情况下讲森林资源，如无特别注明，大都是针对林木、林地资源而言。

#### 5.3.1.2 森林资源的特点

(1)形成过程漫长

森林资源是森林生态系统中一切为人们所认识并具有一定经济、生态、社会效益的物质，其自然形成要经历漫长的历史进程。森林的自然形成一般都是从裸地(原生裸地或次生裸地)开始的。例如，在极为干旱的裸岩上，首先出现的是地衣类植物，它们分泌的有机酸腐蚀岩面，为土壤的形成提供条件。以后是某些耐旱的苔藓植物开始生长，使土壤和水分条件进一步改善。当土壤达到一定厚度并能保持较多水分时，一些耐旱的草本植物开始出现并得到较快发展。于是，土壤聚积速度加快，水分、温度等条件进一步改善，一些耐旱灌木和抗性强的乔木开始出现，逐步形成森林。靠自然环境的力量，并与环境互相作用而形成、发展、起源的森林，被称为“天然林”，这一形成过程是极其漫长的。地球上原始林的起源可追溯至距今约 2.8 亿年前，如果对森林资源利用不当，如采伐、开垦、火烧、放牧、病虫害以及其他自然灾害的影响就很难恢复原始的面貌。

(2)森林资源分布的地域性

森林资源的分布与自然条件、社会经济发展有密切关系。地球上热量和水分的分布是影响森林分布的重要因素。例如，我国由于气候带和各种不同水热条件组合的环境，适生着不同种类的森林植物，形成了不同类型的森林。由北向南依次是针叶林、针叶与落叶阔叶混交林、落叶阔叶林、常绿与落叶阔叶混交林、常绿阔叶林、季雨林和雨林。我国由东南向西北降水量递减，东南部水热条件好，现有森林绝大部分生长在这一区域。而西北部干旱少雨，森林很少。

由于历史原因及地区社会经济发展不平衡等因素，森林资源分布呈现出不均衡现象。如我国森林资源总的趋势是东南部多、西北部少。在东北、西南边远省(区)及东南、华南丘陵山地森林资源分布多，而人口稠密经济发达的华北、中原及长江、黄河下游地区森林资源少。

(3)森林资源的利用特点

①再生性

森林可以通过自然繁殖进行天然更新或者通过人工造林进行人工更新。只要不受人为或自然灾害的破坏，就能世代延续演替下去，不断扩展。

②多用性

森林资源用途是多种多样的。森林作为物质资源主要的作用是能够提供大量木材，用于建筑、家具、造纸、造船等，能提供大量果实作为食品、饲料等，所以说是一种重要的物质资源。森林除了是一种重要的物质资源外，它还是一种重要的环境资源，森林对环境具有无法替代的保护作用。

(4)森林资源的分布

根据 FAO(联合国粮食及农业组织)对世界森林资源的划分，有寒带针叶林、温带混交林、暖温带湿润林、热带雨林和干旱林 5 个林型。

①寒带针叶林

分布于 45°—70°N 的俄罗斯西伯利亚和加拿大地带，在阿拉斯加、西伯利亚和斯堪的纳维亚插入北极圈。属大陆性气候，最热月平均气温 10～19 ℃，最低气温－3～5.2 ℃。寒带针叶林主要分布在俄罗斯、瑞典、芬兰、挪威、加拿大和美国(阿拉斯加)。树种单纯，主要有西伯利亚云杉、冷杉、西伯利亚落叶松、兴安落叶松、北美云杉、加拿大铁杉、欧洲赤松、欧洲云杉以及主要分布在中国东北、朝鲜北部及俄罗斯西伯利亚和远东地区的珍贵树种红松。寒带针叶林是世界重要的用材林基地。

②温带混交林

主要分布在北半球中纬度地区。属温带海洋性气候，夏热冬寒，年平均气温 8～12 ℃，年降水量 700～1500 mm。温带混交林包括混交林亚型、针阔混交林和阔叶林等。其树种比寒带针叶林复杂，主要有山毛榉、栎、榜、椴等。温带针叶林有两大林区，一个在欧洲，一个在东亚(主要分布在中国和日本北部)。在针叶林与阔叶林之间分布有一条很宽的针阔混交林带。针阔混交林中的针叶树种在经济上具有重大价值。主要有欧洲云杉、北美花旗松、铁杉、欧洲红松、红松、加拿大云杉等。针叶树种占优势的混交林主要分布在俄罗斯针阔混交林的北部和北美的西海岸，其次是欧洲山区、墨西哥和我国的喜马拉雅山。

③暖温带湿润林

主要分布在南北半球的亚热带地区，年平均气温 5 ℃，雨量充沛。亚洲暖温带湿润林主要分布在我国长江以南地区和日本南部地带，年平均气温 13～20 ℃，年降水量 1000～1500 mm。主要树种有桉树、杉木、油桐、竹类、柳杉、核桃、山核桃、梓、松和栋等。北美暖温带湿润林主要分布在美国东南地区，年平均气温 10～15 ℃，年降水量 2000～2500 mm。主要树种有火炬松、美国长叶松、美国红皮松、美国沙松、湿地松、紫杉、栋等。大洋洲暖温带湿润林主要分布在澳大利亚西南和东南地区、塔斯马尼亚岛及新西兰。年降水量在 1000 mm 以上。主要树种为桉树。

④热带雨林

分布在赤道附近，终年多雨，属海洋性气候。气温为 24～29 ℃，年降水量在 2000 mm 以上，最高气温常达 35 ℃。热带雨林林分（指林木的内部结构特征，即树种组成、林层或林相、疏密度、年龄、起源、地位级等主要调查因子相同并与四周有明显区别的有林地）结构和树种极为复杂，但以阔叶林占优势。主要树种为喜温常绿树。全球在南美洲、非洲和亚洲有三大片热带雨林。南美热带雨林主要分布在巴西的亚马孙河流域，木本植物达 4500 多种，每公顷林地达 200 种。主要有青紫苏木、绿心木、钟花树、轻木等。非洲热带雨林主要分布在中非和西非。主要树种有加蓬榄、非洲桃花心木、非洲楝、非洲梧桐、艳榄仁树、大绿柄桑等。亚洲热带雨林主要分布在南亚和东南亚。主要树种有龙脑香、柚木、檀香、黄檀、香椿等。热带雨林是世界大径级阔叶树材的主要产地。更为重要的是，它对全球的生态效益和社会效益具有重大意义，因此备受关注。

⑤干旱林

广泛分布在亚洲、非洲、南美洲和大洋洲有严重干旱季的地区。这些地区年降水量虽有 500～1000 mm，但旱季达 4～6 个月。因生长季严重缺水形成了硬叶林，树干低矮、干形不良、生长量很低。干旱林包括各种类型的乔木林和灌木林，有热带干旱疏林灌木林、热带稀树草原和萨王纳林、硬叶林和硬叶疏林灌木林、荒漠梭梭林。主要树种有齐墩果、海枣、山龙眼犷石楠。由于人类活动影响，世界干旱林面积正在逐渐扩大。

### 5.3.2 中国森林资源的现状

#### 5.3.2.1 森林资源概况

(1)林地面积　根据《第三次全国国土调查主要数据公报》：我国林地面积 2.84 亿 $hm^2$，约占国土面积的 29.6％，约占世界森林面积的 3.9％，居世界第 5 位。其中，乔木林地约占 69.41％；竹林地约占 2.47％；灌木林地约占 20.58％；其他林地约占 7.54％。全国人均拥有林地面积 0.114 $hm^2$，只相当于世界人均水平的 17.2％左右，居世界第 119 位。

(2)林木蓄积　全国活立木总蓄积117.85亿$m^3$,约占世界总蓄积量的2.55%,居第8位。其中森林蓄积量101.37亿$m^3$,约占活立木总蓄积量的86.02%。全国人均占有森林蓄积量仅8.622 $m^3$,是世界人均占有森林蓄积量最低的国家之一。森林覆盖率全国为13.92%左右。

5.3.2.2　森林资源结构

(1)林种结构按自然、社会条件和国民经济需要以及森林经营目的和功能,划分为:

①防护林　以发挥防护效益为主的森林,如水源涵养林、水土保持林、防风固沙林、农田防护林、护路林、护岸林等。

②用材林　以生产木材、竹材为主要经营目的的森林,如速生丰产用材林、一般用材林以及为培育某种工业专用材料的森林,如造纸林、矿柱林等。还有生产竹材的竹林。

③薪炭林　以生产燃料为目的的森林。

④特用林　以保护环境、科学实验、风景旅游等特种用途为主要经营目的的森林,如国防林、实验林、母树林(包括种子园)、环境保护林、森林公园、风景名胜林、自然保护区森林等。

⑤经济林　以生产果品、食用油料、饮料、饲料、工业原料和药材等为主要经营目的的森林和林木。如油料林、特种经济林、果树林等。截至2023年,全国经济林面积4690万$hm^2$,约占林地面积的16.5%。至2021年,我国经济林面积超过4000万$hm^2$,公益林与高品林的面积之比约为54∶44。2023年前三季度,全国经济林产品产量达1.15亿t,其中干鲜果产量9500万t,且品质总体好于上年。

(2)林龄结构　森林从幼苗到成熟成材,历数十年乃至百余年。中国地域辽阔,南北森林树种生长发育差异很大,即使在同一地区,同一树种也因天然或人工起源不同,其生长也存在较大差异,中国将林龄划分成5个阶段,即幼龄林、中龄林、近熟林、成熟林和过熟林。

①林分林龄结构　我国针叶林的幼龄林、中龄林、近熟林的面积、蓄积比例,除幼龄林面积比例外,均低于林分平均值。成熟林和过熟林则均高于林分平均值。阔叶林则相反,幼龄林、中龄林、近熟林的面积、蓄积比例除幼龄林面积比例外,均高于林分平均值。而成熟林、过熟林则均低于林分平均值。

②用材林林龄结构　在我国天然林中,幼龄林、中龄林和近熟林面积很大,约占用材林面积的84%,成熟林和过熟林面积占16%;而幼龄林、中龄林和近熟林蓄积比例为59%左右。

我国主要树种分布情况见表5.1。

表 5.1 我国主要树种分布情况

| 树种 | 重要值 | 株数/(亿株) | 蓄积/(亿 $m^3$) | 主要分布省(区、市) |
|---|---|---|---|---|
| 杉木 | 23.23 | 211.72 | 10.79 | 福建、湖南、江西、广西 |
| 白桦 | 16.58 | 128.26 | 10.33 | 内蒙古、黑龙江 |
| 马尾松 | 14.79 | 100.33 | 9.08 | 福建、广西、贵州、湖北 |
| 落叶松 | 10.99 | 80.83 | 9.36 | 内蒙古、黑龙江、新疆 |
| 蒙古栎 | 10.74 | 82.94 | 5.83 | 黑龙江、吉林、内蒙古 |
| 杨树 | 6.84 | 42.68 | 4.40 | 河南、山东、内蒙古 |
| 山杨 | 5.77 | 36.59 | 3.43 | 黑龙江、内蒙古 |
| 云南松 | 5.59 | 40.29 | 4.87 | 云南、四川、西藏 |
| 木荷 | 4.74 | 32.09 | 1.90 | 广东、江西、福建、浙江 |
| 黑桦 | 4.21 | 25.01 | 1.93 | 内蒙古、黑龙江、吉林 |
| 柏木 | 3.89 | 31.27 | 2.25 | 四川、西藏 |
| 青冈 | 3.44 | 22.41 | 1.14 | 福建、贵州、山西 |
| 辽东栎 | 3.43 | 26.47 | 1.83 | 辽宁、山西、陕西 |
| 油松 | 3.32 | 25.55 | 1.60 | 陕西、山西、辽宁、河北 |
| 五角枫 | 3.20 | 16.32 | 1.33 | 吉林、黑龙江、辽宁 |
| 枫香 | 3.14 | 12.97 | 0.90 | 广西、贵州、安徽、福建 |
| 云杉 | 2.91 | 9.82 | 6.97 | 西藏、新疆、四川 |
| 紫椴 | 2.90 | 13.10 | 1.82 | 吉林、黑龙江 |
| 冷杉 | 2.84 | 6.80 | 9.44 | 西藏、四川 |
| 尾叶桉 | 2.71 | 28.06 | 1.26 | 广东、广西 |

#### 5.3.2.3 中国森林资源的分布

(1)中国主要林区森林资源分布

①东北林区 包括黑龙江、吉林和内蒙古 3 省(区)的大部分或部分地区,有大兴安岭、小兴安岭、完达山、张广才岭、长白山等山区。该林区地跨寒温带和温带,气候较湿润,山势和缓,森林资源丰富。主要组成树种有红松、落叶松、云杉、冷杉、长白落叶松、椴、蒙古栎、水曲柳、黄璧、核桃楸、白桦、山杨、色木槭等。东北林区以国有林为主,是中国开发最早、规模最大的林业生产基地,每年承担全国约 1/3 的木材产量,并生产大量的林副特产品,为国家经济建设做出了重大贡献。该林区森林还是保障松辽平原、松嫩平原、三江平原农业的绿色屏障,起着较大的防护作用。

②西南高山林区 包括云南、四川和西藏 3 省(区)的部分地区。本林区纬度低、海拔高,地形起伏大,水热条件优越,植物种类繁多,森林分布垂直带谱明显。主要树种有云杉、冷杉以及云南松、栎、栲、桦、楠木、木兮等。本区森林多处于大江河流上

游，对保持水土、涵养水源有巨大作用。

③南方低山丘陵林区　包括江西、福建、浙江、安徽、湖北、湖南、广东、广西、贵州、四川、重庆等省（区、市）的全部或部分县市。该地区近 90％的森林面积为集体所有，一般简称南方集体林区。森林树种资源丰富，是马尾松和杉木的主要分布区，其他树种有柳杉、铁杉、水杉、红豆杉、金钱松、油杉以及栎、栲、榆、槭等。中国特有的植物如水杉、银杉、金钱松、珙桐等多分布于这一地区。经济林木、竹类资源也十分丰富，是我国重要的竹材产区。

④西北山地林区　地处我国西北，主要包括新疆天山、阿尔泰山，甘肃祁连山、白龙江、子午岭，陕西秦岭、巴山等林区。该林区以天然林为主，大部分分布在高山峻岭及水源条件较好的山地。主要树种有云杉、冷杉、落叶松、油松、华山松、柏木及栎、桦、杨、鹅耳杨。该区是我国三大国有林区之一，其中有林面积约占全林区面积的 90％。西北林区的森林对西北干旱地区的自然环境而言在维护生态环境方面有举足轻重的作用。

(2)我国行政区域森林资源的分布。森林资源按行政区域分布状况，受自然地理和历史因素制约。从宏观看，几大林区所在省（区、市），其森林资源无论是面积或蓄积量均处全国前列，但其中有些省（区）尽管森林资源绝对量很大，则因土地面积大，而森林覆盖率很低，有的省（区）人口众多，按人均占有量计算，则不足全国平均水平。说明中国各省（区）森林资源的分布极不均衡。现按全国第四次森林资源清查统计资料作简要介绍。

①森林资源面积分布。林业用地面积：指现有森林，以及尚无森林但适宜发展森林的土地。林业用地占土地面积的比例表示可能用于发展林业的土地潜力。我国林业用地面积从绝对数字看，面积最大的是内蒙古，约占全国林业用地面积的 12.23％，之后是四川与重庆占 10.16％，云南占 9.27％，黑龙江占 8.35％，土地面积大、自然条件差的地区或工农业生产发达、人口多的省（区、市）则适宜发展林业用地面积就很少，如新疆占 2.5％，上海占 2.6％。

林地面积：是各林种森林面积总称。林地面积占林业用地面积比例大小说明林业用地的利用程度，这是反映一个地区或国家林业发展水平的重要标志之一。我国灌木林地和其他林地占林业用地的 28.07％，说明全国尚有大面积宜林土地或达不到林地标准的疏林地、灌木林地有扩大森林面积发展林业的潜力。

②森林覆盖率的分布。森林覆盖率是反映一个国家或地区森林资源多少的重要标志之一。根据林地面积占国土总面积的比例计算，全国森林覆盖率为 13.92％。由于各省（区、市）林地面积差异极大，土地面积大小各异，因此，森林覆盖率分布也存在很大差异。据统计，台湾省森林覆盖率最高(55.08％)，其次是福建(50.60％)。而新疆、青海均不足 1％。

③主要江河流域森林资源分布。我国地域辽阔，江河湖泊众多，全国几条主要江

河流域是森林资源集中分布的区域。由于这些江河流域自然条件差异以及历史原因等，其森林资源数量、质量及其分布也存在较大差异。随着我国社会经济的发展，当今对生态环境的保护已提高到十分重要的地位，各江河流域的森林对涵养水源、保持水土、调节气候、保护环境的作用就更为重要(图 5.1)。

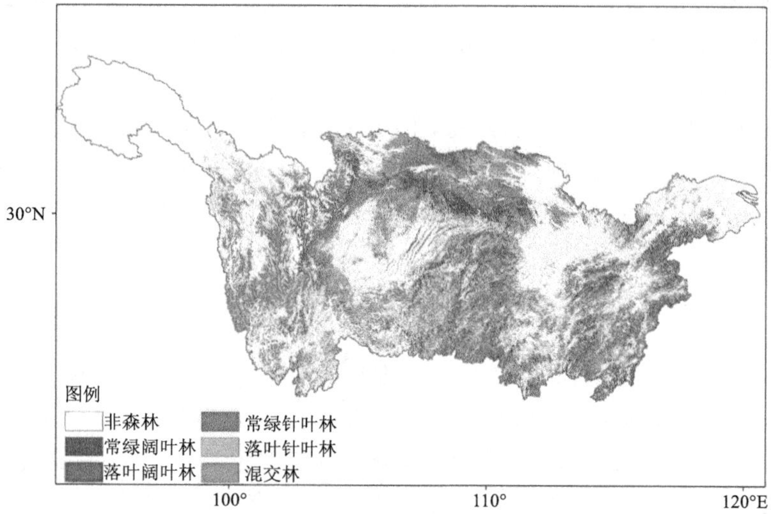


图 5.1　2018 年长江流域森林分类的空间分布情况

长江流域森林资源。长江为我国第一大河，全长约 6300 km，流域面积 180.85 万 $km^2$，约占全国总面积的 18.84%，地跨 18 个省(区、市)。长江流域绝大部分位于亚热带，全年气候温和，雨量充沛，自然条件优越，适合林木生长。其上游的四川、云南、甘肃、陕西等是我国主要林区。中下游的湖南、湖北、江西、安徽等为我国南方主要集体林区，在全国林业建设和保护流域的生态环境方面都有重要地位。

黄河流域森林资源。黄河为我国第二大河，其流域范围涉及 9 个省份，全长约 5464 km。其流域面积达 75.24 万 $km^2$，约占国土面积的 7.8%。黄河流域在历史上曾有不少森林，在漫长的封建社会，经长期乱垦滥伐，毁林开荒，以及历代封建王朝大兴土木，修建宫殿和战乱及人类生产活动的影响，大面积森林被破坏，水土流失严重，同时由于自然条件影响，致使黄河流域成为我国的少林地区。

珠江流域森林资源。珠江是我国南方最大的河流，流域跨 6 省份，其二级支流左江上游延伸到越南境内。年径流量仅次于长江，其长度和流域面积均居全国第 4 位。主干西江全长约 2214 km。全流域面积 44.21 万 $km^2$，约占全国总面积的 4.61%。整个流域河沟纵横，自然条件优越，森林资源丰富。

黑龙江流域森林资源。黑龙江为我国东北最大河流，其北部是与俄罗斯的界河。全流域涉及 4 省份，总面积 85.33 万 $km^2$，约占国土面积的 8.9%。该流域森林资源丰富，流域范围内有大小兴安岭林区、长白山林区，为中国森林资源集中分布的国有林区，也是我国最大的木材生产基地，对国民经济的发展具有重要作用。

### 5.3.3　中国森林资源存在的问题

森林面积和森林蓄积量分别位居世界第 5 位和第 6 位，人工林面积居世界首位。清查结果表明，我国森林资源呈现出数量持续增加、质量稳步提升、效能不断增强的良好态势。但其中还存在一些问题。

5.3.3.1　森林覆盖率低，资源分布不均

我国森林资源分布受制于自然条件，分布极不均衡。东北、西南边远地区和东南部森林资源丰富。西北、华北、中原森林资源分布少。从森林覆盖率看：最高的省份如东部的台湾（55.08%）、福建（50.60%）；而西部的新疆（0.79%）、青海（0.35%），均不足 1%。低于全国森林平均覆盖率 13.92%的有 13 个省（区、市）。按人均占有量看：全国人均占有森林 0.114 $hm^2$，高于全国水平的只有 9 个省（区、市），只有西藏和内蒙古超过世界人均 0.64 $hm^2$ 水平。从人均占有森林蓄积量看：全国人均占有森林蓄积为 8.622 $m^3$，高于全国平均水平的有 9 个省（区、市），只有西藏高于世界人均（71.8 $m^3$）的水平。对于上述 3 项指标，不与世界森林资源发达国家相比而仅与相邻国家比较，除蒙古、巴基斯坦和阿富汗 3 国外，其他邻国都高于我国。

我国土地面积约占世界土地面积的 1/15，人口约占世界人口的 22%，而森林面积只占世界的 3.9%左右，森林蓄积仅占世界的 3%左右，这就是说占世界 3%～4%的森林资源，既要满足约占世界 22%人口的生产生活与国家经济建设的需要，又要维护世界约 7%土地生态环境的需要，显然现有森林资源量是远远不能满足的。中国仍属世界上森林资源贫乏的国家。

**[案例分析 5.2]**

## 毛乌素沙漠的生态治理①

**一、案例内容**

毛乌素沙漠，位于我国陕西的榆林市，榆林市也叫驼城，意思就是沙漠之城，这片荒漠面积约 4.22 万 $km^2$，面积广阔。这个沙漠是“人造沙漠”，在古代这里还是一片森林和草原，后来由于当地游牧民族过度放牧，导致土地荒漠化，只剩下一堆黄沙。

---

①　来自：靖边新闻信息网，http://www.jbxc.gov.cn/whly/whgc/1729033935733760002.html。

随着全球气候的变化，毛乌素沙漠区气候日趋暖干化。由于所处地理位置和气候的特殊性，使其成为一个农、林、牧交错出现的生态脆弱带。风沙和扬尘直接影响我国西北和华北地区，对全球气候变化和环境影响十分敏感。

经过大家的努力，这个荒漠的面积已经减小了一大半，这座沙漠之城未来将变成大漠绿洲。于是这里的居民就开始种植农作物——马铃薯，真没想到这些农作物到了收获时亩产在3.5～4 t，最高能达到50 t。2018年，毛乌素沙漠的荒漠面积已经消失，变成了毛乌素森林。由于治理荒漠取得巨大的成效，因此榆林就成了“塞上名城”。

**二、案例分析问题**

如何应用综合生态系统管理方法进行沙漠治理？

**三、对策分析**

(1)解决水源问题

毛乌素沙漠和其他国内外沙漠最大的不同之处在于它有较丰富的水资源。在陕西省北部榆林至神木长城沿线的毛乌素沙漠南缘的沟谷部位，多有泉水出露，呈北东北—南西南向的带状分布。据已有资料统计，泉口标高在1050～1150 m，流量大于10 L/s的泉有47处；其中，流量大于100 L/s的泉有11处；最大的呼家圪堵泉流量达356 L/s。泉水流量较稳定，有的可直接作为供水水源。发源于毛乌素沙漠西北部流向东南的无定河北侧支流有纳林河、海流兔河、榆溪河。另外，还有流经沙漠的佳芦河、秃尾河、窟野河，这些水资源是使毛乌素“沙漠变绿洲”的神话转变为现实的基本条件。解决毛乌素沙漠的水资源问题，只要科学合理地引导、利用和保护管理这些水资源就够了。首先，大胆引入水资源，要像以色列的南水北调工程一样，通过修建水渠、扬水站和梯级堤坝，把毛乌素沙漠周边部分水资源，比如榆林红石峡水库和流经内蒙古的黄河水引入毛乌素沙漠；其次，充分开发利用“边缘水资源”，包括：天然降水的收集和蓄积、沙漠居民的废水回收利用和沙漠地下咸水的挖掘及淡水转化；再次，是用心保护管理水资源，防止水质变差，对毛乌素沙漠中和沙漠周边的河流、湖泊和水库在科学研究的前提下进行保护，包括水中矿物质、植物和动物对水质变化影响的科研工作，水资源周边退耕还林还草工程的实施，制定水资源收费标准，对工业用水、超额用水实行高额收费，对林草业用水实行低于正常价收费(卢萍，2014)。

(2)解决适合在毛乌素沙漠生长的植物问题

首先是开展引种改良的科研工程，把部分生物学家、气候和沙漠地质学家集合起来搞科研攻关，大量引进适合在干旱半干旱的毛乌素沙漠生长的植物，广泛开展驯化工作，在毛乌素沙漠地区建立种植资源库，将世界上干旱地区有价值的物种都收集到毛乌素，研究其利用价值，再通过驯化试种示范向农民推广。以色列内盖夫本古里安大学应用研究所引进世界各地树种1000多个，通过驯化，许多已经适应了内盖夫沙漠气候，如他们开发的一种被称为“冰淇淋”的仙人掌果树，这种树结的水果耗水少，只有其他水果品种的20%，可产量和其他水果相近。其次是开展植物杂交，利用现代生物技术培育出抗盐碱、耐干旱且具有一些气候适应性或者可以获得较高市场占有率的新品种。以色列通过基因工程培育出适合在沙漠中生长的新西红柿品种，不仅可以连续收获 6 个多月，而且产量高且储存时间可达 20 多天，在欧洲市场很受欢迎。

(3)以毛乌素沙漠土地赠予和廉价转让来换取毛乌素沙漠土地的生态化

这是调动当地民众在毛乌素沙漠植树造林积极性的突破性举措。在有了优惠贷款、低价的水资源和适合在毛乌素沙漠中生长的树种、草种的基本条件后，要把荒漠变绿洲，“画龙点睛”的工作就是要调动民众的力量。

**四、建议**

用科学的态度借鉴美国、以色列沙漠治理的措施，结合我国毛乌素沙漠的成因和现状，当前治理毛乌素沙漠、再造秀美山川的制度宗旨应当是以恢复林、灌、草、植被为主，构筑工程设为目的，建立综合建设、协同绿化的新机制，应用综合生态系统治理方法，实施定沙源、堵沙头、斩沙腰的重塑生态系统之方案(周丕娟，2011)。

**五、结论**

由此可见，可以利用生态系统管理方法对沙漠开展综合治理。只要我们找到适合的方法和具体可行的措施，之前由于资源利用不合理造成的坏事也可能变为好事，进而为当地的经济带来效益。

5.3.3.2　森林资源各林种、各龄组结构不够合理，亟待调整

(1)森林资源各林种比例现状与充分发挥森林多种效益要求不相适应

林种结构中，用材林面积和蓄积量比例分别占 78.18%和 74.21%，占全部森林资源总量的 2/3 以上，而发挥各种防护效益的防护林面积仅占 14.9%，为广大农村提供能源需要的薪炭林面积仅占 3.95%，蓄积量不足 1%，这种比例显然与实际需要不适应(表 5.2)。

**表 5.2　我国主要林型面积及蓄积量**

| 林种结构 | 用材林 | 防护林 | 薪炭林 |
| --- | --- | --- | --- |
| 面积比例/% | 78.18 | 14.9 | 3.95 |
| 蓄积量比例/% | 74.21 | 15.71 | 不足 1 |

我国森林大多分布于大江河流上游，既有涵养水源、保持水土功能，又能提供经济建设需要的木材，还是边远山区能源的主要来源，同时也是干鲜果品和珍稀特产的产出地。但现有林种比例分布不适应充分发挥森林多种效益的需求。

(2)林龄结构不协调，林分低龄化突出

我国中幼龄林面积约占全国林分面积的 71%，人工林中的中幼龄林亟待抚育。

(3)林地利用率低，生产力不高，单位面积蓄积量小，残次林比例大

①林地利用率低，有林地所占比例小。我国林业用地 3.24 亿 $hm^2$，而林地面积仅 2.84 亿 $hm^2$，占林业用地的 87.65%左右，尚有大量林业用地还没有得到合理利用。世界上一些林业发达国家林业用地利用率一般在 80%以上，美国、德国、芬兰等国都超过 90%，这表明我国和世界林业发达国家间林业建设存在一定的差距。

②我国森林生产力较低，单位面积蓄积量小。全国林业用地每公顷平均蓄积量为 41.81 $m^3$，林分每公顷平均蓄积量为 83.65 $m^3$，相当于世界平均 114 $m^3$ 的 73.4%。全国林分平均郁闭度约 0.60，处于中等密度状态。用材林每公顷平均蓄积量为 71.26 $m^3$，人工林林分平均每公顷蓄积量 33.3 $m^3$，过熟林为 75.14 $m^3$，全国林木平均生长率仅 3.98%。上述指标都远低于世界林业发达国家水平。

③森林经营管理粗放，残次林比例较大，我国森林除边远山区还有小片原始林分布外，其他大部分地区已逐渐演替为次生林。其中部分森林由于经营粗放，森林资源屡遭不合理采伐，或受自然灾害破坏后，形成低价的残次林分，次要树种占据优势，单位面积蓄积量低。全国有疏林地达 1803 万 $hm^2$，相当于现有林分面积的 16.6%左右，平均每公顷蓄积量仅 30.2 $m^3$。429 万 $hm^2$ 的薪炭林，平均每公顷蓄积量仅 16.1 $m^3$。这些低价林分需采取改造措施，加强管护。

(4)人工林面积大，质量不高

我国截至 2023 年人工林面积达 8760 万 $hm^2$，约占全国林地面积的 30.85%，超过林地面积的 1/3。人工林蓄积量 7.12 亿 $m^3$。由于缺乏科学管理，人工林质量不高，大部处于幼、中龄林阶段，平均每公顷蓄积量仅 33.3 $m^3$，相当于全国林分平均每公顷蓄积量 83.65 $m^3$ 的 39.8%左右。因此，加强科学造林和管理，提高人工林的质量，是森林资源增长的重要保证。

### 5.3.4　森林资源的发展目标

#### 5.3.4.1　发展潜力

(1)林业用地潜力

统计资料显示，全国尚有宜林荒山荒地 6300 万 $hm^2$，宜林沙荒地 650 万 $hm^2$，经合理规划，可供发展绿化事业。火烧迹地 370 万 $hm^2$，可更新造林，恢复成有林地。疏林地 1800 万 $hm^2$，灌木林地 2970 万 $hm^2$，可通过封山育林，林分改造恢复成林。这些都是扩大森林资源，提高森林覆盖率的有利条件。

(2)林分质量潜力

党的十八大以来，我国坚持造林数量与质量并重，持续开展造林绿化，不断扩大森林面积、提升森林质量。森林面积由 10 年前的 31.2 亿亩，增加到现在的 34.65 亿亩，森林覆盖率由 10 年前的 21.63%，提高到现在的 24.02%，森林蓄积量由 10 年前的 151.37 亿 $m^3$，增加到现在的 194.93 亿 $m^3$。提高用材林及其他林分经营水平，可以增加木材供应量。全国林分每公顷平均蓄积量为 83.6 $m^3$，而用材林才 79.4 $m^3$，薪炭林仅 16.1 $m^3$。今后若采取科学经营措施，林木生长率提高 1%，用材林每公顷蓄积量将增加 1 倍，则森林资源落后的状况将会大幅度改观。

(3)人工林潜力

世界上许多国家都把营造速生丰产林作为解决木材供需矛盾的重要途径。如智利人工林占森林面积的 9%，满足了全部木材需求的 91%。我国现有成熟和过成熟林人工林面积 3425 万 $hm^2$，占林地总面积的 12.06%左右，但人工林质量不高，其林分蓄积量仅 7.1 亿 $m^3$，约占全国林分蓄积量的 3.6%，人工林林分每公顷平均蓄积量33.3 $m^3$，只相当于全国林分蓄积量的 40%左右。因此，我国人工林的发展，尤其是人工林质量的提高具有巨大的潜力。

(4)节约利用潜力

一方面我国森林资源的生产力和利用率不高，而另一方面浪费十分严重。近两次森林资源清查间隔期内，全国林木年均净生长量为 4.19 亿 $m^3$，年均净消耗量为 3.20 亿 $m^3$。与世界林业发达国家相比，我国森林消耗量仅次于美国和俄罗斯，居世界第三位。从国民生产总值所消耗的森林蓄积量来看，我国每万美元国民生产总值消耗木材 9.83 $m^3$，比其他发达国家都高。因此，必须强化法制与经济政策措施，降低资源消耗，提高利用水平，使我国现有森林资源发挥更大作用。

### 5.3.5　森林资源开发利用的方法与措施

#### 5.3.5.1　因地制宜，不断扩大森林资源面积

采取人工造林、飞播造林、人工促进天然更新、封山育林(天然更新)等多种造林方式扩大森林资源面积。特别要加强工程封山育林，利用自然恢复的方式增加森林资源。妥善解决好封山与群众放牧、燃料之间的矛盾。

#### 5.3.5.2　加强次生林抚育和改造，强化管理，提高质量

次生林是原始林受到破坏后，经过一系列植物群落次生演替而成的森林。多分布在交通比较方便、人类活动比较频繁的地区。许多次生林都反复多次受到破坏，形成树种组成复杂，树冠层次较多、林木疏密不均、高矮参差不齐、直径大小不等、年龄差异很大等状况。各种不同类型的林分都亟待改造。对次生林的改造要坚持以高产、优质、高效为目的，逐步调整树种结构，实行新造林与抚育中幼林，更新造林和改造低产林相结合，加快后续资源培育。在安排上以培育短轮伐期和生产中小径材为主，适当安排一定比例的大径材和珍贵树种，做到短、中、长期兼顾。

#### 5.3.5.3　增加科技投入，积极应用和推广先进技术

加强人工用材林的集约经营和科学管理，缩短木材经营周期。建设种苗基地，选择繁殖材料，培育良种壮苗，实行定向采种，定点育苗，定向调苗。合理控制林分密

度，维护与提高林地生产力。进一步提高木材利用率和深加工能力。

5.3.5.4 加强天然林的保护管理

根据我国从1998年起在全国范围内全面禁止采伐天然林的规定，依法加强天然林的保护和管理，严禁采伐，使其充分发挥保护环境、涵养水源、保持水土的生态效益。

5.3.5.5 加强宣传，动员全社会兴办林业，全民搞绿化

利用多种方式和渠道进行宣传教育工作，不断提高公众对森林地位的认识，继续把全民义务植树运动推向深入。提倡国家、集体、个人一起上，开展多形式、多层次的群众造林，实现社会办林、全民绿化多方位推进造林绿化新格局。

5.3.5.6 建立健全森林资源保护、管理和监督体系

把森林资源的保护利用和管理纳入法制轨道。依照《森林法》及《森林法实施细则》等法律法规严格执行，保护森林资源的健康发展。健全森林"三防"体系，加强森林监测体系，建立林区防火、防治病虫害和制止乱砍滥伐的"三防"体系。加强森林监测体系建设，及时掌握森林资源的消长动态，为森林资源的保护和利用提供可靠依据。

5.3.5.7 加强林地资源管理，严格控制林地流失

全面贯彻《森林法》《林地管理暂行办法》，依法管理林地资源，制定调处林权权属纠纷的有关法规，依法解决林权纠纷。建立强有力的林地管理机构，配备和培训林地管理人员。建立森林资源资产化管理制度和林地有偿转让使用新机制，设立林地保护管理基金。在全国实行征用、占用林地的初审和使用林地许可证制度，对非法征用和不合理占用的林地坚决予以收回。

5.3.5.8 加强木材检查站建设和管理，强化木材流通领域的监督和管理

严格执行凭证运输木材制度，取缔非法经营加工木材单位，严厉打击非法经营加工木材活动，维护正常的木材流通秩序。

5.3.5.9 实行森林资源资产化管理

明确把国家森林资源资产划分为两级监管，对全国有重要影响的大面积国有森林资源、资产由国家林业局监管，其他国有森林资源资产由省、市级林业主管部门监管。

5.3.5.10 国家继续对林业实行经济扶持政策

一是在保持原有林业资金投入的基础上，增加林业资金投入，稳定林业投资政策，拓宽新的资金渠道，广辟资金来源，改革林业资金投入使用机制，实行投资与效益挂钩。二是以法律形式规定国家对林业实行轻税制。三是明确建立森林生态效益补偿制度，对那些依托森林生态功能获取直接收益的单位和个人征收森林生态补偿费。

四是建立和完善林业基金制度。

森林资源开发利用的程度取决于科学技术的进步、经济发展的速度和经济实力，以及对森林经营、开发、利用的方针政策。科学经营和合理利用森林资源，最大限度地保持和发展其多种功能与效益，对全人类，尤其对少林缺材的中国具有极其重要的意义(冯逃 等，2013)。

# 第 6 章　矿物资源高效利用

自 18 世纪中叶产业革命以来，矿产资源就成为国民经济的重要物质基础，工业化进程的加快，使得社会对能源和原材料等矿产品的需求大量增加，矿产资源已经成为决定经济繁荣、社会进步和国家富强的重要因素之一。我国是一个矿产资源大国，世界上已发现的矿种在我国均有发现，在已知的 170 余种矿产资源中，截至 2003 年，我国有查明资源储量的矿产共 158 种，按 45 种主要矿产的价值计算，我国矿产资源储量总值约占全世界的 14.64%，居世界第三位，并且我国已成为世界第二大矿产品生产国和第三大矿产品进口国。但是 2002 年，我国 45 种主要矿产中 30 种矿产查明资源储量有不同程度的减少(图 6.1)。

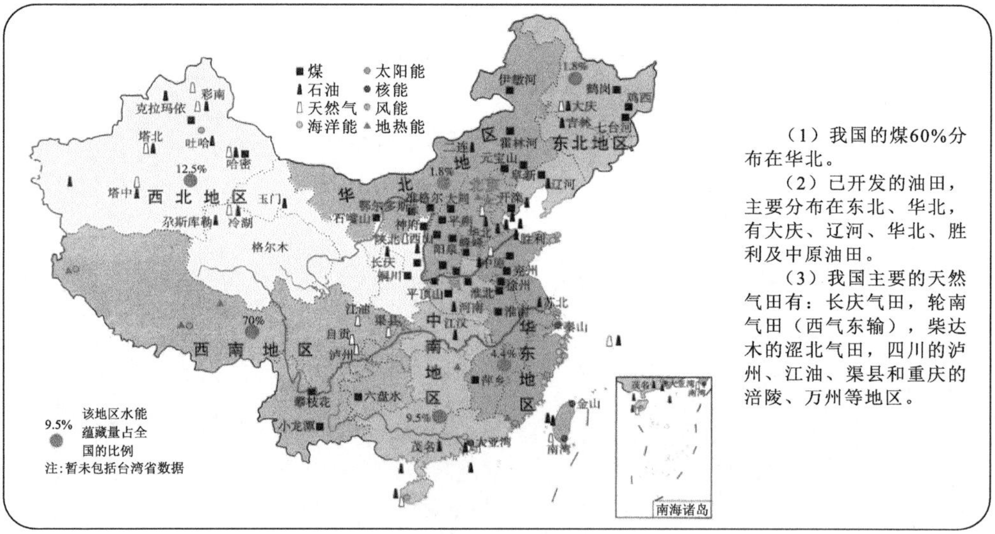


图 6.1　我国主要矿产资源分布情况

## 6.1　我国矿产资源的储备及开发利用现状

截至 2020 年底，我国矿产产值 19796.48 亿元，约占国内生产总值的 1.95%，约占国内工业总产值的 8.0%。我国是一个矿业大国，但是却面临石油短缺60 亿 t，天然气短缺 2 万亿 $m^3$，钢铁缺口总量 30 亿 t，铜缺口超过 5000 万 t，精炼铝缺口1 亿 t，铁、铜、锰、铬等金属矿产对外依存度不断攀升，钾盐严重短缺的不利局面。我国钛金属储量为 1800 万 t，镁为 74500 万 t，钨为 120 万 t，钒为 60 万 t，稀土氧化物为 3800 万 t，锌为 500 万 t，锑为 237 万 t，铋为 0.7 万 t，都位居世界第一位(图 6.2)，但是钛矿石回收利用率仅有 10%～13%，污染严重，产品档次低；钨资源破坏严重，全国 20 个黑钨矿仅存 2 个，矿石中 20 多种元素只回收了 12 种，企业规模小，缺乏竞争力，低档产品过剩，高档产品不足，1994—1998 年钨产品的平均出口价格为 15800 美元/t，进口平均价格为 76660 美元/t，进口价格为出口的 4.85 倍；稀土资源基础研究薄弱、原始创新少，产品档次低，超高纯稀土仍依赖进口；钢产量已超过 2 亿 t，但厚度小于 1 mm 的冷轧薄板、厚度小于 3 mm 的热轧薄板、不锈钢薄板、镀锌板、冷轧硅钢片等高附加值关键钢材品种仍需大量进口，钢铁产品标准制定工作滞后，落后的小高炉、小炼钢、小轧钢仍占有一定比例，能耗高、环境污染严重的状况没有得到根本改观。“十三五”期间我国钢铁行业劳动生产率为 564 t/(人 · a)，与西方发达国家的差距缩小。我国矿产资源的开发利用水平比较低，生产工艺落后，环境污染严重，产品结构不合理，质量差，附加值不高，高档产品主要依赖进口，矿产资源日益短缺，并有危及国家发展安全的可能。但是矿产资源已经深入人们的日常生活中，一辆普通轿车平均重量为 1150 kg，使用 600 余种材料，涉及数十种矿产资源；而一部手机中，竟然使用多达十几种金属材料。2012 年，我国 92%的能源、80%的工业原料、70%的农业生产资料是以矿产品为原料提供的。据报道，当人均国民生产总值低于 2000 美元时，对原材料需求的增长速度一般高于国民生产总值的增长速度，也就是说在今后很长一段时间内，我国的矿产资源需求都将高于 7%的水平。

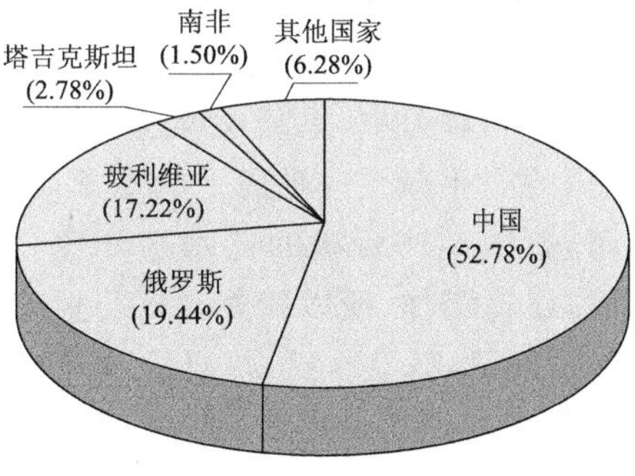


图 6.2　各国矿产资源占世界总资源的百分比

### 6.1.1　我国矿产资源开发利用中存在的问题

我国矿产资源的开发利用中存在的问题是多方面的，既有社会的原因，也有经济、政治、管理等因素的作用，本节主要从以下四个方面来分析我国矿产资源开发利用中存在的问题。

(1)小矿山各自为政,技术单一,难以形成规模采矿和规模经济

截至 2001 年,全国共有各类矿山企业 153723 个,其中大型矿山企业 500 个,中型矿山企业 1254 个,而小型矿山企业多达 151969 个。近年来,我国采矿企业数量逐渐减少。2015 年我国采矿业企业数量为 14479 家,至 2020 年下降为 9954 家;大型矿山企业约占全国矿山企业总数的 0.33%,中型矿山企业约占全国矿山企业总数的 0.82%,而小型矿山企业却占到全国矿山企业总数的 98%以上,小型矿山企业的产量占全国总产量的 40%~60%。由于这些小型矿山企业缺少资金、先进的技术设备,缺乏有效的规划管理,难以吸引高精尖的人才,因而“采富弃贫”“采易弃难”现象比较严重,造成矿石中的有用成分得不到完全有效开采利用,所得产品质量不高,不仅浪费了矿产资源,同时因为投资少、见效快,安全环保意识薄弱,在给当地的社会经济带来暂时的繁荣之后留下的是千年祸患,殃及子孙后代。

(2)我国正处于工业化的过程中,矿产资源的综合利用效率偏低

我国正处于工业化的过程中,工农业技术水平设备都比较落后,难以实现高水平的采矿、选矿、冶炼和深加工,矿产资源的综合利用效率不高。和西方发达国家相比,我国技术水平和装备还比较落后,因此在矿产资源的开采、冶炼等过程中难以实现对矿石中某种物质的高纯提取和多种物质的共同提炼,工人劳动效率低,深加工产品少。例如,2022 年中国钢铁工业协会统计,我国吨钢综合能耗的铁钢比为 0.85,而世界主要产钢国家一般在 0.5~0.7;2001 年中国连铸比平均为 82%,但日本、韩国等已超过 95%。1997 年我国钨产品出口结构为钨精矿 1.3%,中间产品(钨铁、钨酸)84.4%,再加工制品(钨粉)6.7%,深加工制品(丝、棒、硬质合金)7.6%,仍以中低档产品为主,高档产品较少,钨矿综合利用率低,20 多种元素只回收 12 种。由于技术上的原因使得我国矿产资源的综合利用效率不高。

(3)以追求短期效益、直接利益为主,重复建设过多,品牌意识不强

我国对矿产开发与利用的产业存在一哄而上的现象,注重量的增加,缺少质的提高,缺乏长远的战略性思考,造成矿产资源的低水平开发。2000 年以后三年钢铁行业发展迅速,生产需求两旺,出口增加,所以投资钢铁行业也出现了较大幅度的增加。2002 年我国钢铁工业投资增长了 45.9%,2003 年上半年我国钢铁生产和投资分别增长了 21%和 33.8%。但是新增钢产量中有一些是已经关闭、淘汰的落后小高炉、小钢铁又恢复了生产,有一半以上是小型材、中厚板和线材等低档产品,其中有不少是国家明令禁止生产的质量低劣的产品,而供不应求的冷轧板、镀锌板、硅钢片、彩涂板、石油钢管等仍需大量进口,所以尽管产量提高了,但产品质量并没有质的飞跃,产值也没有超出量的界限。至 2022 年,我国钢铁行业处于需求减弱、价格下跌、成本上涨、利润下滑的态势,粗钢、生铁、钢材、铁矿石和铁合金的产量均出现下降。国家和民间的实际投资生产规模已经超出了我国钢铁的消费能力,使得铁矿石资源、能源、

交通等变得紧张，这种短期的盲目投资行为如果得不到有效合理的控制和引导，必将给我国钢铁行业带来不利的影响。所以，政府以及企业一定要对国内外铁矿石资源、产品市场和国内能源等有一个较准确的预测，把握好国内外钢铁行业发展的脉搏，实现国内钢铁行业的良性发展。

另外，截至 2007 年，我国 4 个直辖市、21 个省会城市和 175 个地级市都有自己的钢铁厂，都在争夺矿石、炼铁炼钢，但大部分都缺少自己的品牌，没有国际竞争力，其产品主要用来满足本地的需要，以地方自产自销为主。在当今全球化的时代，必然经不起国际市场的冲击，抗干扰能力差。同时，国内许多大的钢厂都想把轿车用钢作为自己的主打品牌，但却没注意到汽车用钢仅占全国钢产量的 4.9%左右，轿车用钢就更少了，并且轿车用钢其综合性能要求较高，国内许多企业现有的技术设备还难以生产出新一代高强钢板，所以，至少目前轿车用钢还不应该是许多企业的主打产品。

(4)政府、社会、企业的观念有待转变，资源大国的意识比较严重，缺少忧患意识，不利于矿产资源的可持续发展

我国已探明的矿产资源总量较大，仅次于美国和俄罗斯，属于世界第三矿产资源大国，诸如钢铁、铝、铜、镁等常用有色金属及水泥、有机纤维、玻璃等产量已稳居世界前两名。于是，一些地方政府、社会、媒体、企业、国民自我陶醉，陶醉在我们有多项世界排名第一的产品，我们的钢铁产量是美国和日本的总和，照这样下去国家的发展潜力是巨大的，发展势头是不可阻挡的。殊不知我国人口基数大，矿产资源人均拥有量低，国家还正处于工业化的过程中，国民经济与社会发展对矿产资源的需求仍保持强劲势头。我们的产品主要以低档产品为主，出口有数量上的优势，但没价值上的优势。我们的开发大多为低水平开发，对矿藏造成巨大的浪费，对生态环境造成巨大的破坏，甚至已经影响人们的居住、生活。如此开发下去，就会从资源大国变成资源小国，未来必将受制于资源的短缺，钨矿的不合理开发就是现成的例子，原有的 20 个黑钨矿仅存 2 个，已经难以支撑国家发展的需要。

### 6.1.2　客观认识我国矿产资源的开发利用现状

我国工农业技术还不够发达，人均国民生产总值不高，社会还需要大的发展，必然使得资源的需求增加，在大力建设社会主义的过程中一定伴随着部分资源或部分阶段的资源不合理开发利用。因此，对目前这种资源开发利用状况要有客观的认识和评价。

(1)矿产资源的开发利用涉及的是一个系统工程，与一个国家的社会发展阶段、经济规模以及机械、电子、信息、冶金等技术水平以及人们的意识相联系。资源的不合理利用只是其中的一环，这是产生矿产资源开发利用不合理现状的根本原因。

我国人口多，经济基础薄弱，经济规模不够大，加上西方国家对我国实行关键技术封锁，使得我国短期内难以买进或研制出先进的技术设备，因此，机械、冶金、信息、

化工等行业工业技术水平都比较落后，设备比较陈旧，机器性能不够稳定，加工精度不高，使用寿命不长，难以完全实行期末淘汰制，这些都将影响我国企业的正常规范化管理，综合结果将导致国家矿产资源的开采、选矿、冶炼等技术水平和所制造产品的性能不佳、纯度不高和资源深加工的能力不强。而矿产资源最终产品的纯度、性能不高，在再利用过程中必然影响到下一步的机械、冶金、化工、电子等仪器设备的整体水平。所以，矿产资源的综合利用水平与整个国民经济的规模、国家的技术水平、科技创新体系等紧密相关，这是一个系统工程，要客观认识该系统的现实状况。

在我国许多地区，地方保护主义还比较严重，地方经济不从全局的观念来思考问题，且仅仅着眼于地方局部利益、眼前利益，甚至有众多的政府官员喜欢政绩工程，在任期间往往大力开发地方资源，粗放式提升地方经济规模，造成地方资源开采无序化，严重扰乱国家资源平衡发展体系。因此，矿产资源的综合利用水平是和中央、地方的协调发展、利益关系相联系的，这也是一个系统工程，而我国在这方面还存在一些不足，要有客观的认识。

(2)我国正处于社会主义市场经济不断发展、完善的过程中，制度的建立、法律的保证、标准的制定都需要一个过程，所以存在着资源的不合理利用状况，这是产生矿产资源开发利用不合理现状的重要原因。

在计划经济时代，国家的矿由谁开、怎么开、开多少、卖给谁，都是中央政府说了算，与市场无关。党的十四大以后，国家实行的是社会主义市场经济，除了国家的宏观调控之外，矿产资源的生产、需求都主要由市场来决定。但是我国的社会主义市场经济起步较晚，具有中国特色，没有先例可以借鉴，只能在实践中不断地探索、不断地完善。显然，关于矿产资源开发利用的各种规章制度、法律条文还不够完善，技术标准还不够健全，那么必然存在漏洞，使得部分企业、商人趁机对我国矿产资源进行粗放式开发，掠夺资源或利润，对国家的矿产资源造成一定的破坏。

另外，还应考虑到国家处于大发展时期，大发展需要消耗更多的能源资源，在当前大规模矿业集团难以满足国家发展需要的情况下，只能让部分小矿业来填补这个空缺，而小矿业因技术设备落后等原因，必然造成矿产资源的不合理开发利用。

(3)目前的这种资源开发利用现状与我国矿产资源的储量、分布特征有关，一方面我们应有紧迫感，另一方面又潜在一定的机遇，尽管我们国家矿产资源丰富，但是中国新闻网 2023 年 7 月 9 日电，经国务院批准，历时 4 年的中国固体矿产资源储量套改结果通报，我国矿产资源储量结构呈“三少三多”的特点，即基础储量少(36.3%)，资源量多(63.7%)；经济可利用的资源储量少(33.3%)，经济可利用性差或经济意义未确定的资源储量多(66.7%)；已探明的资源储量少(10.63%)，控制的(43.55%)和推断的(45.82%)资源储量多。我国许多矿种资源的品位较差，贫矿多、富矿少，小型矿多、大型矿少，利用难度大，开发成本高，竞争力弱。

例如，铁矿：全国平均品位<34%，富矿不足 5%；铜矿：大于 3%的富矿只占总储

量的0.7%；磷矿：富矿仅占总储量的5.9%。还有相当一部分矿产物质组成复杂或矿产类型复杂、利用困难，如铁矿储量的1/3和铜矿储量的1/4都是多组分矿，而铝矿资源几乎全是一水型、含硅高，矿石加工时耗碱量大。矿产地理位置偏僻、自然环境恶劣等都使得我们国家的矿业综合利用水平不高。所以，一方面我们应该抓紧时间探明我国矿产资源的综合储量，提高贫矿、多组分矿的综合利用率，节约资源；另一方面可以借此来提高我国矿产资源的综合开发利用水平，充分利用国际资源，保存我国现有资源的实力，为国家的可持续发展储存资源。

(4)站在战略的高度，采取措施，确保我国矿产资源的可持续发展。矿产是人类主要的生产要素之一，是工业的粮食，是社会经济发展不可缺少的重要资源。今天，国家大发展时期，为了使我国的发展永葆强劲势头，在2020年，我国全面建成小康社会，我们有必要站在战略的高度，重视国家矿产资源的开发利用和建设，采取以下有效措施，确保我国矿产资源的可持续发展。

①坚决关闭小矿山，实施规模化、集约式经营战略，提高我国矿产资源的综合利用效率，提升我国矿业集团的国际竞争力。小矿山已经给国家的发展造成了巨大的负面影响，资金不足、设备简陋、技术落后、规模小、没有竞争力、资源利用率低、安全环保意识薄弱、生态破坏严重、事故频繁发生等。国家应该整合矿山企业，坚决关闭小矿山，实施规模化、集约式经营，成立大的矿业集团，引进先进的技术设备，抓紧培养矿业专用人才，提高矿石的开采分选利用程度，提高企业的管理水平，树立大矿业、有特色、高附加值的产品思想，使得每一块矿产资源在我们的国土上都能发挥它的资源优势，做到矿尽其"材"的地步，提高我国矿产资源的综合利用水平，提升我国矿业集团在世界上的竞争能力。国家从2004年起给予矿业专业学生高额奖学金就是一项很好的举措。

②加快社会主义市场经济建设，完善各种法律法规和规章制度，以法治矿，使矿业资源的探测、开采和使用有序化、制度化。建立社会主义法治国家要求以法治国，社会主义市场经济要求按照市场规律办事。现阶段的某些市场现象是否合乎社会主义市场经济的规律、遵守社会主义的法律，就要看国家的经济制度、法律制度是否健全，是否做到有法可依、执法必严。我国矿产资源的探测、开发、利用、税收、费用、自然资源保护等还没有一套完善的法律体系，使得某些矿产行为还难以依法制止。例如，黑钨矿的掠夺破坏性开发，就难以从法律的角度进行治理。我们一定要加快社会主义经济制度和法律制度的建设，完善社会主义市场经济的矿业部分，加紧制定关于我国矿产资源的保护、开采、使用、惩罚奖励等法律法规，减少行政的干预，做到有法可依、以法治矿，使矿业资源的发展在制度的轨道上平稳、有序、健康、合理地向前迈进。

③做好矿区社会、人文和自然环境的保护工作，降低矿产资源的开采、选取和冶炼对环境的破坏，实现矿业环境的可持续发展。全国有118个矿业城市，大多数都存

在植被减少、水土流失、空气质量差、环境污染、生态破坏严重、地质环境恶化、经济发展后劲不足及人文气氛、社会环境差的状况，并且部分城市已经面临资源严重不足，难以为继的局面。为了重振老矿业城市的活力，在新兴矿业开发中降低对地球的不友好行为，我们应该全面实行“适度开发、谁开发、谁负责、谁治理”的方针，做好开挖矿井的回填、植被的覆盖、矿区的绿化、水污染的洁净化、固体废弃物的回收利用和无污染处理、烟尘排放的过滤工作，并营造一定的人文氛围，提高周围群众和员工的思想情操，树立一种乐观向上的社会精神风貌，实现矿业城市的可持续发展，最终实现国家矿业的可持续发展。

④加快矿产资源的开采、选冶技术进步与创新。基于对我国矿产资源利用现状及未来发展的战略思考，提高矿产资源的利用效率，虽然我国吨钢能耗指标已接近国际水平，2008 年吨钢可比能耗为 609.61 kg/t 煤当量，工业发达国家为 600～700 kg/t 煤当量，我们还是有一定的差距，其主要原因是高效节能环保装置配备率低，有用物质回收利用率低。我国许多重大冶金技术装备国产化率低，钢铁生产所需的一些大型冶金设备、部件仍主要依靠进口，这些都阻碍了我国矿产资源利用效率的提高。加快国家创新体系建设，促进全社会科技资源高效配置和综合集成，提高科技创新能力，实现科技和经济社会发展紧密结合。国家要发展，矿业要发展，就必然要加快我国矿产资源的开采、选冶等技术的进步，只有这样才能节约资源、节约能源，为我国的发展提供充足的资源保障。例如，如果采用溶剂萃取-电极法提取铜，就将铜矿石可采品位降至 0.2%～0.4%，最低达 0.04%，大幅度提高了铜矿的利用效率。

⑤开源节流，实施全球矿产资源战略。充分利用好国内外两种资源，“开源”即广开矿物原料来源的渠道，包括探测新的、回收利用旧的及用贫矿开发潜在的、人造可替代的等。“节流”即千方百计地改善利用矿产资源的技术水平和效率，使有限的矿产资源得到最大限度的充分利用。在经济全球化、资源全球化的当代，我们应该考虑利用全球资源、能源，把一些能源、资源消耗较大的行业转移到那些资源、能源丰富的国家，在全球范围内购买国内短缺的矿产资源或走出国门勘查开发我国所需要的矿产资源，树立“全球矿产我可用”的战略思想，在全球范围内实现国民经济的可持续发展，优化国内经济产业结构，使我们有限的资源、能源用在国民经济建设最需要的地方。同时做好国家的资源、能源储备工作，以备在战争或紧急状态下供国民经济发展需要。

⑥提升矿产资源利用的科技水平。以发展高新技术带动我国矿产资源管理和利用水平的提高，大力发展我国的机械、电子、信息、冶金、化工、汽车等行业。应用精度较高、质量较好的机械来提升我国采矿、选矿、冶炼设备的性能和适用环境；应用电子信息技术来改变矿业发展中自动化、智能化和管理信息化技术落后的局面；加快冶金、化工技术的进步，提高选矿、提纯的精度和纯度以及产品等级的分类，提升矿产资源深加工的比例；大力发展汽车、信息等高新技术行业，以高新技术对原材料、技术、

人员素质要求高的特点来带动基础行业以及矿产综合利用技术水平的进步。从整体上提升整个国家的科学技术水平，增强技术进步对国民生产总值贡献的力度，提高我国矿产资源的管理和利用水平。

⑦加快政府、社会、企业和国民矿业意识的转变，由大变强，由富变强，树立矿业强国的思想，确保矿业“和平”发展一定要改变“量”上资源大国的观念，树立一种“质”上资源大国的思想，要把我国资源“量”的优势转化为“质”的优势，从资源大国变为资源强国，从资源富国变为资源强国，确立矿业强国地位，确保我国所需的矿产资源能够和平地发展与供应，整个国家能够和平发展。应该做到对于我国具有储量优势的矿产资源，其产量应该在国际市场占有一定的份额，能对国际市场产生一定的影响；对于具有技术优势或储量优势的矿产资源，要有自己的品牌，在质量上做到国际先进水平，能对国际高端产品市场产生一定的影响；对于我国储量不足和技术落后的矿产资源，能找到多渠道供应源和替代产物；能够制造先进的矿用设备，解决资源开发利用中的难题，致使采矿、选矿和冶炼水平处于世界前列；我国有足够的矿业人才储备，并有一批知名的专家学者、企业家活跃于国际矿业界，应充分利用人才优势，把握住全球矿业发展的命脉。

## 6.2　适合我国国情的矿产资源利用管理制度

我国具有丰富的矿产资源，这些自然资源是我国巨大的财富。当前人们的生产和生活中都离不开矿产资源，虽然我国拥有绝对总量上相对丰富的矿产资源，但是人均拥有量小且多是不可再生资源，储量有限。所以，在开发使用过程中需要提高矿产资源的利用率，尤其是加强资源管理工作，才能充分发挥矿产资源的价值。

### 6.2.1　矿产资源的有限性

矿产资源是指经过地质成矿作用，埋藏于地下或出露于地表，呈固态、液态、气态，具有开发利用价值的矿物或有用元素的集合体。矿产资源是重要的自然资源，是社会生产发展的重要物质基础，现代社会人们的生产和生活都离不开矿产资源。矿产资源属于非可再生资源，其储量是有限的。

矿产资源是不可再生的，矿产资源又是有限的。因此，一旦知道某一资源的分布和储量，人们就可以根据其开采量或消耗速度来预告它的耗竭时间。国际上以研究发展理论著称的“罗马俱乐部”对矿产资源的耗竭问题曾进行过研究：他们对 19 种矿藏进行了分析，认为按 1970 年不变的消耗速度推算，有 13 种矿藏将在 100 年内耗竭；如果消耗速度按指数增长，有 14 种矿藏将在 50 年内耗竭；如果考虑到发现大型新矿的可能性，并按矿藏储量比已探明的储量增加 4 倍计算，有 15 种矿藏也将在 100 年内耗竭。

也有的学者认为，在计算矿产的蕴藏量及其耗竭时间时，不能单纯以消费量的多少来估算还能供应多少年。因为，当矿产储量日益减少时，有下列 4 种情况发生：第一，价格会上升，这样会导致对矿产的节约使用，也可使品位较低的矿床重新具有利用价值，从而使潜在储量大幅度增加；第二，在开发中的地区，新的探矿一定还可发现不少资源，具体数量很难预测；第三，对于本来以为不好而弃置的矿物质将会做更慎重的处理；第四，转而利用其他原料。以上这些都可延长矿产枯竭的时间。矿产资源是一种地下资源，需经过漫长的地质年代才能形成，一旦开采了，就无法再生和补充。无论如何估算矿产资源的耗竭时间都不能改变它的不可再生性和有限性这一事实。矿产资源的有限性，要求人们对其进行合理开发和节约使用，不能浪费和破坏。这就要求对矿产资源采取科学的管理方式。

## [案例分析 6.1]

### 四川的矿产资源储备及开发利用现状①

#### 一、案例内容

四川地质构造复杂，有成矿的有利条件，矿产资源丰富，矿产种类齐全；全省矿产资源供应能力较强，是西部乃至全国的矿物原材料生产加工大省。至 2018 年末，四川省具有探明资源储量的矿种 92 种(亚矿种 123 种)，其中 33 种矿产排位进入全国同类矿产探明资源储量的前三位，天然气、钒、钛、二氧化碳气、锂矿($Li_2O$)等共 14 种矿产在全国探明资源储量中排第一位，铁矿、铂族金属、稀土矿(稀土氧化物)等共 10 种矿产在全国探明资源储量中排第二位。

四川的资源特点：一是资源总量较大，但人均占有量低于全国平均水平；资源种类齐全，但多数矿种储量不足。除钒钛磁铁矿、岩盐、芒硝、铅锌、硫、铁矿、石棉、云母、金、磷、水泥灰岩等储量可满足开发需要外，多数矿产资源都存在资源数量不足、质量差、探明矿山不足的问题。二是大型或特大型矿床分布集中，区域特色明显，有利于形成综合性的矿物原料基地。矿产集中分布在川西南(攀西)、川南、川西北三个区：川西南以黑色、有色金属和稀土资源为优势，其他矿产也很丰富且组合配套好，是我国的冶金基地之一；川南以煤、硫、磷、岩盐、天然气为主的非金属矿产种类多，蕴藏量大，是我国化工工业基地之一；川西北稀贵金属(锂、铍、金、银)和能源矿产(铀、泥炭)资源丰富，是潜在的尖端技术产品的原料供应地。三是部分重要矿产以贫矿和低

---

① 来自：四川省人民政府网，https://www.sc.gov.cn/10462/10778/10876/2019/6/25/a84868bb8efb4bc8a5fca4c54bbd0c38.shtml。

品质矿为主，富矿不足。除铅、锌、镉、银、岩盐、钙、芒硝等品位稍高外，其他矿产多为中、贫矿。四是矿床的共生、伴生矿多。攀西的钒钛磁铁矿为铁、钒、钛共生，川南的煤矿为煤、硫共生，川西北的锂矿为锂、铍共生。共生、伴生矿多，虽具有重要的综合利用价值，但增加了采矿和选冶工艺难度。

总而言之，不论是四川的矿产资源现状还是我国的矿产资源现状，都有着异曲同工的优缺点，比如都有着种类丰富、蕴藏量大的特点，但同时也存在人均占有量小的特点；有大型的矿床分布，同样也有不完备的技术缺乏；有充足的原材料，但对矿产资源的综合利用效率却很低。

**二、案例分析问题**

在客观认识四川省矿产资源开发利用现状的基础上，如何采取有效措施，确保该省矿产资源的可持续发展利用。

**三、对策分析**

矿产资源是西部的一大重要优势资源。矿产资源的可持续利用是可持续发展战略不可或缺的重要组成部分。可持续发展是指可以长久地发展，对资源持久利用，可持续也就是指能够长久地延续。有人把可持续发展狭义地理解为生态环境保护。其实，矿产资源的可持续利用与生态环境保护二者之间相互联系、相互作用，两者对于我国的发展都很重要。我国当前出现的许多生态脆弱、水资源污染、植被破坏、水土流失等问题大部分是由于人们对矿产资源的粗放式利用引起的。矿产资源的可持续利用要处理的首要问题就是通过各种合理、有效的途径提高矿产资源的使用价值和综合利用水平，尽最大努力减少乃至消除废弃物的产生，保护好矿山区域的生态环境，实现对矿产资源利用过程中利润的最大化。人类通过利用矿产资源满足自身需要的同时，不能对社会和其他的环境、资源等产生负面影响。任何一个国家、地区在资源开发利用过程中，均可能对其他国家或地区造成影响。评价一个矿产资源项目对社会所产生的负面影响时，应从其自身获取的价值减去其所产生的负面效应。只有对社会所产生的负面效应逐步减少的情况下，矿产资源的利用才算得上可持续。当前人类对矿产资源利用过程中在满足自身需要的同时，还应考虑不能影响子孙后代对矿产资源的需要。

**四、建议**

人们在开发利用矿产资源的过程中既要考虑当代人对矿产资源的需要，也要考虑把重要的矿产资源财富留给子孙后代。有些人则认为，我国地大物博，矿产资源丰富，可以无节制地开采、消耗矿产资源，不需要考虑未来子孙的需求，认为我国的矿产资源是取之不尽、用之不竭的，这样的观念和思想是错误的。人类在生产活动过程中对矿产资源的利用一定要从大局、长远利益出发，实现矿产资源的可持续利用就需要人类对矿产资源进行合理保护、提高资源使用率和有效利用。我们要保护好现有的矿产资源，还应保护好由于技术条件限制无法利用的潜在资源。随着科技投入的增加，人类对矿产资源的利用效率及其加工产品也应逐步提高。

**五、结论**

针对我国矿产资源面临的严峻形势，我国提出了坚持节约优先、立足国内、多元发展、保护环境，加强国际互利合作，构建安全、稳定、经济、清洁的现代能源产业体系。调整优化能源结构，合理控制能源消费总量，完善资源性产品价格形成机制和资源环境税费制度，健全节能减排的法律法规和标准，强化节能减排目标责任考核，把资源节约和环境保护贯穿于生产、流通、消费、建设各领域各环节，提升可持续发展能力。

### 6.2.2　矿产资源的管理制度

矿产资源作为经济资源，是作为一项国有资产来经营的，国家凭借所有权，以平等的经济利益关系通过有偿使用制度来运作，实现其经济利益分配权，是合理开发、利用矿产资源，贯彻资源资产"保值、增值"原则的必然要求。矿产资源有偿使用主要体现在有偿取得开矿权和征收资源补偿费两个方面。

世界上多数国家在 20 世纪 20—30 年代就完成了矿业立法。在 20 世纪 80 年代末 90 年代初，100 多个国家修订了《矿业法》。从最近的《矿业法》修订情况来看，世界上多数国家矿产资源为有偿使用。新中国成立以来，我国矿产资源一直是无偿使用的。近几年，我国矿产资源使用尚处于无偿和有偿取得的"双轨制"中。矿权的有偿取得以及许可证制在一定条件下的转让，反映了我国由矿产资源管理发展到资源性资产管理的法制化过程。

各国矿产资源管理制度大致可分为两种：土地所有权制度和矿产资源所有权制度。这两个制度的核心区别在于法律是否承认矿产资源有独立于土地所有权的法律地位。土地所有权制度坚持矿产资源为土地的构成部分，因此土地所有权人即为矿产资源所有权人。在土地所有权发生转移时，除非出让人与受让人就矿产资源的权属另有约定，矿产资源的所有权也同时发生转移。美国是比较典型的实行这一制度的国家，基本上采用了这一制度。由于美国的土地分别为联邦、州和个人所有，因此矿产资源也就分别为联邦、州和个人所有。美国联邦政府所有的矿产资源主要在美国的西部；而在美国东部，大部分的自然资源都属于私人所有。此外，尚有少量矿产资源位于州政府所有的土地之下，属各州政府所有。而矿产所有权制度认为矿产资源不是法律上的土地的构成部分，坚持矿产资源的独立性，分别设立土地和矿产资源所有权，土地所有权人并不当然成为矿产资源所有权人。以法国和德国为代表的大陆法系国家采用这一制度。我国也采取了同样的制度。依据《中华人民共和国宪法》第 9 条和《中华人民共和国矿产资源法》第 10 条，矿产资源属于国家所有。依据《中华人民共和国宪法》第 10 条，我国土地分别为国家所有或集体所有。这就是说，集体土地中的矿产资源不是集体所有，而是国家所有。基于所有权的一物一权原则，可以认为，我国采用了矿产资源国家所有权制度。

### 6.2.3　矿产资源产权制度

矿产资源的价值归属与补偿，首先要以良好界定的产权为前提。在资源无主或产权不明晰的情况下，资源使用者缺乏对未来收益的稳定预期，从而其贴现率较高，使其倾向于选择当期较高的开采率而忽视对资源耗竭的补偿。矿产资源的产权界定可以分解为一系列权能，并由不同的主体来行使。

矿产资源产权由所有权、矿业权和居民环境权 3 部分构成，这些权益分别对应着矿产资源价值的 3 个组成部分：使用者成本、边际直接成本（矿业权价值）和边际外部成本。它们通过各自的渠道得到补偿，实现矿业可持续发展（图 6.3）。这一模式是市场经济国家在长期的矿产资源开发利用中不断地探索并最终选择的模式，对我国这样的市场经济发展中国家具有重要的启发和借鉴意义，但一些具体做法不一定完全适用于我国的国情，需要对适合我国国情的矿产资源产权制度、价值补偿内容及渠道进行更深入的研究。

我国矿产资源属于国家所有，即国家为最终的产权主体，同时根据资源产权市场运作需要在资产终极所有权的基础上，将部分权能适当地分离，形成“探矿权”“采矿权”这两项“他物权”。国家可以以矿产资源管理者、矿产资源所有者、投资者三重身份获取矿产资源资产的经济利益，不同的身份获取收益的性质也不同。应该指出的是，政府作为国家权力的行使者，向矿产资源开发企业收取的税款不属于财产性收益。尽管税收有聚财、调控职能，但不能直接发挥国有资产管理的“保值、增值”效能，所以其不作为财产收益处理。矿产资源作为经济资源，是作为一项国有资产来经营的，国家凭借所有权以平等的经济利益关系通过有偿使用制度来运作，实现其经济利益分配权，是合理开发、利用矿产资源，贯彻资源资产“保值、增值”原则的必然要求。矿产资源有偿使用主要体现在有偿取得矿权和征收资源补偿费两个方面。矿权的有偿取得以及许可在一定条件下的转让，反映了我国由矿产资源管理发展到资源性资产管理的法制化过程。现有的技术经济条件下能被人类开发利用的参与人类社会经济生产和交换的矿产资源就是矿产资源资产。矿产资源资产是能以货币计量的经济资源，是能够获取收益的生产资料。

由于矿产的勘探与开发是一项需要大量资金和专业技能的工作，由国家或所有权人亲自行使探矿、采矿的职能是低效率的。所以，一般实行所有权与矿业权分离。

个人与社会组织可以向国家申领矿业许可证，以取得探矿权和采矿权，国家依法保护矿业权人的合法权益。从广义上说，矿产资源所在地的居民拥有健康、安全以及舒适生活的权利，这种权利不能因采矿活动而受到侵害。公民环境权在传统上不属于矿产产权的基本内容，但鉴于矿产开发往往会对资源所在地社区居民的财产和健

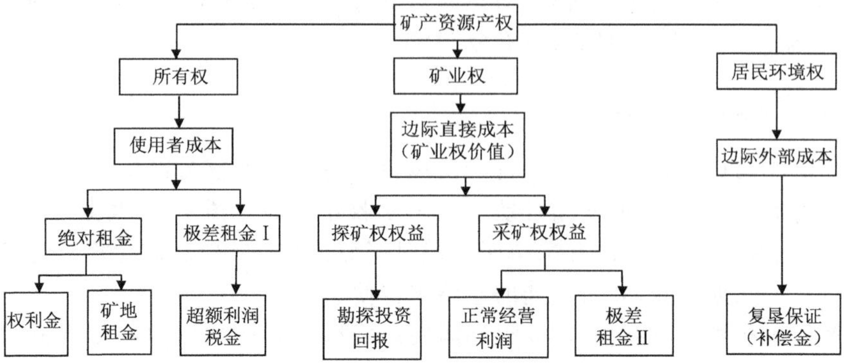


图 6.3　矿产资源的产权界定

康等造成重大影响，因而各国普遍要求采矿企业在开发利用矿产资源的同时，要进行环境的保护、治理与恢复。由此发生的成本实际上是对资源所在地居民环境权益的补偿。环境权与自然资源权合并的趋势已被大多数国家环境与自然资源的立法实践所证明。因此，矿产资源所在地居民的环境权益也应包括进矿产价值之中。对矿产资源的勘查、开发等活动不可避免地会对土地、水、大气、生态环境等造成一定的破坏和污染，比如土地生产力的下降、开采中“三废”的排放及所产生的污染、地下采空及露天堆放诱发的各类地质灾害。这些污染和环境破坏又会对周围社区居民的生产、生活乃至身体健康带来不良影响。因此，采矿带来的外部损失应该纳入矿产资源的价值之中予以补偿。在“污染者付费”的原则下，外部环境损失由采矿企业承担，使之内部化为采矿企业的成本之一。

总之，在所有权与矿业权分离、环境损害的发生与承担存在时空异置的情况下，矿业可持续发展的关键问题是协调产权拥有人之间的利益冲突，以便对矿产资源价值进行系统的补偿。

### 6.2.4　我国矿产资源管理存在的问题

我国矿产资源使用和管理方面依然面临着一些问题和不足：一是地质矿产调查评价与勘探工作投入严重不足，矿产开发与矿产资源规模不明及后续资源不足的矛盾十分突出；二是资源开发缺乏统一规划与布局，矿业经营方式粗放，资源浪费现象比较严重；三是矿业发展与矿山生态环境恶化的矛盾日益明显；四是矿产资源监督管理的力度不大，特别是资产化管理滞后；五是资源综合利用难度大，科技兴矿水平有待提高。例如，依据《中华人民共和国矿产资源法》和《煤炭法》的规定，矿产资源及作为其产品之一的煤炭均属于国家所有。国家作为矿产资源所有者，其权利是通过国务院及各省（区、市）人民政府国土资源主管部门对本行政区域内的国有矿山企业和民营矿山企业勘查、开采矿产资源的活动进行监督管理来实现的。品质好、储量大的煤矿自然属于国家规划矿区，主要由国有矿山企业开采；次一点的煤矿由各级政府主管部门分级管理，集体矿山企业经审批可开采国家指定范围内的煤矿资源。虽然矿产所有权制度有利于国家对自然资源的开发进行总体规划和调控，有利于进行战略物资储备和维护国家安全，但是其权利制度比较复杂，容易导致权利主体缺位，不利于权利主体真正行使权力。在对国家权力实行者，特别是各基层主管官员缺乏有效监督的情况下，腐败似乎不可避免，前面提到的少数人利用权钱交易掠夺资源以及社会两极分化的现象必然愈演愈烈。

针对这些问题，我国从维护矿产资源国家所有权出发，正在逐步完善矿产资源有偿使用制度，将有偿与无偿双轨制统一为有偿使用的单一制。使矿产资源市场逐步形成并逐步走上规范化发展轨道，达到产权明晰、规则完善、调控有力、运行规范的目标，更加有效地维护资源所有者和使用者的合法权益，确保作为国有资产的矿产资源的保值、增值，使国家对矿产资源所有权在经济上得以实现。

### 6.2.5　我国矿产资源的利用管理可采用的对策

(1)矿产资源所有权向多元化转变

资源国家所有权与使用权的分离导致滥用资源使用权。以备受指责的小煤窑为例，小煤窑矿主为什么会疯狂地对煤矿进行破坏性的开采？就因为这些矿山的所有权都是属于国家的，他们获得的只是一段时间的使用权，这就注定他们的开采只不过是短期行为，他们的目标就是在承包期内获得最大的收益，所以“采富弃贫”，开采率低，资源浪费严重。

本着谁投资谁受益的原则，我国应在重要资源国家所有的基础上，逐步将一些资源的所有权向社会放开，建立包括部分资源个人所有在内的多元资源产权体系，使人们可以根据自己的偏好选择所要持有的产权形式。这样才能充分发挥人们的积极性，激励人们自觉地关心和提高资源回收率，实现“贫富兼采，综合利用”，以可持续的方式利用矿产资源。国家通过资源的有偿转让，可以积累资金，而在这一过程中，公有财产也只是变换了一种存在的方式，并通过对这笔资金的运用及适当的税收制度来实现公有财产的保值、增值。可见，资源的个人所有不但不会改变我国社会主义性质，还会增加社会财富。

(2)土地所有权与矿产资源所有权一体化

各种采矿活动造成了对周围空气、水体、土壤及环境的严重污染与破坏。采矿者追求的只是高额利润，之后矿山是否会变成一片废墟根本不是他们所关心的。环境运动的兴起和从 1970 年以来日益强化的环境立法，明确了矿产企业负有环境损害补偿的义务。在各国普遍推行的综合环境管理措施规定，在矿山开发的计划阶段就要系统地考虑各种环境问题，包括从源头上减少污染排放、对固体废弃物进行回收利用、对矿山闭坑后的土地利用进行详细的规划。环保、安全、生态重建等事项被作为矿业权审批的一项重要审查内容。然而，这些都不能足以引起采矿者发自内心地注重环保，只有将土地所有权与矿产资源所有权合二为一，才能真正调动采矿者保护土地资源和环境资源的积极性。

在我国矿产资源环境状况日益恶化的情况下，矿产资源单一的国家所有权与使用权分离的资源产权结构已不能胜任。要实现矿产资源的可持续利用，有必要根据各种矿产资源的存在状态，建立以矿产资源国有为主包括矿产资源个人所有在内的多元矿产资源产权体系。同时，在我国重开发轻保护、重建设轻管护的思想仍然存在。矿产资源开采行业对生态环境影响很大，矿山开采沉陷造成的环境问题日益引起人们的重视。要实现矿产资源开发与环境保护共赢的目标，有必要使土地所有权和矿产资源所有权一体化。

## 6.3 我国矿产利用的可持续发展对策

自 1987 年布鲁特兰夫人在《我们共同的未来》报告中明确提出可持续发展的概念，迄今，可持续发展的内涵已得到极大丰富和完善。现在，可持续发展已涉及经济、社会、人口、环境、资源等方方面面，体现了人类在与整个社会和自然和谐相处的前提下不断谋求进步的愿望和宗旨。

### 6.3.1 我国实现矿产资源可持续发展的有利条件

虽然现在我们面临着前所未有的矿产资源危机和由此引发的各种难题，但同时我们也应看到解决这些难题、实现矿产资源可持续发展的有利条件。

(1)我国矿产资源勘探程度不高，油、气、金、铜等已探明储量只有预测资源量的 1/5～1/4，其他一些非金属资源的潜力也很大。知识经济时代的到来，科教兴国战略的实施为挖掘矿产资源潜力、保护和合理利用矿产资源提供了新的更有力的科技保障。而国民经济持续发展、综合国力不断增强也将会不断加大保护和合理利用资源的投入力度。

(2)我国是世界上人力资源最为丰富的国家之一，同时也有一支从事资源开发利用水平相当高的人才队伍。只要能够充分调动人们的积极主动性，加强科学文化知识教育，必定能为解决当前乃至未来的各种问题提供坚强的人才和人力保证。

(3)目标和可持续发展战略为解决人口、资源、环境问题提供了重要契机。《中华人民共和国矿产资源法》等资源法律法规体系的建立，为依法行政加强资源管理提供了法律保障。

(4)经济体制和经济增长方式两个方面的根本性转变，为资源的开发利用从高消耗、粗放型经营向低消耗、集约型经营转变，为改革不合理的机构和管理体制，为资源的社会行为模式从开发利用向资源配置转化到最终成为节约保护和更新建设创造了条件。

### 6.3.2 矿产资源可持续发展的目标和对策

在《中国 21 世纪议程——中国 21 世纪人口、环境与发展白皮书》中，对矿产资源可持续发展的目标进行了具体规定，其总体目标是：在继续合理开发利用国内矿产资源的同时适当利用国外资源，提供资源的优化配置和合理开发利用水平，最大限度保障国民经济建设对矿产资源的需求，努力减少矿产资源开发所造成的环境影响，全面提高资源效益、环境效益、经济效益和社会效益。针对这一总体目标，可采取如下对策。

(1)正确处理资源问题中的几种矛盾关系

①认清我国“地大物博”与“人多物薄”的现状，既要看到宏观上综合经济潜力巨大的因素，又要清醒地认识到在微观上人均可利用资源有限的现实问题，从而增强国民的资源忧患意识。

②认清资源具有有用性及有害性双重属性，从而最大限度开发资源的有用性，尽可能防御和转变资源的有害性；在经济价值最高的情况下，运用最好的时机和途径，用适宜的技术进行清洁开发、高效利用。

③把握资源质与量的关系。针对我国矿产资源的特点，开发适用技术充分加以利用。同时，必须改变以往用名义总量、名义人均量来简单反映国情的状况，建立新的指标体系，进行标准计量，从而真正做到对国情心中有数。

④理解资源的地域性与全球性。一种矿产资源产出的地域是具体的、固定的，但其利用却是全球性、非局限的。因此，应用开放的观点来看待资源，实现各地区乃至各国矿产资源的优势互补、合理配置。

(2)更新观念、发展理论、开发新技术，最大限度地保障矿产资源的持续供应

矿产对于工业化社会是“不可一日缺少”的，因而找矿仍是地质学家不能松懈的重要任务。但是由于矿产的日益耗竭、日益隐秘，传统的找矿理论、方法和手段已不再适用，这就需要总结地学认识、更新地学思维、发展地学理论，着眼于新领域、新地区、新深度、新类型，发展和应用从超宏观到超微观的包括数字地区信息系统及各种综合手段在内的现代技术。同时，在矿产领域也应谋求新出路，或者变革工艺降低成本，使贫矿成富矿、劣矿成优矿；或者开拓地质体的新用途、发展新的用矿方向，使非矿成矿、单矿成多用途矿，从而实现新型廉价资源对传统资源的取代。

(3)坚持“开源与节流”方针，走“资源节约型”发展道路

在不断扩大老矿山的资源储量、寻找新矿产基地、合理利用国外资源的同时，必须将节约放在首要位置，不断减少矿产开发利用过程的浪费现象，做到既节约成本、提高效益，又能不断满足国民经济持续发展的需要，并减少环境损害、降低资源消耗。现在，国家已将“珍惜节约合理利用各种资源”制定成了一项基本国策，要长期贯彻这

项基本国策，就必须走“资源节约”的道路。

(4)加强矿产资源的统筹管理，建立健全法律法规体系

应当改变传统的部门分割、多头管理现象，坚持将资源管理职能从依附于产业的分裂现状中独立出来，形成统一的职能。建立矿产资源的资产化管理制度，有效抑制矿产资源的乱挖滥采，保证矿业秩序的全面好转，实现矿产资源的合理开发利用。建立适应于市场经济要求的地质勘查管理体制和矿产资源管理体制，促进地质勘查工作的良性循环，充分发挥市场对矿产资源的配置作用。建立健全法律法规体系，使矿产资源开发、地质环境保护和地质勘查工作及各项管理纳入法制轨道。

(5)积极宣传教育，实现“公众参与”原则，提高全民可持续发展意识

可持续发展概念提出至今，在有的地区并未深入人心，至少并没有被每一位公民理解清楚、完全接纳。我国现在正面临着人口、资源、环境三大问题，但对于许多人来说却还是未曾意识到或引起重视。这种状况一方面与公民素质有关；另一方面也与国家经济实力密切联系。因此，我们更应清醒地认识到，发展固然重要，但“只发展不治理”或“先发展后治理”的盲目发展道路最终只会走向社会、经济的全面崩溃。可持续发展道路是必然，也是唯一的选择。当我们面临着已经存在的矿产资源问题和可能到来的更沉重的矿产危机时，走矿产资源可持续发展之路，同样是我们唯一解决危机的出路。不只是矿业人员、地质学家需要深刻理解这一选择的重大意义，所有公民都应清楚了解这一选择的必要性，并在他们的行动中自觉体现出节约矿产和其他资源、保护环境、维护社会持续发展的意识和决心。

**[案例分析 6.2]**

## 废弃矿山的开发利用：以国家矿山公园——湖北黄石国家矿山公园为例①

### 一、案例内容

矿山公园：以展示人类矿业遗迹景观为主体，体现矿业发展历史内涵，具备研究价值和教育功能，可供人们游览观赏、进行科学考察与科学知识普及的特定空间地域。

湖北黄石国家矿山地质公园：古矿冶遗址旁的露天采坑——落差 444 m 的人工峡谷黄石国家矿山公园位于湖北省黄石市铁山区境内。“矿冶大峡谷”为黄石国家矿山公园的核心景观，形如一只硕大的倒葫芦，东西长 2200 m、南北宽 550 m、最大落

① 来自：搜狐网，https://www.sohu.com/a/300524051_120057939。

差444 m、坑口面积达 108 万 $m^2$，被誉为"亚洲第一天坑"。

黄石国家矿山公园位于铁山区境内，著名的汉冶煤铁公司的"冶"即指大冶铁矿，历经百年开采，大冶铁矿东露天采场形成了落差 444 m 的世界第一高陡边坡；为了治理生态环境，该矿投资数千万元造就了亚洲最大的硬质岩复垦基地。在黄石国家矿山公园设计中，通过生态恢复的景观设计手法来恢复矿山自然生态和人文生态。将矿区的"十大亮点"与公园建设"无缝对接"，把公园开发建设的着眼点放在弘扬矿冶文化、再现矿冶文明、展示人文特色、提升矿山品位、打开旅游新路上，定位在"科普教育基地、科研教学基地、文化展示基地、环保示范基地"。它充分展示了具有数千年悠久历史的中国矿业文化，为人们提供了一个集旅游、科学活动考察和研究于一体的场所，实现了人与自然和谐共处、共同发展的主题。园区分为"地质遗迹展示区、采矿工业博览区、环境恢复改造区"三大板块，设有日出东方、矿业博览、井下探幽、石海绿洲、雉山烟雨、灵山古刹、千年银杏、九龙洞天八大核心景区。

**二、案例分析问题**

如何对城市废弃矿山(采石场)进行合理开发利用，以满足生态效益、经济效益和社会效益的统一。

**三、对策分析**

在有关修复矿山的问题上，英国和美国最早产生了工程绿化技术，1940 年初，一些欧美国家为防止坡地雨水侵蚀发明了植物盆、液压喷播等技术；英国发明了植物种子喷播和喷射乳化沥青技术，日本在 1958 年多次试验后开发出了比较实用的喷射绿化技术。1973 年，日本开发出了纤维土绿化方法，通过混合纤维、沙质土和泥，并呈台阶型喷射。自 1960 年以来，一些发达国家开始研制边坡绿化技术，结合工程和植被，比如水平格、植生袋绿化和客土植草技术，最后发展为喷混植生技术。

然而，我国对矿山废弃地生态修复的研究起步较晚，开始于 20 世纪 80 年代，90 年代以后才初步形成一定的规模，研究领域主要集中在煤矿废弃地和有色金属尾矿库植被覆盖等。国内对矿区废弃地的研究主要是与土地开发、土地整理相结合的研究，根据实际情况将废弃矿山开发改造成工业用地、耕地、旅游景观和旅游用地、仓储用地、养殖用地、军事用地或绿地(马金平，2019)。

同时，矿山环境问题因为矿产资源的不同，其废弃矿山的治理关键也不相同。煤矿废弃地的环境问题为采空区、塌陷区、煤矸石堆等，其治理关键是对采空区的治理和对煤矸石堆的处理；有色金属矿山如铜矿、铅锌矿，其治理除了矿坑的治理，还要对废弃渣堆进行化学处理，防治废渣堆等通过雨水的淋漓作用污染附近的土壤和地下水；废弃采石场则主要进行滑坡、泥石流等地质灾害的防治以及植被的恢复。

**四、建议**

矿山废弃地的生态恢复对于我国执行的可持续发展有重要意义，近年来，随着我国经济实力的增强和生态环境保护意识的提升，人们越来越关注城市废弃采石场的生态修复及改造利用,挖掘其蕴含的价值。根据国内外废弃采石场的改造研究与实践分析,废弃采石场的改造主要是在其自身的土地资源以及独特的自然景观的基础上加入人文景观元素,在修复生态的同时将其改造成湿地公园、生态公园、城市公园等具有教育意义的旅游景区。

**五、结论**

湖北黄石国家矿山公园位于有着深厚矿业文化积淀的黄石市,曾是亚洲最大的露天采矿坑,也是我国重要的铁矿石生产基地。然而,随着矿产资源的逐渐枯竭,这片曾经繁荣的矿区也逐渐陷入了废弃和荒废的境地。为了恢复生态环境、实现可持续发展,黄石市积极推进废弃矿山的开发利用,力求将其打造成一处集旅游观光、科普教育、生态保护于一体的矿山公园。

经过多年的努力,黄石国家矿山公园利用矿业文化保护、科普教育推广和生态旅游发展等可持续发展实践手段,使废弃矿山开发利用取得了显著的成效。昔日的废弃矿山已焕发出新的生机,生态环境得到了有效恢复,空气质量和水质明显改善。同时,公园的建设也带动了周边地区的经济发展和社会进步,实现了经济效益、社会效益和生态效益的共赢。

湖北黄石国家矿山公园的废弃矿山开发利用是一次成功的实践,它充分展示了生态恢复和可持续发展的重要性。同时,借助矿山公园这一平台,向更多的群众传播环保理念和矿业文化,促进人与自然的和谐共生。

## 6.4 矿产资源可持续利用的实现途径

矿产资源是我国国民经济建设的基本动力和重要条件,是实现社会经济可持续发展的重要基础。通过分析矿产资源的利用现状,并通过对矿业系统运行过程的研究,提出以下实现矿产资源可持续利用的有效途径。

### 6.4.1 可持续利用的技术途径

科学技术是第一生产力,社会的发展离不开科技的进步。我国工业企业都在积极进行技术创新、技术改造,以提高产品的科技含量,获取更好的经济效益和社会效益。政府也为这些企业制定了相应的优惠政策,积极鼓励和扶持企业技术创新工作。作为社会经济重要组成部分的矿业经济系统,更应走科技兴矿之路,把技术放在首位,以实现矿业的经济和社会双重效益,延长矿产资源的使用寿命,服务于国民经济持续发展。

(1)加强矿产资源的科技勘查,争取在找矿工作中不断取得重大突破。解决矿产资源紧缺的根本出路在于加强矿产资源的地质勘查,随着国民经济的高速增长、人口的剧增，我国矿产资源正以高于经济几倍的速度迅速减少，各种矿产资源都或多或少地潜伏着危机，矿产资源的找矿难度加大。但我国地域广大，不同地区地质研究程度悬殊，对多数矿产来说，尚有很大的找矿潜力。

为此，必须应用现代找矿方法和手段，提高找矿工作中的科技水平，把以电子计算机和空间技术为代表的高科技应用于地质勘查各环节，应用航测和卫星遥感方法进行非传统矿产资源的勘查开发。

### [案例分析 6.3]

## 利用多通道瞬变电磁法识别深部矿体——以内蒙古兴安盟铅锌银矿为例①

### 一、案例内容

内蒙古兴安盟铅锌银矿由于埋藏较深，且多存于中高电阻的火山岩中，运用传统的电磁方法无法完全满足探测的目的，故多通道瞬变电磁方法为解决这一问题提供了新的思路。首先，根据内蒙古某铅锌银矿地层条件设计地质模型，计算了沿测线方向大地的脉冲响应，建立一维以及二维模型，数值计算脉冲响应并分析其特征，发现沿测线方向电场的大地脉冲响应能有效反映大埋深异常体的信息，说明多通道瞬变电磁法对于大埋深低阻异常体有良好的反映。然后，通过多通道瞬变电磁技术对铅锌银矿的探测实例，研究多通道瞬变电磁技术在探测陆地深部低阻矿体的潜力，对实际数据进行了奥克姆反演，数据处理过程中利用了反卷积方法提取大地脉冲响应，根据轴向大地脉冲响应的峰值时刻计算视电阻率，通过对视电阻率进行全波形反演得到解释剖面，与测区钻孔资料对比分析证明，多通道瞬变电磁法能够有效识别深部低阻异常体以及提高探测深度，进一步表明多通道瞬变电磁法在探测埋深较大的低阻矿体方面具有较好的应用前景。

### 二、案例分析问题

随着经济规模的不断扩大，矿产开发的力度也随之加大，过去矿产开发主要集中在 500 m 以上的浅矿产资源，造成我国浅部矿产已大幅度缩减。如何有效拓展第二深度空间（500～2000 m）矿产资源探测成了矿产资源勘查的重要任务之一。

### 三、对策分析

多通道瞬变电磁法由于采用伪随机编码发射、最佳匹配相干解码技术，相比于传

① 欧阳涛，底青云，薛国强，等，2019. 利用多通道瞬变电磁法识别深部矿体——以内蒙古兴安盟铅锌银矿为例[J]. 地球物理学报，62(5)：1981-1990.

统时间域电磁方法勘探深度大且抗干扰能力强，是地面资源勘查领域的研究热点。针对内蒙古兴安盟某铅锌银矿埋藏深度大等特点，首先根据矿区资料建立一维和二维模型，数值计算脉冲响应并分析其特征，说明多通道瞬变电磁对于大埋深低阻异常体有良好的反映，随后通过多通道瞬变电磁技术对矿区进行实例勘查，数据处理过程中利用了反卷积的方法提取大地脉冲响应，根据轴向大地脉冲响应的峰值时刻计算视电阻率，通过对视电阻率进行全波形反演得到解释剖面，与测区钻孔资料对比分析证明，多通道瞬变电磁法是反映深部低阻异常体的有效手段。

**四、建议**

在当今社会中，缺乏高精尖的人才来开拓新的勘探领域，传统的一些勘探手段已经不能满足当下我国的矿产资源勘探需要。我国矿业需要招揽一批具有研发型和创造性思维的人才来开拓深层矿产资源的勘探技术。

**五、结论**

在矿产资源的可持续利用中离不开科技的发展，需要把以电子计算机和空间技术为代表的高科技应用于地质勘查各环节，加强矿产资源的科技勘查，提升找矿效率，以满足国民经济的发展需求。

(2)对矿产资源进行科学采、选，提高矿产的采、选回收率，降低损失率和贫化率。矿产资源的采、选是矿产资源开发利用系统运行过程中重要的一个环节。如果没有采、选工作，矿产资源勘查就会失去意义，矿产资源的利用也就不可能了。

另外，我国矿产资源共、伴生矿多及贫矿多这一特点，也决定了矿产资源的采、选必须采用科学合理的方法，根据矿产资源的富集状态，在技术可行、经济合理的条件下，选用科学合理的采、选工艺。在采矿工艺上，严格执行采掘并举，掘进先行和贫富合理开采的正规作业，提高采矿回采率，降低损失率和贫化率。在选矿工艺上，发展选矿的预选抛废技术，提高入选品位，强化破碎和筛分工艺，降低入选矿石粒度，提高磨矿分级率，搞好产品和尾矿的脱水。

采用先进合理的采、选工艺，可以改善矿石质量，提高选矿回收率，节约经营费用，降低成本，保护生态环境。因此，矿产资源采、选工艺是否科学合理，在很大程度上影响着矿产资源能否可持续利用。

(3)矿产资源在冶炼加工过程中要走深加工的路子，提高矿产品的技术含量。企业追求尽可能多的经济效益的经营目的和现代化大生产的客观需要，决定了在对矿产资源冶炼加工过程中要走深加工的路子，提高加工深度，尽可能提高矿产品中的技术含量。企业在对矿产资源每增加一道加工环节，都可以获得高于加工成本几倍的经济效益。因为在加工过程中，不仅会使主矿产品的品位提高，而且还会产生一些具有工业价值的副产品。以煤为例，未经加工处理的煤炭占地大、运费高、价格低，燃烧会产生大量 $H_2S$、$SO_2$、$CO_2$等有害气体，且不能满足工业生产高热值的需要，但经过洗、选加工后,既可分离出能够满足工业生产需要的高热值精煤,又可以通过回收利用硫、煤矸石等副产品而获得经济效益。

因此,企业对矿产资源进行深加工,在实现经济发展目标时相对减少了资源的消耗,延长了资源的保障时限。

(4)提高科技水平,增强矿产资源的综合利用能力。所谓矿产资源综合利用,就是指对采出矿石在选矿加工和冶炼过程中,综合回收各种有价值成分和元素。一方面我国矿产资源的共、伴生性决定了矿山企业在采、选过程中要把同体、异体矿床作为一个整体来规划,在技术可行、经济合理前提下,尽可能采选出更多的有价值矿产。另一方面,矿产资源在冶炼加工过程中要产生大量废弃物,如果这些物质不加以利用,既浪费资源,又污染环境。因此,在废物进入环境之前要运用科学手段和方法,对其进行综合回收和利用,实现废物的资源化和减量化。

### 6.4.2 可持续利用的经济途径

(1)合理确定矿产资源有偿使用的基础价格,实现矿产资源有偿使用的科学性。矿产资源的有偿使用是实现矿产资源可持续利用的有效途径。矿产资源的有偿使用是指勘查、开采矿产资源支付代价的经济行为,是市场经济体制下使用矿产资源的普遍方式。将矿产资源视同财产和权利,在使用和流转过程中支付代价,既可以维护矿产资源财产及其权利各方的经济利益,又可以使矿山企业充分认识到矿产资源的价值,促进矿产资源的合理开发和利用。实行矿产资源有偿使用支付代价的标准是矿产资源有偿使用的基础价格。

因此,确定矿产资源有偿使用的基础价格是实现有偿使用的前提,在确定这一基础价格时,应根据我国矿产储量及消耗,进出口现状,符合一定时期的社会经济发展规划及矿产资源需求预测,以勘查、开采条件最差的矿山勘查成本为基础来确定这一价格,通过矿业地租或企业一次买断等方式实现矿产资源的有偿使用(阎军印 等,2000)。

(2)改革资源税、矿产资源补偿费计征基础的选取。矿产资源补偿费始于 2010 年 7 月,是矿产资源开采者为获取采矿权而支付给矿产资源发现权人,用以补偿矿产资源勘查费用,实现发现权权益的一种支出。矿产资源消耗储量,即可采储量,是矿产资源探明储量乘以可采率而得的,以消耗储量为依据计征矿产资源补偿费可以引导矿山企业为降低单位产品所分摊的资源补偿费,降低开采成本,来不断地进行技术更新,对矿产资源进行综合开采、综合利用,提高资源的利用程度,避免按产量计征所导致的“采富弃贫”“采易弃难”的资源浪费现象。

(3)利用经济手段鼓励企业提高资源综合利用、节约利用的水平。一般来说,企业投资人的经营目的是盈利,进而获得个人成就、事业的满足感。

国家通过对矿山企业矿产资源节约利用程度,综合利用程度的审核、评价并进行比较排序，对位于前几位的矿山给予税收减免或优惠，使企业获得一种营业外收入。这样，因重视科技、通过努力而获得这种优惠的企业就会更加努力争取，而且也可以激励没有对矿产资源充分利用的企业争取后来居上，提高矿产资源的利用率。

(4)进行矿产资源价值核算，将矿产资源纳入国民经济核算体系。矿产资源是国民经济和社会发展的物质基础，国民经济的发展必然要伴随着矿产资源的消耗。我国国民经济核算体系中没有矿产资源的核算，国民经济核算账户中也没包含资源账户。

因此，为了客观地反映国民经济运行与矿产资源增长、消耗的关系，自 2019 年起，开始对矿产资源进行核算，并纳入国民经济核算体系，为国家宏观经济决策提供科学依据，只有这样，才能真正实现资源、环境与经济、社会的协调发展。

### 6.4.3 可持续利用的政策途径

矿产资源政策是指国家在一定时期为实现国民经济与社会发展目标，而对矿产资源的勘查、开采、加工、利用及保护所制定的行动准则。它是政治、经济和自然等多种因素的集中反映，核心内容是十分珍惜、合理利用和有效保护矿产资源，发展集约型经济，目的是促进矿产资源的综合利用，实现矿产资源的可持续利用。根据我国矿产资源开发利用现状，应提倡以下政策途径(陈伟军 等，2008)。

(1)实施矿产资源可持续利用的引导政策。制定这一政策的目的是通过采取一些鼓励和带有倾向性的措施，从而引导矿山企业重视矿产资源的科技勘查，珍惜节约矿产资源，合理利用矿产资源，发展集约型经济，达到矿产资源可持续利用的目的。如自 1985 年以来，国家对能源、黄金、铜等重要矿产开发利用实行了投资倾斜政策，引入市场机制，实行探矿权有偿取得和依法转让制度等政策、措施，取得了明显的效果。

(2)实现矿产资源可持续利用的激励政策。激励政策是国家对矿产资源勘查成果显著，综合采、选回收率高，综合利用程度好的矿山企业，通过奖励或给予某些优惠条件，激励矿山企业朝着国家制定的目标迈进，从而实现矿产资源可持续利用的一系列政策。针对我国共、伴生矿产资源十分丰富并且有广阔利用前景的实际情况，国家对充分回收和合理利用固体废弃物的矿山企业，在经济上提供优惠和支持政策；对综合利用矿产资源的生产和建设实行优惠政策。

(3)矿业运行过程的监督政策。为了切实贯彻《中华人民共和国矿产资源法》和矿产资源管理办法，深入贯彻保护矿产资源，节约、合理利用矿产资源的基本政策；治理矿山环境，依法进行经常性的监督管理，在矿业运行过程中要建立监督政策，旨在监督检查矿山企业制定并完善矿产资源开发利用和保护工作情况，调查、纠正和制止破坏、浪费矿产资源的行为，监督矿山企业“三率”①指标的完成情况，从而促进矿山

① “三率”指矿山开采回收率、采矿贫化率以及选矿回收率。

企业采取措施，加强管理，改进工作，提高矿产资源的利用程度。

### 6.4.4　可持续利用的管理途径

针对我国矿产资源管理中存在的弊端，从勘查到利用过程中存在的问题，依据矿产资源政策，制定实施矿产资源管理法规体系，实现矿产资源的可持续利用，实行必要的矿业管理。

(1)对矿产资源进行直接行政管理。对矿产资源必须按照统一的原则进行规划，集中管理，根据可持续发展的要求，满足国民经济和社会发展当前和长远对矿产资源的需求。实行中央统一管理与地方分类分级管理相结合的体制。由国土资源部统一管理全国的矿产资源，实行矿政管理和所有权管理合一的体制，各级人民政府可以通过编制和实施矿产资源规划来指导和规范矿业行为，培育和管理矿业市场，从而实行矿产资源管理由被动审批向主动调控的转变。全国矿产资源的总体规划要从国家的根本利益和长远利益出发，站在宏观的战略高度对全国矿产资源保护和开发利用做出统筹安排，保障矿产资源供需总量的平衡，调整和优化矿业结构，体现和落实国家的矿产资源政策。

(2)对矿产资源的勘查管理。建立我国矿产资源登记制度和勘查许可证制度。国家对矿产资源勘查实行统一登记制度，矿产资源勘查登记工作由国务院地质矿产主管部门负责，特定矿种的矿产资源勘查登记工作可以由国务院授权有关主管部门负责。矿产勘查单位只有在领取国土资源部门核发的勘查许可证后，才具有勘查矿产资源的权利(张姚 等，2013)。

(3)对矿产资源的开发利用管理。针对我国矿产资源开发利用过程中存在的问题，对矿产资源开发利用进行监控管理，督促矿山企业采用合理的开采方法和选矿工艺，使矿山企业开采回收率、采矿贫化率、选矿回收率达到设计要求，做到综合开采，综合利用矿产资源，把“三率”列为考核矿山企业采、选技术水平和管理水平的内容。“三率”指标是资源利用程度最主要、最基本的技术经济指标，依法考核矿山企业的“三率”指标，督促矿山企业在开采主要矿产的同时，对具有工业价值的共生和伴生矿产应当统一规划、统一开采、综合利用、防止浪费；对暂时不能综合开采或者必须同时采出而暂时还不能综合利用的矿产以及含有有用组分的尾矿，应当采取有效的保护措施，防止损失破坏。

### 6.4.5　可持续利用的替代途径

矿产资源的不可再生性决定了矿产资源的有限性、稀缺性和可耗竭性。因此，在采取各种有效措施促进矿产资源综合开发利用的同时，还要研究开发矿产资源的替代产品，为矿产资源的可持续利用提供保障。实现矿产资源替代品的开发利用需从以下环节着手(陈莲芳 等，2008)。

(1)加大矿产资源替代的科研力度,为矿产品的开发提供成果支持。矿产资源替代品的科学研究是开发矿产资源替代的前提。开发研制矿产资源的替代品是一项技术性要求非常高的工作,技术含量高,具有较大的风险。但鉴于我国一部分支柱矿产的缺口正在迅速扩大,仅通过以上途径只能延缓矿产资源的使用寿命,不能从根本上解决矿产资源的可持续利用问题。因此,要不断地进行被替代矿产资源物理和化学性质的试验研究,力争为矿产资源替代品的开发提供成果支持,实现矿产资源替代品的研制成功,保证社会经济的有效运行。

(2)选择矿产资源替代的有效途径。对于每一项矿产资源替代的科研成果,都不能毫无根据地加以肯定或否定。在决定利用该成果或对其放弃之前,要进行可行性研究论证,既要满足技术性能上的要求,还要满足经济合理性要求。研究成果所提及替代产品在技术性能上不能低于原矿产品,且应为我国消耗量大、缺口严重的矿产品,因为此类替代既可以应用于更广泛的领域,而且可以解决大量矿产资源紧缺的问题,为社会带来不可估量的效益。

(3)加强矿产资源替代品的市场开拓,扩大矿产资源替代品的应用领域和适用范围。一种刚刚上市的产品往往不能立刻被人们接受是客观规律,因此,在大批量生产该替代品前,首先要进行市场开拓,对其性能、优点进行宣传,让大部分人都能够对其认可和接受,使该替代品在所有技术和经济允许的范围内得到普遍推广和应用,从而达到节约大量稀缺、需要进口的矿产资源的目的,为国民经济可持续发展提供进一步的保证(陈伟军 等,2008)。

### [案例分析 6.4]

### 稀土矿区的生态文明建设与绿色发展——以四川冕宁牦牛坪稀土矿区为例①

#### 一、案例内容

牦牛坪稀土矿区位于四川省凉山彝族自治州冕宁县境内,冕宁牦牛坪稀土矿总量约占四川省探明量的90%,其产量占全国轻稀土矿的24.07%,稀土产业已经成为冕宁和凉山州开展资源开发的主导产业之一,为当地居民就业和经济发展提供了较大帮助。由于稀土矿物中通常伴生有天然放射性核素,它往往富集于中间产品和"三废"中,特别是在开采、生产、堆积过程中会给环境带来放射性污染,而在该矿区的开发利用中,存在以下问题。

① 付小方,郝雪峰,阮林森,等,2023. 四川"三稀"矿产资源的成矿特征及找矿勘查方向[J]. 沉积与特提斯地质,1:1-18.

（1）矿区管理秩序不完善

牦牛坪主要开采工艺为露天开采，扬尘放射性污染严重。废水、废渣等任意排放、堆积。矿区内废渣堆已约有 800 万 $m^3$，其含有少量重金属和轻微放射性核素，区内瓦维埃河重金属铅严重超过三类水域标准。

（2）区域内存在较大的放射性污染

矿区牦牛村到包子村一带的环境放射性污染主要由稀土矿选厂造成，部分地区由于该厂的运输、生产等活动造成较为严重的环境放射性污染。放射性污染源及途径：①稀土原矿。原矿中含有大量放射性元素，职工在开采、运送和生产过程中受到放射性危害。②工业废水。废水会直接渗入地表水和土壤中，职工或附近居民误饮受污染的饮用水或接触到受污染的地表水或土壤。③放射性粉尘。人体吸入开采或运输过程中产生的放射性粉尘。④废渣。露天堆放的废渣受风化作用影响，废渣中的放射性物质进入水体和空气中。

（3）对环境和人体的危害

①直接危害人体。稀土所产生放射性污染可以对人体造成急性损伤和长期效应两种直接危害。大剂量的照射会引起急性放射性损害，严重时可以致死；低剂量放射性污染对人体有积累效应和后发效应，可诱发癌症、白血病、遗传变异等。

②危害水资源。污染饮用水和地表水；会对动植物以及细菌生长、繁殖带来极大的危害，破坏水体生态平衡；鱼类等对水体中放射性元素有富集作用，通过食物链影响人类健康。

③危害环境大气和土壤。放射性物质在大气中输运与扩散，导致区域内产生放射性污染；放射性物质吸附于土壤中，经雨水进入水体。

## 二、案例分析问题

如何在兼顾生态文明建设的前提下，合理开发利用辐射性强、污染性大的稀土矿资源。

## 三、对策分析

针对以上问题，采取的矿区治理措施如下。

（1）处理稀土的放射性环境污染问题应当遵循防护“三原则”（辐射实践正当化、辐射防护最优化、个人剂量当量限值）和“谁污染谁治理”的原则，从技术和政策层面相结合，使当地既有“金山银山”又有“绿水青山”。

（2）政策措施

①加强企业学习。加强企业对相关法律法规的学习，提高企业环境安全管理能力。

②加大监管力度。相关部门加强生产全过程的监督管理，按照“预防为主，防治结合”的原则，将放射性污染问题在源头上遏制住。

③营造“污染环境可耻”的氛围。采取多方互联互通，营造“保护环境光荣，危害

环境可耻”的氛围。

④相关部门研究制定适当的政策。按当地实际情况建设废石堆场，并制定有针对性的管理方案。

⑤严格落实环境保护机制。严格落实“谁开发、谁保护；谁受益、谁治理；谁破坏、谁恢复”的生态环境保护机制。

(3)技术措施

开发先进开采技术。鼓励企业研发先进的开采技术和环境污染治理技术。

加强监测和防护。加强稀土矿区环境的放射性监测，同时为一线操作人员配备相应的防护用品。

分类处置废渣。选择回填、迁移等集中处置方案，或原地覆盖治理的方案。

## 四、建议

为了打好“脱贫攻坚战”“污染防治攻坚战”，使当地“既有金山银山又有绿水青山”，更需要政府、企业等多方发力；前端治理和末端治理相结合；技术措施和政策措施并举。

## 五、结论

2019 年之前，冕宁牦牛坪稀土矿区的放射性污染已经成为当地生态文明建设和绿色发展的重大障碍。2019 年，冕宁牦牛坪稀土矿山进入国家绿色矿山库，这标志着该区域的绿色建设取得突破性进展。正如马克思所提到的“劳动和自然界在一起才是一切财富的源泉”，也正如习近平总书记提到的“保护生态环境就是保护自然价值和增值自然资本”。我们应当深刻认识到生态文明建设和绿色发展的重要性与紧迫性。

# 第 7 章　资源高效利用评价

## 7.1　资源及其类型划分

资源是指环境中能被人类直接利用，并带来物质财富的各种要素的总和，是人类赖以生存的基础。农业资源是农业生产的必要条件，农业的持续发展依赖于对农业资源的持续和高效开发利用。我国人口众多，资源相对不足，环境污染严重；合理利用资源，保持良好的生态环境，对我国人民生存现状和经济发展具有极为重要的意义。

农业资源（agricultural resources）是指农业在自然再生产和经济再生产过程中所涉及的自然资源和社会资源的总称。这个定义有三个基点：一是人与自然是一个统一体，即“人地合一”观；二是认为农业是自然再生产过程和经济再生产过程的统一体；三是坚持资源分为自然资源和社会经济资源的“两分法”观点。农业自然资源（agricultural natural resources）是指存在于地球表层自然系统中的参与农业生产过程的物质和能量。习惯上把农业自然资源分为土地资源、水资源、气候资源、生物资源和矿物资源五大类。关于社会经济资源，目前国内学术界在叫法上尚存在分歧，对它的分类更显得混乱。如资源经济学者称其为社会资源（social resources），把社会资源定义为人类自身通过劳动提供的资源。认为农业社会资源主要包括人口、劳动力、科学技术与技术装备、信息与管理等。而生态经济学者把社会经济资源叫作生态经济资源，所含内容也是从生态经济学的角度命名或列举的。《现代地理学辞典》将社会经济资源定义为国土资源的组成部分，国土范围内除自然资源以外的所有其他资源的总称。把社会经济资源划分为经济资源、人力资源、智力资源、信息资源、文化资源及旅游资源等类型。综合各种观点，尽管术语或类型划分不同，但是概念含义的解释是相近的或趋于一致的。由此，农业社会经济资源可定义为社会、经济和技术条件中参与农业生产过程的各种因素，概括为物化劳动（资本）、劳动力（体力、智力）、科学技术、信息和管理五类。

## 7.2　农业资源高效利用及其衡量标准

按照资源经济学的定义，资源高效利用是指在同等条件下，资源投入少而获得同样的产出,或投入同样的资源获得更高的产出。农业资源高效利用隶属于这个定义范畴。农业资源内容庞杂,分布具有严格的地域性,不同的资源结构适合于不同的生物生产,选择最适合地区发展的农业生产,最能发挥资源的优势,也是最有效的利用农业资源的途径。概括起来,农业资源高效利用的研究内容含有两个侧重点:一是研究资源与资源的关系,即在搞清楚资源地域组合匹配特点的基础上,研究各种资源生产一种(或多种)产品时使资源利用的配合比例达到最佳;二是强调资源与产出的关系,即一定数量农业资源生产一种(或多种)产品时,使资源利用的效果达到最大。

农业资源高效利用的衡量标准与其研究内容相比,具有更大的广泛性,应从更大的范围和尺度上加以界定,应从资源效益、社会效益、经济效益、生态环境效益和代际利益的五位一体的角度去考察。衡量农业资源高效利用的标准可具体分为以下五条。

(1)节约利用资源,资源利用率、产出率高。

(2)有效利用资源,资源产出的社会需求满足程度高。

(3)投入少产出多,资源利用的经济效益好。

(4)不污染环境,保持高质量的农业生态环境。

(5)不造成资源退化、枯竭,可持续利用资源。

上述五条标准是基于我国社会经济发展的客观需求与资源限制性矛盾以及农业资源利用现状、存在问题等基本国情而提出的,其先后顺序体现了各条标准在高效利用衡量中的重要程度。这种顺序是相对的,随研究目标和侧重点的不同而变化。需要明确指出的是,现行的衡量标准均未考虑社会效益,存在过分强调或夸大资源效益标准的迹象。

## 7.3 建立农业资源高效利用评价指标体系的必要性

农业资源高效利用评价指标体系:指在一定时间和一定科学技术条件下,人类基于对农业资源利用程度的认识而建立的能较客观地反映和表征农业生产系统中资源的行为特征和组合匹配状况的、彼此联系密切的系列度量指标集合的总称。

建立农业资源高效利用评价指标体系的目的:建立适当的度量指标,并依据指标间的前后、左右关系,形成有序而全面的评价指标系统,用以定量地反映和衡量农业资源利用的有效性状况,识别和诊断不同地区、不同类型和不同模式农业再生产过程中的限制性因素及其制约程度,以期勾绘出不同地区、不同类型和不同模式农业发展的资源高效利用基本轮廓,为寻找农业资源高效利用对策措施提供工作方向和量化范围。

### 7.3.1 传统农业向现代农业转变以及现代农业向更高层次发展的需要

农业是建立在土、水、气、生、肥等自然资源和社会经济资源基础上的自然再生产过程和经济再生产过程。这个自然再生产和经济再生产复合系统,在经历了漫长的原始时期、传统时期后,正进入以科学化、系统化、集约化和人工智能化为特征的现代农业时期。现代农业的基本目标是通过现代科技、现代工业和现代管理等先进技术、装备和手段,在尽可能保持环境趋良性和资源再利用可持续性的前提下,最大限度地满足农业资源的社会需求,最大限度地提高资源利用率、资源产出率、劳动生产率和农业生产的产投比。为促进现代农业目标的顺利实现,有必要对现实的农业生产要素(尤其是农业资源的利用)进行全面评价,而构建评价指标体系正是实现和完成这种评价工作的基础和重要措施。

### 7.3.2 认识和把握农业生产过程中的资源行为和物质能量积累转化特征的需要

农业生产,是一个资源相互联系、彼此依存和共同作用的耦合过程。为能调节好农业资源系统内部的土-水-肥-气与植物生长的关系,使之处于最佳匹配状态,必须对农业生产过程中各种资源的行为特征进行深入剖析和量化指标研究,并通过指标的前后对接和左右组合比例关系的定量度量,才能较准确地认识和把握系统内部的物质能力转化和积累机制,由此便可得知需要增加或减少何种资源的外部投入,做到有的放矢,最大限度地释放农业资源系统内在的潜力,获得少投入、有效投入而高产出的效果,实现农业高产、优质、低耗、高效的目标。

### 7.3.3 优化调控人工智能化发展的需要

20世纪60年代以来,随着信息科学和计算机技术的兴起,农业领域的人工智能化应用研究深受研究人员的重视,并在农业资源优化配置、土地生产力评价、作物产量预测等方面取得了显著成效。近年来,随着信息采集手段的改进和超高速计算机软硬件产品的开发,使应用计算机技术进行农业资源管理辅助决策有了长足的发展,也使模拟农业资源因素变化与作物生长发育关系研究工作的开展成为可能。无论是建立农业资源管理决策支持系统或是模拟资源环境与作物生长关系,都必须以反映资源农业利用行为特征和作物生长过程中物质能量迁移转化机理的大量数据信息为基础,并通过建立各种特定的定量模型来达到决策或模拟的目的。根据作物在不同环境条件下生长发育模拟结果和当地的资源情况,可确定特定地区的最优种植制度和栽培措施,以提高资源的利用效率。由此可见,农业资源高效利用评价指标体系所涉及的指标数据虽不是决策或模拟所需信息的全部,但它们是其重要的组成部分。

### 7.3.4　开展农业资源高效利用各层面研究工作的需要

开展农业资源高效利用的研究，一般需要从宏观和微观两个方面着手。进行宏观研究的第一个层面应以社会主义市场经济为导向，从分析资源家底和利用现状入手，在对农业资源地域组合匹配进行生态适宜性的类型区划和分区研究的基础上，重新研究不同农业生态区资源的优化配置和合理布局，以实现农业的区域化、专业化和产业化；第二个层面是应用现代科学理论与技术进行不同时期的农业资源综合生产能力与人口承载力的研究，包括农业资源综合分析与匹配，综合生产能力测算以及人口承载能力动态分析等，以期达到协调人口-资源-环境与发展关系的目的。

### 7.3.5　农业资源高效利用衡量标准具体化的需要

构建评价指标体系，就是针对各种资源在农业生产系统中的不同行为和特征，通过一系列有密切联系的指标，将资源利用的节约性、有效性、经济合理性、环境趋良性和可持续性等多目标衡量标准集成为一个有机整体的过程。

## 7.4　构建农业资源高效利用评价指标体系的基本原则

根据农业资源高效利用研究关于中国农业资源态势分析、优化配置和合理布局，农业资源综合生产能力与人口承载能力，不同类型区农业资源高效利用优化模式与技术体系集成，农业资源高效利用新技术应用前景和技术政策，以及农业资源高效利用管理技术等攻坚内容的要求，综合 20 世纪 50 年代以来我国在农业资源考察、综合自然区划、农业区划、农业布局及农业资源评价等方面的研究成果，建立农业资源高效利用评价指标体系一般应遵循以下基本原则。

### 7.4.1　科学性原则

评价指标体系必须建立在尊重资源农业利用的自然规律、生态规律和经济规律等科学基础之上，能客观地反映资源在农业生产系统内部的运动及外部影响状况，通过相互联系的指标，能较好地度量和评价不同地区、不同类型和不同模式农业资源高效利用目标实现的程度。

### 7.4.2　整体性原则

要求评价指标体系覆盖面较广，能从纵向和横向两个角度综合反映影响农业资源高效利用的各个环节和各种因素，能全面地体现和贯彻落实农业资源高效利用的衡量标准。如资源利用率、产出率是否高，资源投入-产出的经济效益是否合理，农业生态环境是否向趋良化方向发展，以及资源利用的社会满意程度、可持续性等。

### 7.4.3　可操作性原则

评价指标体系中的各指标应简单明了，便于获取和计算，不必再做大量的调查和研究。尽可能用惯用的百分比、单位面积产出、利用效率等表示。量纲要统一，要求具有较强的可比性。在选取指标时应尽量选取富有代表性、多用途性和定量化的指标。各指标在含义上和计算方法上不能模糊不清。

### 7.4.4　层序性原则

各评价指标的组织必须依据一定的逻辑规则，具有较强的结构层次性和顺序性，而非杂乱无章、平行并列或简单的排列组合。评价指标体系一般由 3～4 层构成，越往上指标越综合，越往下指标越具体。在结构顺序性方面，一般由本底指标推算潜力指标，通过对现实生产力与潜力的对比计算出效率指标。效率指标是评价指标体系的核心和关键。

### 7.4.5　动态性原则

农业资源高效利用是动态变化的过程：一是农业生产的周期性和周期循环的连续性，有些指标很难在一个周期内界定，往往需要通过一定的时间尺度，经过几个周期循环才能得到反映；二是随着科学技术的进步和人类认识自然水平的提高，人类高效利用农业资源的广度和深度也处于发展变化中，因而评价指标的选择要充分考虑资源利用的动态发展特点。

## 7.5　农业资源高效利用评价指标体系的设计

为便于研究分析，可将农业生产系统概念性地划分为两个相互嵌套的过程，即农业自然生产过程和经济生产过程。自然生产过程嵌套于经济生产过程之中。农业生产是两者的共同结果，要精确定量两者在产出中的贡献尚存在很多困难，但它们是构建评价指标体系结构的基础。

界定和阐述清楚各评价指标的概念或含义是建立评价指标体系不可分割的组成部分。作为评价指标体系谱的补充和完善，对所涉及的指标进行逐项定义、描述和讨论是十分必要的和有意义的。遵循先本底、次潜力、再目标、最后综合评价指标的顺序。另外，为避免指标代表符号的重复和便于计算机应用，需对研究中涉及的重要指标设定专门的符号系统。

在德国布朗瑞格专门召开的国际农业可持续会议，是对全球可持续农业理论与实践的系统总结和发展。它不仅从理论上探讨了气候变化对农业生态系统可持续性的影响，而且从实践的角度论述了可持续农业中的植物育种、基因工程和生物技术、生物学、生态学和有机农业系统在不同环境及投入情况下土地、水和作物资源的管理，以及植物、微生物的相互作用，生物多样性和自然资源的保护等。

“中国生态农业”概念的提出。中国可持续农业的发展源于“中国生态农业”概念的提出。此后的多年间主要开展了以村、户为单位的典型试验。进入21世纪以来，在吸收现代世界可持续农业先进思想的基础上，集中进行了以县域为单位的中国可持续农业综合示范研究。从2002年开始，由全国农业区划办公室和农业部农业区划司主持开展了国家科技攻关项目“中国持续农业和农村发展研究”，该项目在全国不同类型地区建立了多个县级农业和农村发展典型试验区。

### 7.5.1 农业资源高效利用评价指标体系概述

#### 7.5.1.1 气候资源指标组

农业气候资源，是指气候条件对农业生产所提供的自然物质和能量及其对农业生产发展的潜在能力，主要包括光、热、水、气等因子。这些因子对农作物(或植物)而言，如同氮、磷、钾等营养元素一样，缺一不可，不能代替。光能是农作物(或植物)进行光合作用、积累有机物质的能量源泉；热量是植物体内生化反应得以进行、作物生长发育的重要环境条件；水是植物生活必需的物质，参与光合作用和能量储存；空气的流动和其所含二氧化碳是作物生存的重要因素，风促进热量和水汽的交换、土壤和植物的蒸发蒸腾；二氧化碳是光合作用必需的原料、植物体干物质的主要组成部分。关于农业气候资源指标的讨论，主要包括光能、热量、降水和灾害，未考虑空气，但并不是空气不重要，只是因为它的存在具有极大的普遍性而已。

1)光能资源

(1)日照时数：指每天从日出到日落之间太阳直接照射到地面上的实际时间，以小时(h)为单位。日照时数的多少除受昼夜长短的制约外，还受云雾、阴雨等天气条件和地面遮蔽情况等的影响。

(2)日照百分率：指实际日照时数占可照射时数的百分比。可照射时数指从日出到日落之间的小时数。日照百分率可表明天空的晴朗程度。

(3)太阳总辐射：指单位时间内到达地表单位水平面积上的太阳辐射的总能量，包括太阳直接辐射和散射辐射两部分。太阳总辐射量是光能资源多寡的主要指标。

(4)光合有效辐射：指在可见光谱0.38～0.71 μm波长范围内能为绿色植物吸收并参加光合作用的那部分太阳辐射。

(5)光能理论潜力：是与太阳总辐射密切相关的一个理论概念，指在假定没有任何损失的情况下太阳总辐射全部转化形成的生物产量或生物经济产量。

(6)光能有效潜力：与光合有效辐射直接相关，是指无任何损失条件下光合有效辐射能量全部转化形成的生物产量或生物经济产量。

(7)理论光能利用率：单位土地面积上作物的生物产量与同期、同面积上的光能理论潜力之比，称为理论光能利用率（也称光能利用率），一般以百分比表示。

（8）有效光能利用率：是指单位面积上作物（或植物）的生物产量与同期、同面积上的光能有效潜力之比，以百分比表示。

（9）光合潜力：单位时间、单位面积上，具理想群体结构的高光效作物品种在空气中二氧化碳含量正常、其他环境因素均处于最佳状态时的最大干物质产量。

（10）光合潜力利用率：指单位面积上作物的生物产量（即生物经济产量除以生物经济系数之值）与同期、同面积上的光合潜力之比，单位为百分率。

2）热量资源

（1）农业界限温度：指具有特定农业意义，如生长发育期、农事活动的开始与终止的空气温度。

（2）无霜期：指地面出现白霜的春季终日至秋季初日期间的持续天数，单位一般为 d。

（3）积温：指某一时段或某一界限温度期间日平均温度的总和，单位为℃，是研究作物生长发育对热量的要求和评价热量资源的一种指标。

（4）活动积温：积温的一种重要表达形式。指日平均温度高于某个农业界限温度持续日平均温度的总和，单位：℃。

（5）年平均气温：指一年内温度的平均值，计算时多采用 12 个月平均温度累加值除以 12 取得。

（6）最热月平均气温：指一年中温度最高的那个月的平均温度。

（7）最冷月平均气温：指一年中温度最低的那个月的平均温度。

（8）极端最高气温：指一年或数年中出现的最高气温。

（9）极端最低气温：指一年或数年中出现的最低气温。

（10）临界温度：指温度过低或过高并开始导致植物死亡的温度，是作物生物学下限温度和上限温度的总称。

（11）适宜温度：与临界温度相对应，指作物能正常生活的温度。一般地，碳三植物的适宜温度是 15～25 ℃，碳四植物比碳三植物高 10 ℃左右。

（12）光温潜力：指单位时间、单位面积上植物在其他自然条件均适宜，以光能和温度条件为决定因素时生产的干物质量。

（13）复种指数：指一年内农作物总播种面积与耕地面积的百分比。从概念上看，它反映了一个地区耕地利用的程度，实则是一个衡量热量利用状况的指标。

（14）光温利用率：指单位面积上作物的生物产量与同期、同面积上的光温潜力之比，单位是百分率。

3）天然降水

（1）降水量：指一定时间内由云中降落到单位面积地面上的液态水和固态水量，一般用所积降水的厚度表示。

(2)降水变率:指降水平均偏差与降水平均值的百分比,它是反映降水稳定程度的一个指标。

(3)降水季节分配:指一年各季降水量占年降水量的比例,用百分比表示。

(4)有效降水量:指作物生育生长期间的非灾害性降水量。即在作物生育生长期降水量中扣除造成洪涝或雹害的那部分降水量。

(5)降水保证率:指一定时间内(年、月、季等)的降水量,就多年而言,超过(或不到)某一指标值的概率,一般以百分比表示。

(6)蒸发力:也称蒸发势或潜在蒸发量。指在一定气象条件下水分供应不受限制时,某一固定下垫面的最大可能蒸发能力。

(7)总蒸发量:指植物蒸腾量与株间土面蒸发量之和。

(8)干湿度:是反映或表征气候干燥或湿润程度的指标。在研究或应用时,可选用干燥度或湿润度任何一个指标代表。

(9)气候生产潜力:也称作物-气候生产潜力或光温水潜力。指单位时间、单位面积上,土壤养分充足时农作物的最大可能产量。

(10)天然降水盈亏量:也称水分盈亏量,指单位时间内的降水量与同期蒸发量的差值。

(11)天然降水利用率:指作物生长发育期的总蒸发量占年降水量的百分比,是一个反映农业生产对天然降水利用有效性程度的指标。

(12)气候资源利用率:指单位面积上作物的生物产量与同期、同面积上的气候生产潜力之比,单位为百分率。

4)气象(气候)灾害

农业气象(气候)灾害,是指对农作物生长发育过程起抑制作用或破坏作用并造成一定农业损失的天气或气候。一般包括旱涝、干热风、寒潮、低温、冷害、冻害、台风和大风、寒露风、霜冻、冰雹等。这些灾害天气或异常气候是农业生产的不利因素,限制着农业气候资源的有效利用。灾害种类在空间分布上有较强的地域性,因此,对灾害的分析研究也应视具体地区情况而定,不同的地区、不同的灾害种类有不同的分析研究指标系统。去除其地区性和种类性,究其一般性,侧重于从灾害造成农业生产损失后果一致性的角度提出反映灾害损失的指标。

(1)气象灾害发现次数:也称灾害发生频率,指作物生长发育期或作物生长发育某一阶段某一种灾害发生的次数,一般用一年几遇或几年一遇来表示。

(2)气象灾害出现时间:也称灾害发生期,指某种灾害出现在作物生长发育期的某个时节或某个时段。

(3)气象灾害持续时间:也称灾害持续期,指在作物生长发育期发生某种灾害一次所持续的时间长短,一般以 d 或 h 为单位。

(4)气象灾害强度:是反映某种灾害对农作物生长发育造成破坏性或抑制性程度

的一个指标。一般按灾害种类的级别分成 3～5 个等级。

(5)气象受灾面积:指某种灾害在一次性成灾中所涉及的地域范围。一般以 $km^2$ 为单位,也是表征某种灾害对农业生产破坏性或抑制性程度的一个指标。

(6)气象灾害损失率:指作物生长发育期因发生某种灾害所造成作物经济减产量与邻近年份正常年生物经济产量的百分比。

(7)气候生产逆增率:是一个评判气候资源农业利用有效性状况的综合评价指标。把利用率的增长率定义为气候生长逆增率。

#### 7.5.1.2　土壤资源指标组

1)土壤理化性状

(1)土壤构型层厚度:是土层厚度、耕作层厚度和熟化层厚度的统称。

(2)土壤质地:也称土壤机械组成或颗粒组成,指不同粒径的土粒在土壤中所占的相对比例或重量百分比。

(3)土壤孔隙度:指土壤孔隙在单位容积土壤中所占的百分比。

(4)土壤酸碱度:是反映土壤重要理化性状的指标。它能反映土壤物质组成的基本状况,特别是盐基状况,反映土壤物质转化的方向。

(5)阳离子代换量:也称盐基代换量或代换性阳离子总量。指每百克干土中所含全部阳离子的总量。

2)土壤养分

(1)土壤有机质含量:土壤有机质是土壤中来源于动植物的所有非矿物质的总称。

(2)土壤全氮含量:土壤中的氮素以有机结合和无机形态的形式存在。土壤全氮含量,即指土壤中存在于这些有机结合态和无机结合形态中的氮素总量占单位重量烘干土的比例。

(3)土壤速效氮含量:是指土壤全氮量中可以被植物吸收利用的那一部分氮素量。

(4)土壤全磷含量:土壤全磷指的是 $P_2O_5$,而非磷素。土壤全磷含量是指单位重量烘干土中所有磷含量转换为 $P_2O_5$ 的量,单位为百分比或 $kg/hm^2$。

(5)土壤速效磷含量:指 $P_2O_5$ 的含量。速效磷含量是指全磷含量中能为当季作物吸收利用的 $P_2O_5$ 的量,单位为百分比或 $kg/hm^2$。

(6)土壤全钾含量:指 $K_2O$ 的含量。土壤全钾含量是指单位重量烘干土中所有钾含量转换为 $K_2O$ 的量。土壤中全钾含量一般在 2%左右,高的可达 4%。

(7)土壤速效钾含量:指 $K_2O$ 的含量。速效钾含量是指全钾含量中能很快被植物吸收利用的那部分。速效钾主要指交换性钾和水溶性钾,一般只占全钾的 1%。

(8)土壤养分盈亏量:是一个评价土壤中某种养分含量增加情况的指标,指作物生长发育期初终单位面积表土层或单位重量烘干土壤中某种养分含量的增减量。

3)土壤水分

(1)土壤含水量:也称土壤湿度。即土壤中所含水分的数量。一般指用烘干法在105～110 ℃温度下从土壤中释放出来的水量,单位为百分比或mm。

(2)土壤饱和含水量:也称全容水量、最大持水量,是指土壤中全部孔隙被水占据时所保持水分的最大容量,以百分比表示。

(3)田间持水量:指在地下水较深和排水良好的土地上充分灌水或降水后,允许水分充分下渗并防止蒸发,经过一定时间土壤剖面所能维持的较稳定的土壤含水量。

(4)凋萎系数:也称永久萎蔫点,指生长在湿润土壤上的作物经过长期的土壤干旱,作物因吸水不足而使叶片萎蔫,甚至在降水或灌溉供给一些水分后也不能恢复,作物在这种情况下称为永久萎蔫,此时的土壤含水量称为凋萎系数。

(5)土壤有效含水量:土壤水中能被作物利用的数量,一般是指田间持水量至凋萎系数之间的那部分土壤水分含量。

(6)农业自然生产潜力:也称农业生产潜力,即单位面积土地上每年所能获得的最大可能产量。一般指自然条件下的农业。

(7)农业自然潜力利用率:指单位面积上作物(或植物)的生产量与同期、同面积上的农业自然生产潜力的百分比。

(8)土壤生产衰减度:也称土壤生产衰减度。由于土壤因子的影响而使农业气候潜力发生衰减,这种衰减的幅度即称土壤生产衰减度。

4)土壤侵蚀和土壤污染

(1)土壤侵蚀模数:是描述土壤侵蚀强度的指标,指单位时间内单位面积上的土壤侵蚀量。

(2)土壤侵蚀面积:是描述土壤侵蚀空间尺度大小的指标,等同于水土流失面积,是指一个地区发生土壤侵蚀现象的面积数。

(3)土壤环境背景值:指土壤环境地球化学背景值,即在未受人为污染的情况下,土壤环境要素的化学元素自然含量水平,通常以平均含量表示。

(4)土壤环境质量标准:为保护人群健康和土壤环境对污染物或有害物质容许量所制定的规定,是检验土壤环境质量是否受到污染和破坏的标尺。

(5)土壤环境容量:指在人类健康与自然生态不受害的前提下,土壤环境所能容纳污染物的最大负荷量,是土壤环境管理实行污染物总量控制的一个指标。

(6)土壤环境质量指数:是从保护土壤、防止土壤污染出发,评价区域土壤污染状况和污染程度的土壤环境质量指标。

#### 7.5.1.3 水资源指标组

水资源是农业生产不可缺少和不可替代的再生自然资源。它对农作物的作用主要体现为:将土壤中的营养物质溶解,然后把它们输送到作物体内;水从作物叶子表面蒸腾，能够调节作物体内温度，使作物不因炎热而干枯；直接参加作物生理过程，制造碳水化合物。在我国北方，特别是西北干旱半干旱地区，因总量有限和利用效率低下等原因，水资源问题已经成为这些地区农业乃至国民经济发展的“瓶颈”。针对水资源的农业行为特征和限制性特点，从它的存在形式和农业利用方式出发，将水资源农业高效利用的有关量化指标归类为总体状况、地表水和地下水三个部分加以描述、界定和讨论。

1)水资源总体状况

(1)水资源总量：一个地区的水资源总量是由一定时间内的大气降水量和地质构造水量组成；一定时间内的地表水与地下水量之和，包括河川径流量、湖库坝塘蓄水量以及浅层、深层地下水储量；一个地区的水资源总量是指地表径流量与降水入渗地下水补给量之和。

(2)灌溉面积：也称设计灌溉面积。一般把具有一定的水源和灌溉设施、可以适时进行灌溉的耕地面积称为灌溉面积，是根据灌溉区作物种植面积结构、复种指数、灌溉方式等控制指标而确定的。

(3)有效灌溉面积：是和一定灌溉保证率相联系的、根据实际情况对设计灌溉面积进行修正后的灌溉面积。

(4)渠系水利用系数：渠系是指在灌区内由人工开挖或填筑的专供灌溉用的水道。一般把毛渠进水量与干渠渠首进水量的比值叫渠系水利用系数。

(5)灌溉定额：作物整个生长发育期内单位面积上各次灌溉进入田间的水量总和。

(6)田间水利用系数：进入田间的水包括降水和灌溉补给水。灌溉补给水量扣除因田间工程质量和灌溉方式产生的田间流失量和土壤下渗量，称为田间作物有效利用水量。

(7)作物理论需水量：在土壤水分适宜条件下，满足作物生长和能获得该地区某品种的最高产量的作物耗水量。

(8)农业水资源利用率：也称灌溉水有效利用系数，是作物实际耗水量与灌溉水的比值。

(9)农业水资源产出率：也称灌溉水产出率，是衡量灌溉水对农作物产出高低的综合指标。灌溉水量指干渠渠首进水量与地下水抽取量之和，一般用作物由于灌溉而增加的产量与灌溉水量的比值表示。

(10)水环境背景值：指水环境地球化学背景值，即在未受人为污染的情况下，水环境的化学元素自然含量水平，通常以化学元素平均含量表示。

(11)水环境容量：在人类健康和自然生态不受害的前提下，水体所能容纳污染物的最大负荷量。

(12)水环境质量标准：为保护人群健康和生态环境对污染物或有害物质容许量

所制定的规定，是国家对环境保护要求的体现，是制定环境规划和改善环境的远期或近期奋斗目标。

(13)水环境质量指数：定量表示水环境质量的一种形式，它是反映环境状况的无量纲的相对数，分为单项水环境质量指数和综合水环境质量指数。单项水环境质量指数表示各种污染物作用于水环境的适量状况。综合环境质量指数由单项水环境质量指数加权求和或求积等方法求得。

2)地表水

(1)河川径流量：是汇集陆地表面和地下进入河道的水流。它是水分循环的重要环节，是水量平衡的基本因素之一。

(2)河川径流年际变率：也称年径流变差系数，反映河川径流量年际变化幅度特征的统计指标。

(3)径流模数：又称径流率，在排水工程中又称排水模数或排水率，是流域内单位面积、单位时间产生的径流量。

(4)地表水灌溉率：指一个地区、一定时间内所用的灌溉水中地表水占的百分比。

(5)地表水环境质量指数：反映地表水资源质量的指标。一般根据国家或地方颁发的地表水环境质量标准，用规定的各种污染物的实测浓度值与标准相比得到分指数，对分指数进行定量分级或加权求和等方法求得。

3)地下水

(1)地下水资源补给量：指单位时间进入地下含水层或含水系统的水量。

(2)地下水资源储存量：指储存于含水层重力水的体积，按其埋藏条件可分为容积储存量和弹性储存量。容积储存量是含水层空隙中所容纳的重力水的体积。

(3)地下水允许开采量：指通过技术经济合理的取水构筑物，在整个开采期内出水量无明显减少，地下水动态水位不超过设计要求、水质和水温变化在允许范围内，不影响已建水源地的正常开采，以及不发生危害性的工程地质现象的前提下，单位时间从水文地质单元中能够取得的水量。

(4)地下水开采率：某区域实际的地下水开采量与允许开采量的比值。

(5)地下水灌溉率：也称井灌百分比，是一个地区用于灌溉而抽取的地下水占该区所用灌溉水的百分比。

(6)地下水矿化度：地下水中各种组成盐的阴、阳离子的总含量。

(7)地下水总硬度：单位体积地下水中可溶性钙盐、镁盐的质量。

(8)地下水位下降：地下水位，指地下水中的自由水水面相对于基准面的高程。如果过量开采，地下水得不到补给恢复，必然要消耗地下水的固定储存量并伴生大幅度的地区水位下降。

(9)地下水降落漏斗：过量开采地下水引起地下水位下降，形成区域性漏斗状凹面。

(10)地下水环境质量指数:根据评价目的选择标准,然后用测定各项指标的实际浓度值与标准浓度值相比,建立各项指标的分指数,再通过加权求和或求积的方法确定综合评价指数。

(11)地下水临界深度:是一个与土壤盐渍化密切相关的指标,使土壤发生盐渍化的临界潜水水位,即称为地下水临界深度。

#### 7.5.1.4　生物资源指标组

1)生物资源总体状况

(1)生物物种数:指生活在一定地域空间范围内的所有具有生物学分类属性的植物、动物和微生物种类的总和,单位为种。

(2)顶级群落物种数:又称演替顶级群落物种数。具有某种同质性或相似性的地区,其生物群落演替向着同一或近似的终点会聚。顶级群落即代表该地区生物结构、功能及特征保持相对稳定的生物群落,其中的植物、动物和微生物种数之和即为该地区顶级群落物种数。

(3)生物多样性指数:就是地球表层系统一定区域范围内所有的生物,即植物、动物和微生物及其所构成的综合体。

(4)特有物种数:指仅分布于某一有限区域或地区,而不在其他地区自然分布的物种。

(5)濒危物种数:曾经大量分布,由于某些自然的或人为的因素影响而导致个体数量急剧减少,若不采取有效保护对策便可能面临灭绝危险的物种。

(6)生物密度:指地球表层单位面积或容积中某个种的个体数目。

(7)生物量:又称现存量,指某一特定时刻,单位面积或体积内所含的一个或一个以上生物种或一个生物群落中所有生物有机体物质的总量。

(8)生物生产力:也称生物生产量或生物生产率,指单位时间、单位面积上有机物质的生长量。

(9)植物种优势度:植物种在群落中所起作用和所占地位的重要程度。凡是表达每种植物枝条长度或植物体积与空间关系的任何评价都可以视为优势度评价。

(10)净第一性生产力:指单位时间、单位面积内全部绿色植物生产的干物质重量。

(11)生物经济物种数:指一个地区已被人类开发利用的能产生某种使用价值的物种数。

(12)物种经济利用率:指一个地区已被人类开发利用的能产生某种使用价值的物种数。

(13)植物栽培率:指一个地区已经人工培育、栽培的植物分类物种数占该地区所有植物物种数的比例。

(14)动物驯化率:指一个地区已经驯化和饲养的动物分类物种数占该地区所有

动物物种数的比例。

2)农作物

(1)作物品种数:指具有一定经济价值、遗传性稳定的各种栽培植物种或植物种内变种以下的分类单位的总和,是一个与品种、品系关系密切的指标。

(2)作物品种改良率:根据作物育种目标,利用野生植物种、现有作物种及其品系中发生的自然变异或人工创造的新品种数占被利用植物物种或作物种品系总和的百分比。

(3)作物生物产量:指单位时间内、单位面积上作物生产的全部干物质重量。

(4)作物经济产量:其含义视具体作物情况有所不同。指单位时间、单位面积上作物生产的籽粒重量。

(5)作物经济系数:指作物经济产量与作物生物产量之比。

(6)繁殖系数:指单位面积上作物种子的收获量同播种量之比。

(7)作物秸秆利用率:作物秸秆只要未被作为无用之物而烧掉即可视为被利用。

3)畜禽

(1)畜禽品种数:指生活在一个地区内,经过长期驯化培养的、能稳定繁衍的、饲养或放养的所有牲畜和禽类品种。

(2)牲畜存栏头数:一般指一定地区内某种牲畜存活的总头数。

(3)牲畜出栏率:一般指一个地区在一年内出售或屠宰某种牲畜的头数占该年内该种牲畜的总头数的百分比。

(4)牲畜折算系数:以某种牲畜为标准,将其他各种牲畜折合为该种牲畜的比率,通常以牛和绵羊为标准牲畜。

(5)生物经济指数:是衡量和评价生物资源农业利用有效性状况的一个综合指标,可将其定义为:在单位时间内、单位面积上,某个(或某几个)生物品种的经济产出特征值;或在单位时间内、单位面积上,某种生物个体(或群体)的经济产出特征值。前种定义适合于农作物,后种定义适合于畜禽。

#### 7.5.1.5 土地资源指标组

1)土地资源总体状况

(1)土地总面积:指具有某种特定含义界线范围内的陆地表面面积和水域面积之和。

(2)土地覆被率:指某地区森林、草场、农田及自然保护区面积之和占该地区土地总面积的百分比。

(3)土地利用率:反映土地开发利用程度的指标,通常用已利用的土地占总土地面积的比例表示。

(4)土地生产率:也称土地生产力,是反映土地生产能力的指标。

2)农耕地

(1)垦殖指数:指一个地区已开垦种植的耕地面积占其土地总面积的比例,是衡量一个地区土地资源农业开发利用程度的指标,通常以百分比表示。

(2)宜农荒地面积:指一个地区宜于耕种而尚未开垦种植的土地,以及虽经耕垦利用但被荒废而停止耕种不久的土地面积。

(3)耕地减少速度:指一个地区由于城镇规模的扩大、工矿、交通等建设占地的增加,而导致的农业耕地在单位时间减少的快慢程度。

(4)耕地退化程度:是描述一个地区由于对耕地的不合理使用,从而引起耕地沙化、土壤盐碱化及水土流失等土壤肥力明显下降现象的指标。

3)森林

(1)森林覆盖率:也称森林覆被率,通常指林地面积占土地总面积的百分比。

(2)森林蓄积量:指一定面积森林中现存各种活立木的材积总量。

(3)森林生长量:也称森林生产力或森林生长率,指单位面积森林在单位时间内活立木的生长增量。

(4)森林采伐量:指一定面积的森林在单位时间内被采伐的木材材积量。

(5)宜林荒地面积:指适合于种植林木的荒地面积。

4)草场

(1)草场面积:指一个地区所有天然草地和人工草地的面积和。

(2)草场载畜力:也称草场载畜量,指一定时期内放牧适度的前提下,单位面积草场上所能放养的牲畜头数。

(3)草场利用率:是衡量草场利用程度的指标,一般指一个地区已利用的草场面积占草场总面积的百分比。

(4)宜牧荒地面积:指宜于开辟为畜牧业使用的荒地或尚未利用的天然草地面积。

(5)草场退化程度:指草场植被衰退的程度。通常用优良牧草类减少、各类牧草质量变劣等导致单位面积产草量下降的面积表示。

5)水域

(1)水域面积:泛指一个地区内江河、湖库、洼塘等的水面面积。

(2)水域渔业生产力:指一定水域单位面积(或单位体积)单位时间内所能产生的各种渔获量的干重总和。

(3)水域利用率:一般指一个地区已利用水域面积占水域总面积的百分比,是衡量水域渔业利用程度的指标。

#### 7.5.1.6　物化劳动(资本)指标组

物化劳动也称人工资源,在西方农业经济学中称资本,是农业劳动消耗的主要组成部分。其投入和产出的效果对比往往被作为衡量农业生产优劣状况的经济指标。由此,选择物化劳动的量化指标多侧重于投入(即所费)和产出(即所得),研究重点多集中于以货币为单位的投入与经济产出增量的对比方面。在种植业生产上，物化劳动消耗主要体现为肥料、动力、农药、籽种、农膜等的投放使用。因此，指标选择和讨论也主要围绕这些类别。

1)肥料

(1)有机肥投放量：指一个生产周期或一年内投放到单位耕地面积上的有机肥料总量。一般意义上的有机肥投放量指农家圈肥的投入，单位一般采用实物量。

(2)氮肥投放量：指一个生产周期或一年内投放到单位耕地面积土的氮折纯量。

(3)磷肥投放量：指作物生长发育期或一年内投放到单位耕地面积上的磷($P_2O_5$)折纯量。

(4)钾肥投放量：指作物生长发育期或一年内投放到单位耕地面积上的钾($K_2O$)折纯量。

(5)其他肥料投放量：指作物生长发育期或一年内投放到单位耕地面积上的除有机肥、氮肥、磷肥和钾肥以外的各种化学肥料的量。这些化学肥料主要指各种微肥。

(6)氮磷钾投放比例：是从作物摄取营养物和土壤养分平衡的角度衡量氮、磷、钾肥投放比例是否协调的一个评价指标。一般用氮、磷、钾投放量之间的比值表示。

(7)化肥产出率：也称化肥农田生产率，是评定某种化肥经济效果的指标，一般从实物量的角度考察，常通过对比试验，用单位纯量投入除以所取得的作物产品增量作为衡量指标。

(8)化肥有效产出率：也称化肥生理生产率，用以衡量被作物吸收到体内的化肥纯量的产出效率，是指被作物吸入体内的单位化肥纯量所能取得的作物产品增量，单位为 kg/kg。

(9)化肥利用率：是衡量化肥作物利用有效性的重要指标。它的高低受多种因素影响和制约，如作物品种、土壤性状、耕作方式、化肥品种、施肥方式、施肥时间等。

2)动力

(1)农机设备动力：其有广义和狭义之分。广义泛指与农业生产有关的所有机械设备的总动力；狭义指用于种植业田间作业的机械设备。

(2)农业用电量：指农业田间作业中耗用电网的电量，是农村用电量的一部分。

(3)农业耗油量：指作物生长发育期或一年内农业机械设备应用于田间作业时所燃用的柴油和汽油量。

(4)动力粗放利用率：也称农机粗放利用率，以农机在全年或者一定时期内的工作日数和工作班次数为特征。

(5)动力集约利用率：也称农机集约利用率，以单位工作时间内有效地利用农机动力为特征，用农机在单位工作时间内实际作业量与农机在单位工作时间内的定额作业量之比。

3)农药、籽种及其他

(1)农药投放量:指作物在生长期或一年内投放于单位面积上的各种农药总量。

(2)籽种播种量:指单位面积耕地上播种的籽种数量。

(3)农膜使用量:一般指单位面积耕地使用的塑料薄膜数量。

(4)农膜增长率:一般可通过对比试验测得。使用单位数量的农膜所取得的农产品增量,或用单位面积上农产品的增量表示。

(5)投入产出比:是衡量农业经济再生产过程在经济上是否合理有效的综合指标。针对农业资源利用所讨论的物化劳动投入产出的临界值必须是一个大于 1 的数,而不是 1。

#### 7.5.1.7　劳动力指标组

(1)劳动力:指一个地区或一个生产单位在一定时期内投入农业生产中的劳动力总数。

(2)额定劳动力:指一年内一个劳动力应该从事生产劳动工日数的标准。

(3)平均受教育程度:反映劳动力文化素质和劳动技能的指标。一个地区或一个生产单位所有从事农业生产的劳动者受教育的平均状况。

(4)单位面积用工量:指在现有的技术条件下,某地区作物生长发育期或一年内单位面积上所需要投入的合理工日数。

(5)劳均可负担耕地:指在现有技术和一定的种植制度下,某地区一个劳动力在一年内可以负担的耕地面积。

(6)劳动生产率:是衡量农业劳动效率的综合指标,反映一定时间内的具体劳动生产力水平,或者是反映有目的的生产活动在一定时间内的效率。

(7)劳动力需求量:指在现状经济技术条件下,在一年内某地区完成相对稳定的农业生产工作额对劳动力的合理需求量。

(8)劳动力余缺量:用以衡量一个地区农业劳动力的余缺状况。

(9)劳动力利用率:是衡量劳动力农业利用有效程度的指标。

#### 7.5.1.8　科学技术指标组

1)总体与宏观

(1)农业科技成果数:指在一定时期内,能有效解决某一地区农业资源利用或农业生产中存在的问题,并能使该地区的农业获得一定效益的农业科技成果项目数。

(2)农业科技成果转化率:指一定时期内,某一地区实际应用于农业生产的农业科技成果数占可利用的科技成果数的百分比。

(3)农业科技贡献率:也称农业科技作用系数。指一定时期内,某个地区或某个农业部门的农业总产量增长量或农业生产率增长量中,有多大比例应归功于农业科学技术的作用。

(4)农业科技年均新增总收益:指一定时期内,农业科学技术进步每年平均为社会新增加的总收益，即新增产值额。

2)单项与微观

(1)单产增值缩值系数：技术成果单位面积增产节约效益与其推广面积不是成直线关系，大面积推广后其单位面积效益值一般要低于小面积多点试验示范平均值。

(2)总产量增量：指在效益计算期间累计有效推广范围内，采用新科技成果所带来的农产品增长量。

(3)土地生产率增量：农业科技成果的效果总是综合地反映在提高土地生产率上。

(4)劳动生产率增量：是从劳动生产率的角度反映科技成果使用效果的综合指标，一般采用对照方法测算。

7.5.1.9　信息指标组

(1)农业服务机构数：指一个地区存在的所有与农业信息获取、分析、处理等工作有关的各种形式的农业机构数。

(2)农业服务人员数：指一个地区与农业信息服务有关的人员数。

(3)电视普及率：指一个地区用电视机的农户数占该地区农户总数的百分比。

(4)农产品自给率：指一定时期内、一个地区生产的某种农产品总量占该地区消耗该种农产品总量的百分比。

(5)农产品商品率：指销售的农产品数量与农产品总产量之比。

(6)农产品增值加工率：指一定时期内、一个地区用于增值加工的农产品量占农产品生产总量的百分比。

(7)农产品商品化指数：是反映和表征农业商品化发展程度的综合指标，是农产品商品率和农产品增值加工率的矢量和。

7.5.1.10　管理指标组

(1)管理势：是衡量农业生产过程中决策和行动强度及方向的动力指标。管理农业生产行为旨在使农业生产系统中的管理势趋于最小。管理势是个理论度量指标，可供理性思考，目前尚无有效的测算方法。

(2)管理有序度：是衡量管理农业生产行为有效性程度的指标，其与管理势密切相关，互为倒数。

(3)耕作制度特征值：是衡量一个地区农业耕作制度是否有效合理的指标。它与地区的光、温条件及劳动力供需状况等有密切关系。耕作制度一般包括轮作、混作、单种、复种、间种和套种等。耕作制度特征值在计算方法上视具体地区农业生产中的限制因素而异，从一般性角度考虑，将其定义为一个地区在一年中农作物生长发育实际利用的日数占可利用日数的百分比。

(4)经营方式特征值：是衡量农业生产经营体制或方式状况特征的指标。目前只能通过专家评判确定它们的等级或相对量度值。

(5)管理综合特征指数:用以从总体性的角度衡量管理的农业生产行为的有效性程度,是一个无量纲的特征指标,是耕作制度和经营方式两个特征指数的矢量和。

### 7.5.2　农业资源高效利用评价的基本内容

开展农业资源高效利用评价,离不开具体的农业区域、农业类型和农业模式。而具体的区域、类型和模式因地因时而异,即不同的区域、不同的类型和不同的模式在不同的时段其农业资源的存在形式、匹配组合特点及利用方式等是不尽一致的。因此,在进行农业资源高效利用评价研究时,一方面要强调评价工作是针对特定的农业区域、农业类型和农业模式,另一方面又必须略去这些区域、类型和模式的具体性,从一般性的角度探讨其农业资源高效利用评价的程序、目标、内容及方法,进而讨论并建立起若干各具侧重点的、具有通用意义的评价模型(郭建平 等,2016)。

如果说农业资源高效利用的宗旨是提高资源的有效利用效率,那么农业资源高效利用评价的实质就是以提高农业资源的利用效率为核心,从促进农业发展和实现资源优化配置出发,在现代科学技术基础上,按照系统观点,通过对农业资源及其生物适宜性、资源农业生产与社会需求、资源的生物生产过程行为特征、资源产出的经济合理性以及资源环境和资源利用可持续性等问题进行深入研究,综合论证农业资源高效利用的可能性及方向,寻找农业资源利用效率的"瓶颈"所在和关键限制因素,为因地制宜地发挥地区农业资源优势、实现农业生产合理布局、提高现实农业生产力水平等提供"对症"的科学依据(图 7.1 和图 7.2)。

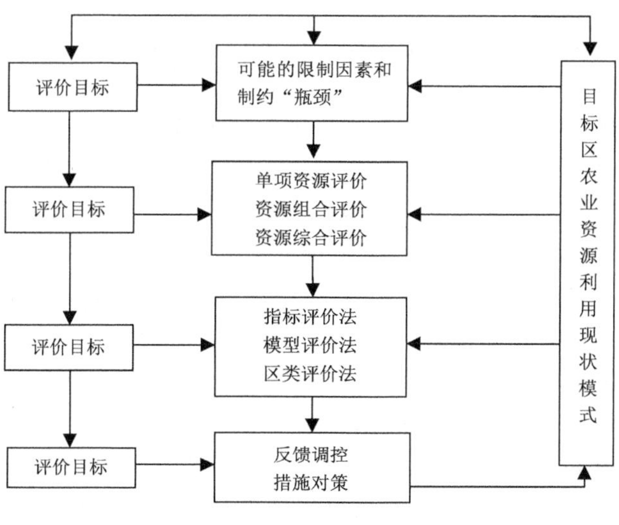


图 7.1　农业资源高效利用评价基本程序

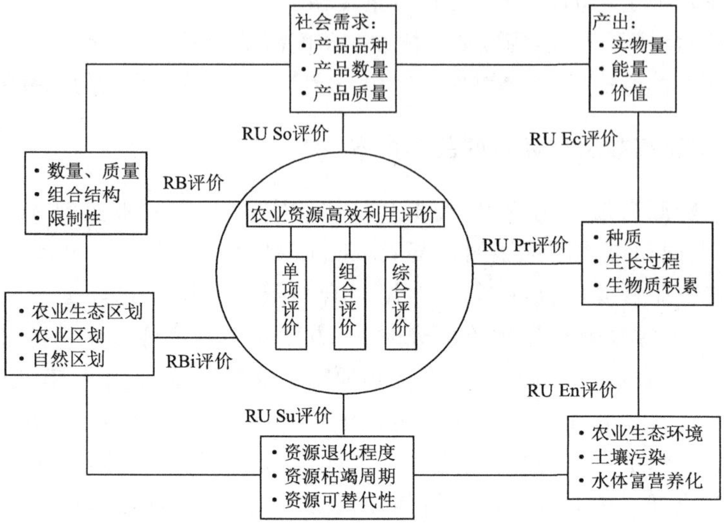


图 7.2　农业资源高效利用评价基本内容框架

RB:资源本底,RBi:资源生物适宜性,RU So:资源社会,RU Pr:资源生物生产过程,RU Ec:资源经济,RU En:资源环境,RU Su:资源利用可持续性

## 7.6　农业资源高效利用评价的模型设计

### 7.6.1　农业气候生产潜力评价

气候变化对农作物生长发育的影响最终表现在产量上。当其他条件(如土壤、养分、二氧化碳等)均处于最适时,充分利用光、热、水气候资源,在单位面积上可能获得的最高生物学产量或农业产量为气候生产潜力。农业气候生产潜力是评价农业气候资源优劣的依据之一,农业气候生产潜力的大小取决于光、温、水三要素的数量及其相互配合协调的程度。因此,可以用作物气候生产潜力来衡量作物产量受光、热、水资源变化的影响。理论上作物生产潜力与温度、日照时数呈正相关,然而,研究表明:气候变暖对热量充足的地区表现为负效应,辽宁地区未来由于热量资源的增加超出了玉米生长发育的适宜温度,2010 年开始气候生产潜力明显下降;而吉林省和黑龙江省随晚熟品种的推广,气候生产潜力不断增加,气候生产潜力的高值区向东北方向移动。另外,气候生产潜力与降水关系复杂,在缺水地区呈正相关,在水分充足地区降水过多可能会引起反作用。由于我国各地区的气候资源分布及变化趋势具有不同的特征,作物的气候生产潜力就必然具有地区差异。目前我国小麦单产的最高生产潜力主要分布在黄土高原南部,总产潜力主要分布在环渤海山东半岛、江淮江汉平原及黄淮平原南阳盆地。气候变化背景下,光、热、水资源的不匹配是限制资源利用率

的主要因素。北京房山和昌平的部分地区气候资源总量丰富，但水分的限制使得光、热、水配合程度较差，资源利用率较低。1960—2005 年河北省降水资源不断减少，尽管光热资源能满足作物生长需求，但冬小麦气候适宜度仍呈下降趋势。宁夏春玉米温度生产潜力呈逐年增加，降水和气候生产潜力呈波动下降的趋势。未来气候变化显著影响着春玉米气候生产潜力，其中降水量变化对春玉米气候生产潜力的影响远大于气温变化的影响，降水的多少及变率对其限制作用将更加明显。

目前，世界上大部分地区农业气候资源利用效率不高，我国光能利用率、热量利用率、水分利用率以及综合利用效率在世界上均属于中等水平。其中平均光资源利用效率在 0.08%～0.22%，≥0 ℃期间的光能利用率为 0.18%，低于世界陆地植物的平均光能利用率(0.3%)，更低于高产地区农田平均光能利用率(0.4%)的水平。世界高产地区的降水利用率比我国平均降水利用效率高 33.30%～67.60%。即便是利用效率高的国家都蕴藏巨大开发潜力，因此，提高农业气候资源利用效率成为亟待解决的重点课题。前人已经结合模糊数学的概念，考虑适应性措施对气候资源利用率的影响。未来气候暖干化的背景下，增强品种的抗逆性可有效提高作物气候生产潜力，提高气候资源利用率。玉米品种的抗逆性越强，增加的气候生产潜力越高。具备双重抗逆性(抗旱、耐高温)的品种在增加气候生产潜力方面的作用要优于只具备单一抗逆性(抗旱或耐高温)的玉米品种，而抗旱性的玉米品种对气候生产潜力的影响大于耐高温性的品种。

综合研究结果表明，气候变化对不同作物气候生产潜力的影响趋势不同，但在未来气候变化趋势下，水分可能是影响气候生产潜力的主要气候要素。农业适应气候变化的措施对提高农业气候资源利用率有一定的补偿作用，从而证实了农业适应气候变化措施的有效性。

**[案例分析 7.1]**

## 全球气候变化下我国农业生产潜力的空间演变①

### 一、案例内容

利用 1951—2012 年我国 824 个地面观测站的逐日地面基础气象数据资料以及《中华人民共和国国家自然地图集》中盐碱度、酸碱度、有机质含量、氮、磷和钾养分潜力等土壤数据，对 20 世纪 80 年代以来我国区域农业生产潜力的空间演变特征进行

① 钟章奇，王铮，夏海斌，等，2015. 全球气候变化下中国农业生产潜力的空间演变[J]. 自然资源学报，30(12)：2018-2032.

分析，并就未来气候变化对我国农业生产潜力的可能影响做出了估计。

## 二、案例分析问题

从1961—2012年我国农业生产潜力平均值空间分布看，我国农业生产潜力的地理分异的基本特征是东南较高、西北相对较低。胡焕庸线两侧表现出显著的差异。其中胡焕庸线以东大部分地区的农业生产潜力值基本在15000 kg/hm$^2$以上，而其以西的大部分地区则不足7500 kg/hm$^2$，青藏高原、内蒙古西部以及新疆和甘肃大部分区域等地是我国农业生产潜力较低的区域，平均低于1500 kg/hm$^2$。胡焕庸线是我国农业生产潜力的基本分界线。胡焕庸线以东，淮河线的分异也很明显，胡焕庸线以东，稳定超过45000 kg/hm$^2$以上的地区主要分布在成都平原、长江三角洲、珠江三角洲以及长江中游的湖北和安徽等地。值得注意的是，在长城以北的内蒙古东部地区的农业生产潜力具有胡焕庸线以东的普遍特征。这个地区有可能是生态环境最为脆弱的地区。

进一步计算表明(表7.1)：全国陆地区域1961—2012年农业生产潜力的平均值为25065.15 kg/hm$^2$，总量达236.52亿t。如果将中国按照7个大区域划分，其中平均农业生产潜力以华南地区最高，达45334.65 kg/hm$^2$，其次是华东和华中地区，剩余4个地区的农业生产潜力均低于全国平均水平，特别是西北地区，其平均农业生产潜力最低，为5106.30 kg/hm$^2$。由于受区域面积的影响，不同地区的农业潜力也呈现出较大差异，其中西南地区的农业生产潜力最高，达54.69亿t，其次是华东和华中地区，分别为38.02亿t和18.37亿t(表7.1)。

此外，从1961—2012年5个时间段内的中国7个大区域平均农业生产潜力的变化来看，东北地区的农业生产潜力波动幅度最大，约为其近50年平均值的19.83%。

**表7.1　1961—2012年中国各区域的农业生产潜力**

| 所属地区 | 区域面积/(万km$^2$) | 平均农业生产潜力/(kg/hm$^2$) | 总农业生产潜力/(亿t) |
|---|---|---|---|
| 东北地区 | 52.07 | 15021.30 | 7.82 |
| 华北地区 | 155.51 | 9922.80 | 15.43 |
| 华东地区 | 99.82 | 38091.30 | 38.02 |
| 华南地区 | 33.80 | 45334.65 | 15.32 |
| 华中地区 | 56.47 | 32524.05 | 18.37 |
| 西北地区 | 310.87 | 5106.30 | 14.20 |
| 西南地区 | 235.10 | 23262.60 | 54.69 |
| 全国 | 943.64 | 25065.15 | 236.52 |

注：书中各地区所包含的省(区、市)分别如下：东北地区包含辽宁、吉林和黑龙江；华北地区包含北京、天津、河北、山西和内蒙古；华东地区包含上海、江苏、浙江、安徽、福建、江西、山东和台湾；华南地区包含广东、广西、海南、香港和澳门；华中地区包含湖南、湖北和河南；西北地区包含陕西、甘肃、青海、宁夏和新疆；西南地区包含重庆、云南、贵州、四川和西藏。另外，由于缺乏相关数据，本表中的中国区域面积的统计未包含香港、澳门和台湾。

近30年来四川盆地、山东半岛、黄河中下游以及长江中下游以南大部分区域等地农业生产潜力均呈现下降趋势。其中四川盆地、华北平原中部、黄土高原、内蒙古西北部、安徽、山东和广西局部等地区的农业生产潜力下降最为明显，在4%以上，局部地区甚至可超过10%，而其他地区的农业生产潜力下降均在4%以下。究其原因，进一步从表7.2中可发现光合潜力、水分有效系数和温度有效系数均对四川盆地、长江中下游等地区农业生产潜力的下降具有重要影响，但对于四川盆地来说，水分有效系数的影响更加明显，下降了4%～8%，而长江中下游地区则主要是光合潜力与温度有效系数的影响，分别约为2%和1%，显然其幅度均较小。此外，尤其值得注意的是，对于华北平原中部、黄土高原和内蒙古西北部等地来说，水分有效系数的减小是其农业生产潜力下降的主要原因，减少幅度在4%～10%，而从其他地区农业生产潜力下降的原因来看，光合潜力以下降趋势为主，但其幅度也不超过2%。除上述地区外，全国普遍平均农业生产潜力值均表现出不同程度的增加趋势。我国南部农业生产潜力值增加的地区主要是长江中下游、华北平原南部、浙闽丘陵以及云贵高原局部等地，其中尤其对于浙闽丘陵地区来说，1981—2012年农业生产潜力相对1961—1980年增加幅度较为明显，且在40%以上。而对于长江中下游等地区来说，近30年来其农业生产潜力值增大的幅度相对较小，基本上均小于18%。我国西部农业生产潜力值增加的地区主要是青藏高原、新疆和甘肃大部分地区以及内蒙古北部等地。总体上来看，这些地区农业生产潜力值增大幅度均较为显著，超过40%。我国东北部除辽宁局部地区的农业生产潜力出现略微下降外，其他地区的农业生产潜力均呈现增加趋势，其1981—2012年农业生产潜力相对1960—1980年增加的幅度在18%左右。

### 三、对策分析

总体来看，20世纪80年代以来我国农业生产潜力下降的区域主要集中在胡焕庸线以东地区，我国农业生产潜力下降的区域似乎存在向东北地区移动的迹象，不过这些区域在空间上也具有较为分散的特征。此外，自20世纪80年代以来气候变化对我国农业生产潜力造成一定的影响，但是显然并未完全突破胡焕庸线，也就是说农业生产潜力下降的区域主要位于胡焕庸线以东，而其以西则受到的影响相对较小。而就农业生产潜力下降的原因来看，表7.2显示不同时期不同区域的农业生产潜力下降的因素可能存在较大差异。如相对1961—1980年而言，20世纪80年代，云南、四川以及长江以南大部分区域等地温度有效系数减小为主要因素，华北地区尤其是山东等地农业生产潜力下降的主要原因则是水分有效系数的减小，其幅度在6%～10%。至20世纪90年代，此时水分有效系数的下降成为各个地区农业生产潜力下降的主要因素。2000年以后，水分有效系数的下降仍然是各地区农业生产潜力降低的主要因素，其中四川盆地、甘肃与内蒙古局部等地的水分有效系数下降最为严重，其幅度在6%～10%。进一步，从前后两个时段来看(也就是从1981—2012年与1961—1980年)，就长江中下游地区等地而言，尽管光合潜力与温度有效系数的下降给农业生产潜力下降带来一定影响，但其影响幅度均相对较小，而对其他大部分农业生产潜力下降的地区如四川盆地、华北平原中部和黄土高原等地而言，水分有效系数的减小是其农业生产潜力下降的主要原因。

## 四、建议

随着全球气候变化的加剧，总体上，2041—2060 年我国农业生产潜力下降的区域可能主要位于长江以南以及青海中部地区。具体来看，四川盆地、湖北中南部、湖南和江西大部分地区、青海中部以及西藏局部等地农业生产潜力的下降趋势最为明显，因此，未来由于农业生产潜力的下降可能会给这些地区的粮食产量带来一定不利影响。此外，值得关注的是，无论何种情景下，我国东北、西北和华北地区的粮食产量并未出现下降趋势，而未来粮食产量下降的地区也主要位于长江以南的广大地区，这表明未来全球变化可能更有利于我国的北方地区，而不利于南方地区。

## 五、结论

1961—2012 年中国农业生产潜力的地理分异特征异常显著，其中东南较高，西北相对较低，同时呈现出较为明显的纬度地带性规律。20 世纪 80 年代以来，我国农业生产潜力下降的区域主要集中在胡焕庸线以东地区，其中四川盆地和华北平原中部等地的农业生产潜力下降最为明显，在 4%以上，而水分有效系数的下降是其农业生产潜力下降的主要因素，农业生产潜力增加的地区则主要位于长江中下游和华北

**表 7.2　20 世纪 80 年代以来影响中国部分区域农业生产潜力下降的因素**

| | PAP | WAC | TAC |
|---|---|---|---|
| 1981—1990 年 | | | |
| 云南和四川等地、 | −2.28%～−1.12% | 1.62%～5.40% | −3.79%～−2.95% |
| 长江以南大部分地区、 | −2.39%～−1.42% | 0.83%～4.55% | −2.57%～−0.98% |
| 山东等地 | −5.34%～−0.95% | −10.92%～−6.00% | 0.63%～2.15% |
| 1991—2000 年 | | | |
| 四川盆地、 | −4.36%～−2.80% | −11.34%～−4.55% | 0.31%～1.12% |
| 黄土高原 | −1.94%～−0.36% | −17.03%～−11.36% | 1.53%～6.48% |
| 2001—2012 年 | | | |
| 四川盆地、 | −3.75%～−1.78% | −10.77%～−5.75% | 1.65%～3.75% |
| 甘肃与内蒙古等地 | −5.47%～−1.77% | −11.78%～−5.29% | 4.79%～8.67% |
| 1980—2012 年 | | | |
| 四川盆地、 | −4.56%～−1.79% | −8.23%～−4.37% | −1.98%～−0.38% |
| 长江中下游等地、 | −2.45%～−1.65% | 1.26%～2.73% | −1.21%～−0.66% |
| 华北平原中部等地、 | −1.49%～−0.22% | −9.87%～−3.52% | 1.08%～2.69% |
| 黄土高原等地 | −1.65%～−0.44% | −11.49%～−3.60% | 0.72%～2.00% |

注：PAP、WAC 和 TAC 分别表示相对 1961—1980 年而言不同时期的光合潜力、水分有效系数和温度有效系数差值距平百分率。

平原南部等地。在当前的全球变化趋势下，模拟得到 2041—2060 年我国农业生产潜力下降的区域可能主要位于长江以南以及青海中部地区，其中四川盆地和湖北中南部等地的农业生产潜力下降趋势最为明显，因而这也可能会给这些地区的平均粮食产量带来一定程度的下降。

### 7.6.2 主要的农业生产力模型

作物生产潜力是指在作物生长发育过程中，外界条件达到最适情况时作物产量可能到达的最高水平，即理论产量上限。在不同的控制条件下有不同层次的作物生产潜力。气候生产潜力的大小仅取决于光、温、水三要素的数量及其相互配合的程度，不考虑养分供应、病虫害控制、耕作技术和管理水平等条件，是科学评价作物对气候资源优劣和变化响应的重要参照指标。气候生产潜力的结果不仅可以直接反映该地区气候生产力水平和光、温、水资源配合的程度及其地区差异，还可以分析不同气候要素对生产力影响的大小，从而找出一个地区或某种作物生产中的气候主导限制因子。目前农业生产潜力的研究方法主要有三种：作物生长模型法、经验公式法和应用机制法。

#### 7.6.2.1 里思-伯克斯模型

即迈阿密模型、蒙特利尔模型和生长期与生产力相关模型。

迈阿密模型：

$$f(T)=3000/(1+e^{1.315-0.119T}) \tag{7.1}$$

$$f(P)=3000/(1-e^{-0.000664P}) \tag{7.2}$$

式中，$f(T)$、$f(P)$是生产力水平，$T$ 为年平均温度，$P$ 为年平均降水量。

蒙特利尔模型用实际的蒸散量预测生产力：

$$f(E)=3000/[1-e^{0.0009695(E-20)}] \tag{7.3}$$

式中，$f(E)$是年净第一性生产力，$E$ 是年实际蒸散量。

#### 7.6.2.2 黄秉维模型

作物的气候生产潜力指的是土壤肥力、农业生产技术充分保证的前提下，作物利用光照、温度、降水等条件所形成的理论最高产量。采用逐级订正系数的计算方法来进行产量计算，即分别利用光合生产的潜力系数乘以温度的订正系数和降水的订正系数（黄秉维，1985）。

$$Y=Y_P\times f(T)\times f(W)=Y_T\times f(W) \tag{7.4}$$

式中，$Y$ 为气候生产潜力，单位为 $kg/hm^2$；$Y_P$ 为光合生产潜力，单位为 $kg/hm^2$；$Y_T$ 为光温生产潜力，单位为 $kg/hm^2$；$f(T)$为温度订正系数；$f(W)$为降水订正系数。

光合生产潜力的计算公式：

$$Y_P = \frac{K \times s \times \Omega \times \varepsilon \times \psi \times (1-\alpha)(1-\beta)(1-\rho)(1-\gamma)(1-\omega) \times f(L)}{q \times (1-\eta)(1-\delta)} \sum_{i=1}^{n} Q_i \tag{7.5}$$

式中，$\sum_{i=1}^{n} Q_i$ 为太阳总辐射，单位为 $MJ/m^2$。其他参数及意义如表 7.3 所示。

**表 7.3　各参数及意义**

| 参数 | 取值 | 意义 |
|---|---|---|
| $K$ | 10000 | 面积转换系数 |
| $s$ | 0.45 | 作物经济系数 |
| $\Omega$ | 0.90 | 作物光合固定二氧化碳能力 |
| $\varepsilon$ | 0.49 | 光合有效辐射占总辐射的比例 |
| $\psi$ | 0.224 | 光量子转化效率 |
| $\alpha$ | 0.06 | 作物群体反射率 |
| $\beta$ | 0.08 | 作物群体透射率 |
| $\rho$ | 0.10 | 非光合器官光合辐射截获率 |
| $\gamma$ | 0.05 | 超过光饱和点的太阳光比例 |
| $\omega$ | 0.30 | 作物呼吸消耗率 |
| $q$ | 17.80 | 单位干物质含热量 |
| $\eta$ | 0.14 | 籽粒含水率 |
| $\delta$ | 0.08 | 灰分含量 |
| $f(L)$ | 0.56 | 叶面积动态变化订正系数 |

温度订正系数($S$)计算公式：

$$S = \frac{(T-T_1)(T_2-T)^B}{(T_0-T_1)(T_2-T_0)^B}$$

式中，$T_1$、$T_0$、$T_2$分别为作物不同生长发育期的下限温度、最适温度、上限温度；$T$ 为不同生长期内的平均温度；$B=\frac{T_2-T_0}{T_0-T_1}$。

降水订正系数 $F(W)$计算公式：

$$F(W)=\begin{cases} P/\mathrm{ET} & P/\mathrm{ET}<1 \\ 1 & 1\leqslant P/\mathrm{ET}<2 \\ 2\mathrm{ET}/P & P/\mathrm{ET}\geqslant 2 \end{cases}$$

式中，$P$ 为各生长期降水量；ET 为各生长期作物需水量，$\mathrm{ET}=w\times \mathrm{ET}_0$，其中 $w$ 为作物系数，$\mathrm{ET}_0$为最大可能蒸散量。

# 7.7　气候资源适宜度评价

农作物气候适宜度主要用来表征光、温、水等气候条件对作物生长发育的适宜程度。一个地区的气候适宜度在一定程度上决定该地区农业生产结构类型、作物布局、耕作制度乃至作物产量的高低和品质的优劣，继而关系到粮食安全。

20 世纪 80 年代以来，气候变化给农业生产带来了较大影响，相关研究越来越受到重视。我国现有大量学者对小麦、水稻、玉米以及不同的经济作物的气候适宜性开展研究。为了定量分析光、温、水等气候条件对作物生长发育的适宜程度，根据已有研究成果，分别引入温度、降水、日照对冬小麦生长发育的适宜度函数模型（马树庆，1994；王修兰 等，2003；张建军 等，2012；冶明珠 等，2012；景毅刚 等，2013）。

## 7.7.1　温度适宜度模型

根据已建立的作物温度适宜度模型，通过确定模型中冬小麦各生长发育期所需的最低温度、最高温度和适宜温度，选择了冬小麦温度适宜度模型：

$$T=\frac{(t-t_l)\times(t_h-t)^B}{(t_0-t_l)\times(t_h-t_0)^B}$$

其中，

$$B=\frac{t_h-t_0}{t_0-t_l}$$

式中，$T$ 为旬平均气温适宜度；$t$ 为某旬的平均气温；$t_l$、$t_h$ 和 $t_0$ 分别为冬小麦某发育期所需的最低温度、最高温度和适宜温度。

## 7.7.2　降水适宜度模型

$$S=\begin{cases}P/\mathrm{ET} & P/\mathrm{ET}<1\\ 1 & 1\leqslant P/\mathrm{ET}<2\\ 2\mathrm{ET}/P & P/\mathrm{ET}\geqslant 2\end{cases}$$

式中，$P$ 为降水量，ET 为需水量，单位为 mm。

## 7.7.3　光照适宜度模型

以 1981—2010 年区域旬平均日照时数为临界值，当旬日照时数超过区域旬多年平均日照时数时，即认为冬小麦对光照条件的反应达到适宜状态。由此建立的日照适宜度模型为：

$$S_s=\begin{cases}1 & S\geqslant S_0\\ \dfrac{S}{S_0} & S<S_0\end{cases}$$

式中，$S_s$为区域旬日照适宜度；$S$ 为区域某旬实际日照时数；$S_0$为多年区域旬平均日照时数。

### 7.7.4 气候适宜度综合模型

为了综合反映温度、降水、日照 3 个因素对冬小麦适宜性的影响，选择小麦气候适宜度综合模型：

$$F_n=\sqrt[3]{T_n(t)\times P_n(p)\times S_n(s)}$$

式中，$F_n$为第 $n$ 旬的区域气候适宜度；$T_n(t)$、$P_n(p)$、$S_n(s)$分别为第 $n$ 旬的区域温度、降水量、日照适宜度。

### 7.7.5 种植适宜性分析模型

作物气候生产潜力是其他条件满足情况下，由当地光温和自然降水决定的产量上限。气候条件的变化导致气候生产潜力的变化，而气候生产潜力的稳定性可以反映气候的稳定性。因此，气候生产潜力可以直接反映气候条件的适宜程度。

(1)高产性指标

选择时段Ⅰ与时段Ⅱ内各站点作物气候生产潜力的平均值作为高产性的评价指标。某站点作物气候生产潜力平均值越高，说明该站点的潜在产量水平越高；反之越低。

(2)稳产性指标

选择时段Ⅰ与时段Ⅱ内各站点作物气候生产潜力的变异系数作为稳产性的评价指标。某站点作物气候生产潜力变异系数越大，说明该站点作物产量的稳定性越低；反之越高。变异系数表示逐年产量偏离产量标准值幅度的大小。

(3)种植适宜性指标

选择时段Ⅰ与时段Ⅱ内各站点作物气候生产潜力的高稳系数(HSC)作为种植适宜性的评价指标。某站点作物气候生产潜力高稳系数越高，说明作物同时具有较好的高产性和稳产性，即该地区种植适宜性越高，计算公式如下：

$$\mathrm{HSC}_i=\frac{\overline{X}_i-S_i}{\overline{X}}$$

式中，$\mathrm{HSC}_i$为时段 $i$ 的高稳系数；$\overline{X}_i$为时段 $i$ 气候生产潜力的平均值；$S_i$为时段 $i$ 气候生产潜力的均方差；$\overline{X}$ 为主要种植区时段 $i$ 各站点气候生产潜力的平均值；时段 $i$ 为时段Ⅰ或时段Ⅱ。

## [案例分析 7.2]

### 我国大陆茶树种植气候适宜性区划①

**一、案例内容**

基于 1961—2019 年全国 1903 个气象站的气候数据以及 1115 条茶树分布站点记录，利用最大熵模型和 GIS 技术筛选影响茶树种植的主导气候因子，根据自然间断点分级法将中国大陆茶树气候适宜性划分为不适宜区、次适宜区、适宜区和高适宜区 4 个等级，厘定不同区划等级的主导气候因子阈值。

**二、案例分析问题**

茶树原产于中国，是中国主要的经济作物之一，分布受气象条件、地形地貌、土壤质地等自然条件影响较大，生长发育、产量和品质形成过程受热量和水分等气候条件制约。很多学者基于气候指标、地形地貌特性，应用不同的方法开展茶树气候区划研究，但不同研究选取的时间和空间尺度存在较大差异。应用新的观测数据和区划方法对茶树种植适宜区进行划分，对促进茶树种植合理化布局、茶业科学化发展具有指导作用。

**三、对策分析**

中国大陆茶树分布的气候适宜区面积为 $1.62\times10^{6}$ $km^2$，约占大陆陆地面积的 16.83%。分布较为集中的地区主要位于皖南、苏南、鄂南、浙江、江西、湖南、福建、广东、广西、海南岛等地区。分布较为分散的地区有山东的泰安、临沂，云南的德宏、临沧、普洱、版纳、文山、玉溪南部、红河南部、昭通北部，贵州黔北、黔东、黔南，四川盆地中南部、盆周南部山地以及川西南山地。高适宜区涵盖江南茶区、华南茶区以及西南茶区的部分地区。江南茶区是中国茶叶最主要的生产区，每年茶叶产量约占全国的 2/3，该地区多为丘陵山地，降水充沛，温度适宜，满足茶树喜温爱湿的生长特性；华南茶区地处热带季风气候带，水热条件适宜茶树生长；西南茶区水热条件优越，土壤有机质含量高于其他茶区，适宜种植各类茶树。茶树气候适宜区分布较广，面积约为 $6.08\times10^{6}$ $km^2$，约占大陆陆地面积的 6.33%。适宜区大部分处于高适宜区的外缘，主要分布于山东中部、江苏中部、安徽中部以及黄山地区、浙江中部地区、河南南部、鄂西北、陕西南部、滇中、滇西以及滇东南部分地区、黔中以及黔西南部、四川盆北以及盆西南山区。适宜区的地形大多为丘陵和山地，云贵川地区多为海拔 1000 m 以

① 唐俊贤，王培娟，俄有浩，等，2021. 中国大陆茶树种植气候适宜性区划[J]. 应用气象学报，32(4)：397-407.

上的高山。茶树气候次适宜区分布呈带状，东至山东沿海，西至西藏林芝，中间包括了皖北、苏北、豫中南、陕南中部等地区、四川中部及西南山地、云南的丽江、大理北部以及曲靖等地区，面积约为 $3.24\times10^5$ $km^2$。该区域地形复杂，从山东至西藏，既有海拔 200 m 以下的平原、200～500 m 的丘陵地区，也有 500 m 以上的山地以及 1000 m 以上的高山。该区域内极端最低气温的多年平均值为－14.7～9.2 ℃，茶树容易遭受冻害，同时降水条件不好，不利于茶树大规模种植。

**四、建议**

区划结果对中国茶叶产业发展和规划布局具有指导意义。基于研究结果，在实际生产中可充分发挥茶树种植高适宜区的优势，种植优质茶叶，促进当地茶业稳健发展。对于适宜区应充分利用区域内的气候资源，在丘陵山地选取优质品种推广茶树种植，避免在地势低洼处以及海拔过高的山顶种植早生种茶树，以规避低温冻害对茶树生长和品质的影响，促进茶业产业科学合理地发展。气候次适宜区通常是茶叶低质区，不宜盲目种植名优茶，需要选取适合当地种植的茶树品种，促进茶农增产增收。

**五、结论**

影响中国大陆茶树种植分布的主导气候因子为多年平均极端最低气温、春霜冻频率、年平均气温、年降水量和 3—9 月平均相对湿度。模型区划结果与名茶之乡、地理标志茶叶所在地吻合得较好。茶树适生区的北界总体呈现出由东部高纬度向西部低纬度降低的分布态势，北界界线移动较明显地区主要分布在东部高纬度省份。整体茶树适生区质心的年代际变化较为平缓，除 20 世纪 60—70 年代和 80—90 年代的适生区范围有所缩小外，其他相邻年代际间茶树适生区的面积均呈现出不同程度的增长趋势，与质心迁移情况吻合。

# 参考文献

白蕴芳,陈安存,2010.中国农业可持续发展的现实路径[J].中国人口资源与环境,20(4):117-122.

陈晋龙,2007.加强农业自然资源综合管理 促进农村经济持续协调发展[C]//中国科学技术协会,中国工程院.2007年促进中部崛起专家论坛论文集.太原.

陈莲芳,严良,2008.矿产资源可持续发展研究综述[J].科学管理研究,26(4):25-29.

陈念平,耿莉萍,1998.我国农业自然资源占有状况及对农业产业化的影响[J].农业经济(4):22-25.

陈伟军,刘红涛,2008.对我国矿产资源可持续发展的几点思考[J].矿产综合利用(2):45-49.

陈燕娟,2010.论现代农业科技革命与中国农业可持续发展农业[J].科技通讯(3):5-8.

陈屹松,赵建安,封志明,1999.我国农业自然资源法的问题与改善途径初探[J].自然资源学报(2):40-44.

陈志恺,2000.中国水资源的可持续利用问题[J].中国水利(8):38-40.

冯逃,李冬梅,高蜀晋,2013.农业产业形成及可持续发展的实证分析[J].农业经济问题(7):56-61.

顾明,2004.农业生产与自然资源的可持续利用[J].贵州大学学报(社会科学版)(5):98-102.

郭建平,等,2016.气候变化对农业气候资源有效性的影响评估[M].北京:气象出版社.

郭建平,高素华,刘玲,2022.我国西部地区农业开发与农业气候资源高效利用[J].资源科学,24(2):22-25.

国土资源部,2005.2005年中国国土资源公报[EB/OL].(2006-04-14)[2023-09-30].http://g.mnr.gov.cn/201701/t20170123_1428449.html.

何宇新,鲜其静,2021.成都TOD模式的建设与应用策略探析[J].城市住宅,28(1):166-167.

黄秉维,1985.中国农业生产潜力——光合潜力[J].地理集刊(17):17-22.

金继运,白由路,2004.精准农业研究的回顾与展望[J].农业网络信息,4:3-11.

金敏毓,李军,1998.加强农业自然资源管理势在必行[J].浙江经济(5):55-56.

金敏毓,李军,1999.加强农业自然资源管理促进农村可持续发展[J].中国农业资源与区划,20(3):30-33.

景毅刚,高茂盛,范建忠,等,2013.陕西关中冬小麦气候适宜度分析[J].西北农业学报,22(8):27-28.

康西言,李春强,高建华,等,2010.河北省冬小麦生育期蒸降差的时空变化及其原因分析[J].中国农业气象,31(2):261-266.

寇有观,1987.农业资源信息系统的研究[J].自然资源学报,2(1):84-91.

李长健,徐丽峰,2010.完善农村土地流转实现农业可持续发展[J].贵州大学学报(社会科学版),28(6):20-23.

李江南,2017.美国、德国和日本循环农业模式的实践、经验及其比较[J].世界农业(6):17-22,236.

李娟文,2002.浅论中国自然资源及其可持续利用对策[J].湖北大学成人教育学院学报,20(2):

57-60.

李伟,2021.自然资源可持续利用的法经济学分析[J].经济与法,19(1):113-118.

厉伟,2001.论自然资源的可持续利用[J].生态经济(1):12-14.

梁存柱,朱宗元,2016.内蒙古贺兰山自然保护区植物多样性[M].银川:宁夏人民出版社.

刘江梅,2001.中国自然资源的现状及可持续利用途径探讨[J].陕西教育学院学报(4):33-35.

刘书楷,1987.农业资源经济学几个基本问题的探讨[J].自然资源学报,2(4):310-320.

刘作新,2004.试论东北地区农业节水与农业水资源可持续利用[J].应用生态学报(10):1737-1742.

卢代富,邵海,2013.产业化背景下我国农业可持续发展的困境与法律对策[J].法律科学(西北政法大学学报)(3):103-112.

卢萍,2014.我国农业可持续发展的瓶颈及出路探析[J].理论探讨(6):85-88.

吕厚荃,等,2011.中国主要农区重大农业气象灾害演变及其影响评估[M].北京:气象出版社.

马金平,2019.矿产资源综合回收与利用[J].中国矿业,19(9):57-70.

马树庆,1994.吉林省农业气候研究[J].北京:气象出版社.

皮广洁,2006.农业资源利用与管理[M].北京:中国林业出版社.

王修兰,徐师华,崔读昌,2003. $CO_2$浓度倍增及气候变暖对农业生产影响的诊断与评估[J].中国生态农业学报,11(4):52-53.

王永强,王哲,2023.社会化服务、信息获取与农户节水灌溉技术采纳行为——基于河北省775份小麦-玉米种植户调查数据的实证分析[J].中国农业资源与区划,37(5):76-83.

夏阿国,2000.抓住机遇开创农业自然资源综合管理新局面[J].中国农业资源与区划,21(1):11-15.

谢高地,章予舒,齐文虎,2002.农业资源高效利用评价模型与决策支持[M].北京:科学出版社.

徐靖,银森录,李俊生,2013.《粮食和农业植物遗传资源国际条约》与《名古屋议定书》比较研究植物遗传[J].资源学报,14(6):1096-1101.

徐勇,1999.农业资源高效利用评价几个基本问题的探讨[J].地理科学,19(2):171-175.

阎军印,马晓国,2000.关于矿产资源可持续利用的系统研究[J].地质技术经济管理(5):38-44,69.

杨晓琳,宋振伟,王宏,等,2012.黄淮海农作区冬小麦需水量时空变化特征及气候影响因素分析[J].中国生态农业学报,20(3):356-362.

姚亚庆,2016.1950—2015年我国农业气象灾害时空特征研究[D].咸阳:西北农林科技大学.

冶明珠,郭建平,袁彬,等,2012.气候变化背景下东北地区热量资源及玉米温度适宜度[J].应用生态学报,23(10):2786-2794.

袁颖,2007.凉山州土地资源利用现状及存在问题[J].科技信息(学术研究)(30):656-657.

张芳,2008.黑龙江省农业土地自然资源及其可持续利用问题研究[J].中国科技信息(8):16-18.

张建军,陈晓艺,马晓群,2012.安徽油菜气候适宜度评价指标的建立与应用[J].中国农学通报,28(13):155-158.

张乐勤,1999.浅议我国自然资源的可持续利用[J].池州学院学报(3):45-47.

张琳,2013.浅析我国农村土地资源利用现状及其发展规划[J].科学论坛(下半月)(6):137-138.

张亚丽,张锁峰,白文斌,等,2011."5S"技术在土地资源可持续发展中的应用[J].现代农业科技

(7):41-42.

张姚,何政伟,刘波,等,2013.矿产资源储量利用现状调查与数据库建设[J].四川资质学报,33(3):295-298.

赵金龙,刘宇鹏,甄鸣涛,2009.农村资源利用与新能源开发[M].北京:中国农业出版社.

周丕娟,2011.农业可持续发展视角下的技术创新研究[J].经济问题探索(3):54-58.

邹礼红,张俊飚,2005.浅论农业自然资源的可持续利用[J].新疆农垦经济(6):35-37.

邹丽龙,2012.我国土地资源有效利用法律制度研究[D].南昌:江西财经大学.